AF356263

BIBLIOTHÈQUE
DES MERVEILLES

PUBLIÉE SOUS LA DIRECTION

DE M. ÉDOUARD CHARTON

LES TOMBEAUX

24 246. — PARIS. — TYPOGRAPHIE A. LAHURE
Rue de Fleurus, 9

LES
TOMBEAUX

PAR

LUCIEN AUGÉ

Ex tumulo vita.

OUVRAGE ILLUSTRÉ DE 31 VIGNETTES
PAR SYDNEY BARCLAY

PARIS

LIBRAIRIE HACHETTE ET Cⁱᵉ
79, BOULEVARD SAINT-GERMAIN, 79

1879

A

M. W.-T. GROMMÉ

Le compagnon aimé de mes voyages et de mes études

j'offre la dédicace de ce livre.

L· AUGÉ

PRÉFACE

Les tombeaux; sous ce titre, que de choses prendraient place! Ce pourrait être une vaste encyclopédie où l'humanité apparaîtrait avec ses croyances, ses espérances, ses aspirations, ses gloires et ses misères, ses grandeurs et ses défaillances; car la mort raconte la vie. Entre les coutumes funéraires d'un peuple, le style, l'aspect de ses tombeaux et sa foi religieuse, ses mœurs, ses pensées intimes il y a un rapport étroit comme de l'effet à la cause.

Si les générations qui nous suivront ont la curiosité de fouiller nos cimetières, elles y feront peu de trouvailles précieuses et qui puissent leur apprendre ce que nous étions. En effet, nous ne confions plus rien à la terre que des cadavres. Longtemps il n'en fut pas ainsi; les anciens prodiguaient à leurs morts les présents les plus divers. Notre curiosité avide y trouve un butin plein d'enseignements. Certains peuples, certaines civilisations même ne nous sont connus que par leurs tombeaux.

Nous avons voulu ici non pas embrasser tout le sujet, encore moins l'épuiser; mais, parcourant les âges,

marquer les usages principaux et spécialement caractéristiques qui inspirèrent les constructions funéraires,
étudier les tombeaux les plus fameux, provoquer leurs
confidences, surprendre enfin dans leur développement
les sociétés qui sont plus ou moins directement les ancêtres de la nôtre.

Le Paganisme (sous cette vague expression nous réu-
nissons tous les cultes qui régnèrent en Europe et dans
le bassin de la Méditerranée jusqu'à l'apparition de
Jésus), le Christianisme, l'Islamisme, telles sont les
grandes périodes entre lesquelles se partage ce livre.

Il arrivera que nos souvenirs de voyage envahiront
des pages nombreuses; nous parlerons alors non pas
seulement des monuments, mais quelque peu du pays.
Ce sera à dessein; car l'œuvre de la nature et l'œuvre
de l'homme ont souvent une parenté prochaine, et pour
bien connaître un monument il faut connaître aussi les
lieux qui l'encadrent, le ciel qui l'éclaire.

L'ange pleureur, cathédrale d'Amiens.

LES TOMBEAUX

Hypogées de Beni-Hassan

CHAPITRE PREMIER

PAGANISME

ÉGYPTE

« Les Égyptiens, nous dit Diodore de Sicile, appellent
« les demeures des vivants des gîtes, parce qu'on y sé-
« journe peu de temps : les tombeaux, au contraire, ils
« les appellent maisons éternelles, parce qu'on y est tou-
« jours. Voilà pourquoi ils ont peu de soin d'orner leurs
« maisons, tandis qu'ils ne négligent rien pour la splen-
« deur de leurs tombeaux. »

Diodore de Sicile est une autorité souvent contestable ; mais, cette fois du moins, les faits confirment ses dires. L'Égypte est couverte encore de monuments qui racontent sa longue histoire ; et parmi ces monuments si nombreux, on ne trouve que des temples et des tombeaux. Les dieux, les morts apparaissent partout, souvent réunis, associés, confondus. La pieuse nation leur vouait un culte égal.

Où demeuraient les artisans, les laboureurs, le peuple enfin ? Sans doute, comme les fellahs de nos jours, dans des huttes grossièrement faites de limon séché. Rien de surprenant si ce qui fut de la fange est devenu de la poussière. Mais les rois, si puissants, si glorieux, les Ramsès, les Tothmès, les Séti, où donc enfermaient-ils leur majesté souveraine ? On l'ignore. Rien ne reste de leurs palais. Ils sont pour nous comme des vagabonds sans asile. Les temples érigés par eux étalent l'épopée des conquêtes lointaines, et les murailles semblent parfois trop petites sous l'envahissement de ces fastueuses annales. Mais après les temples, il n'est que les tombeaux qui conservent, et mieux encore, le souvenir des Pharaons.

L'Égypte croyait en l'immortalité de l'âme, et c'est là comme le dogme essentiel, la lumière féconde autour de laquelle gravitent et les mystères profonds, et les sages enseignements, et les superstitions bizarres qui composent la religion si longtemps régnante aux rives du Nil. L'Égypte croyait aussi que, dans la vie d'outre-tombe, le corps aurait encore son rôle, ses épreuves, son avenir. De là la nécessité et l'usage universellement suivi des embaumements, art que les anciens Égyptiens portèrent à sa suprême perfection ; de là l'emploi des sarcophages pesants et qu'on ne peut ouvrir que par un puissant effort; de là les tombes mystérieuses et qui défendent les morts à elles confiés par la force et la ruse, comme aux pyramides, par la ruse seulement, comme aux nécropoles de Thèbes.

Bien que la pensée première reste constamment la même, durant cette carrière de plus de quarante siècles que fournit la civilisation Égyptienne sans s'éteindre, on peut constater quelques changements remarquables dans le type des tombeaux. A Memphis, les tombes sont apparentes et construites de matériaux rapportés : les pyramides trônent. A Beni-Hassan, à El-Kab, à Tell-El-Amarna, en cent autres endroits moins illustres, les tombes sont excavées aux flancs du rocher; des portes, des colonnades les annoncent cependant. A Thèbes, elles sont aussi excavées, mais rien ne les annonce; la tombe ne se contente plus de cacher ses morts, elle se cache elle-même. Ainsi, trois types résument tous les monuments funéraires de l'Égypte. Ces trois types, nous allons les trouver en trois sites fameux : à Gizeh, à Beni-Hassan, à Thèbes. C'est en remontant le Nil que nous les rencontrerons successivement, et aussi en remontant les siècles de l'histoire, car les tombes de Gizeh sont plus anciennes que celles de Beni-Hassan, celles de Beni-Hassan plus anciennes que la plupart de celles de Thèbes.

Les pyramides sont chose connue même des plus ignorants, et le nom seul de l'Égypte éveille aussitôt leur souvenir. Chacun les voit, dominant le désert, monuments étranges d'une terre où tout est mystère et prodige, confidents silencieux d'un passé si lointain, que la pensée s'en épouvante, sépulcres formidables et bâtis, semble-t-il, pour des rois qui dépassaient la taille de notre chétive humanité. Le Nil, toujours fuyant devant les explorateurs chaque jour plus hardis, nous dérobe encore le berceau de ses eaux fécondes; il grandit, il s'allonge, il se refuse à nous dire le secret de sa naissance, jaloux de ne se révéler à l'homme que par ses bienfaits; c'est une artère énorme qui donne la vie partout sur son passage; elle finit, mais ne commence pas. Ainsi, tandis que l'archéologie étend sans cesse son domaine, sans cesse les pyramides reculent dans le passé. Bonaparte saluait en elles une antiquité de quarante siècles: c'était trop peu : on leur reconnaît aujourd'hui une existence de soixante siècles. Et qui sait si quelque révélation nouvelle n'approfondira pas encore l'abîme de cet âge vertigineux?

Les pyramides forment, sur la rive gauche du Nil, à la limite extrême du désert, comme une chaîne ininterrompue entre Médinet-El-Fayoum et Gizeh. Meïdoun, Daschour, Saqqarah, Abousir ont leurs pyramides, comme Médinet et Gizeh. Memphis et les cités qui se groupaient alentour ont disparu; mais cette nécropole immense, qui recevait leurs momies, témoigne encore de leur importance. Quel entassement de vivants il a fallu pour faire cet entassement de morts! Vers le nord, les pyramides de Gizeh terminent la chaîne et l'emportent de beaucoup sur leurs sœurs en énormité. Elles ne sont distantes du Caire que de trois lieues environ. La route est aisée, et les voyageurs quelque peu indolents peuvent la parcourir mollement étendus dans une voiture confortable, tandis qu'en avant d'eux, le saïs disparaît dans le nuage de poussière qu'il soulève en courant.

Au sortir du Caire, nous rencontrons un convoi funèbre. Une jeune fille est morte, et les siens l'accompagnent au cimetière. Le corps est porté sur une civière qu'enveloppe une draperie rouge, et cette pourpre éclatante étonne un peu nos yeux habitués à la livrée noire de nos funérailles. Parents, amis, mais aucune femme, suivent, pressant le pas et répétant des chants nasillards. Voilà une pauvre fille à qui l'on ne fera pas l'honneur d'une haute pyramide, elle devra se contenter de quelques poignées de terre. Encore quelques jours, et l'on aura oublié où repose sa cendre; plus une fleur et plus un souvenir. Au contraire, les vieux Pharaons ont jeté un défi au néant; ils ont usurpé à travers les âges comme un orgueilleux privilége d'immortalité, et bien des siècles s'écouleront avant que l'humanité se lasse de faire pèlerinage à leurs invincibles tombeaux.

Nous arrivons au Nil, il faut le franchir. Il y a peu d'années, on devait recourir à un bac ou tout au moins à quelque barque complaisante. Aujourd'hui la route passe fièrement sur le fleuve, portée aux arches de fer d'un gigantesque pont. C'est le seul pont que l'on trouve sur le Nil au-dessus du barrage du Delta. Des ingénieurs et des constructeurs français l'ont exécuté, et avec bonheur; non pas que cela soit une chose belle (les piles peu nombreuses, les arches posées à plat ne composent pas un ensemble harmonieux); mais c'est une chose utile bien faite. Une arche est mobile et s'ouvre, à certaines heures, pour les besoins de la navigation.

A peine avons-nous touché la rive gauche que des
constructions nouvelles apparaissent, encore inachevées;
ce sont des palais destinés aux princes de la famille
vice-royale; il paraît qu'il n'est pas assez de palais au
Caire et dans ses environs : ceux-ci promettent d'être
aussi laids que leurs aînés.

Nous dépassons la voie ferrée qui longe le Nil et monte
vers la Haute Égypte. Des acacias ombreux bordent la
route, quelques palmiers jaillissent dans les champs. La
terre est encore sans rien qui promette la moisson prochaine; elle s'étale épaisse, brunâtre, grasse, humide
des eaux qui l'ont couverte, et n'attend que les semailles
pour révéler aussitôt sa merveilleuse fécondité. Quelques corbeaux noirs, aux ailes tachées de gris, perchent
sur les mottes; ils s'enlèvent lourdement à notre passage et nous poursuivent de leurs sinistres croasse-
ments.

Cependant, notre but reste tout d'abord invisible. Ces
pyramides que nous avions découvertes du chemin de
fer d'Alexandrie, du barrage du Nil, alors qu'elles
étaient éloignées de plusieurs lieues, disparaissent
maintenant; quelques mimosas, quelques palmiers, les
masures croulantes d'un village suffisent à nous les
dérober. La perspective a de ces jeux étranges, et la
main d'un enfant peut cacher un colosse.

Enfin les pyramides se montrent; nous dépassons le
dernier champ : le sol se relève, aride, rocailleux, fait
de sable et de poussière. C'est une sorte de plateau qui
commence le désert; là sont groupées les pyramides de
Gizeh. Un chacal fuit à notre approche, la queue basse,
rasant la terre. Le chacal était consacré à Anubis, dieu

funèbre, qui est le plus souvent représenté avec la tête de l'animal qui lui servait d'emblème.

Les pyramides grandissent. Elles sont au nombre de neuf, deux énormes, une très grande, six petites, celles-ci, dirait-on, sorties des flancs de celles-là : car la mort devenue féconde semble avoir enfanté et s'être complue à faire une famille formidable. Les pyramides commencent le désert ; elles sont les gardiennes solennelles des solitudes immenses, les pylônes qui marquent l'entrée du grand inconnu. Le Nil, en ses crues les plus fortes, s'arrête au pied du plateau de Gizeh et n'atteint pas les pyramides ; quelque divinité toute-puissante lui interdit de les effleurer. Durant quelques jours il peut cependant les refléter dans ses eaux. Partout le sable, les décombres ; des blocs informes y sont gisants qu'autrefois peut-être on adora ; mais le rocher qui fut roi, qui fut dieu, est redevenu rocher. Pas une touffe d'herbe qui verdoie aux joints des pierres. Pourtant, en cherchant bien, on trouve au ras de terre quelques petits arbrisseaux, tous de la même espèce, rudes, secs et qui aiguisent leurs feuilles en pointes menaçantes ; leurs fleurs aux pétales bleus sont bien défendues. Et en effet, une fleur épanouie au pied des pyramides, quel trésor ! On peut sans doute imaginer chose plus précieuse, mais non chose plus rare.

L'éloignement dissimule souvent bien des imperfections, efface bien des outrages ; c'est ainsi que les pyramides, aperçues aux limites lointaines de l'horizon, paraissent intactes. De près leurs blessures se révèlent, blessures graves et qui ont altéré sensiblement l'aspect du monument. Les pyramides étaient primitivement

revêtues de blocs parfaitement polis, et en escalader le
faîte constituait un prodige d'adresse et d'agilité que
des gymnastes de profession pouvaient seuls réaliser.
Nulle ouverture apparente, rien qui indiquât où il
fallait faire brèche pour pénétrer les mystères de ces
citadelles de la mort. En avant de chaque pyramide était
un temple consacré au culte du roi défunt; puis, selon
l'usage cher à l'ancienne Egypte, se déployaient des
voies grandioses, avenues solennelles, chaussées énormes qui exigèrent, dit Hérodote, un travail aussi long
que les pyramides elles-mêmes. Là s'alignaient sphynx,
béliers, colosses, d'autres monstres encore formant
double haie, et le profane qui venait fouler cette terre
sacrée, marchait environné de leurs grands yeux de
pierre.

Les colosses ont disparu, et les chaussées qui les portaient, tout au plus la crédulité complaisante des archéologues en peut-elle reconnaître quelques vestiges. Les
pyramides elles-mêmes, si longtemps inviolées, furent
dépouillées de leur revêtement, au douzième siècle, au
temps du fameux Saladin. Les ouvriers, serviteurs des
Pharaons, aussitôt que les prêtres eurent accompli
autour de la momie royale tous les rites prescrits, s'é-
taient retirés, dressant des dalles à l'entrée des chambres sépulcrales, obstruant les passages par des blocs,
fermant derrière eux hermétiquement toute issue. Tous
ces obstacles si laborieusement accumulés ne purent
cependant lasser la patience des pillards; les Arabes de
Saladin surent se frayer une route aux entrailles de ces
montagnes de pierre qu'ils rêvaient pleines de merveilleux trésors; ils découvrirent les chambres funéraires,

les sarcophages ; le granit fut brisé, les cercueils furent ouverts, les bandelettes arrachées, et les profanateurs, faisant œuvre de hyène, s'entre-déchirèrent les cadavres sacrés. Pauvres Pharaons, ils trouvaient enfin leur maître. Les pyramides avaient cependant conservé sans outrage, durant près de cinquante siècles, le dépôt confié à leur garde ; la tombe ne fut jamais plus fidèle.

Des trois grandes pyramides, la première, haute, lorsqu'elle était complète, d'environ cent cinquante mètres, renfermait le corps de Chéops ; la seconde, presque aussi haute, renfermait le corps de Chéfren ou Schafra, dont la statue a été retrouvée ; la troisième, haute seulement de soixante-six mètres (les tours de Notre-Dame n'ont qu'un mètre de plus) était consacrée à Men-ka-ré (donné au soleil) ou Mycérinus, prince qui régnait vers 4136 avant l'ère chrétienne.

Nous entreprenons de visiter successivement les arcanes de ces trois sépulcres, exploration pénible, dangereuse même, et que l'on ne saurait accomplir heureusement sans l'aide de quelques guides Bédouins. Là du moins ils sont utiles, s'ils sont comme toujours insupportables.

Les dispositions intérieures des pyramides varient peu. Ce sont des couloirs très bas, souvent d'une pente très rapide : impossible presque toujours de s'y tenir debout. Le granit est peu moelleux, et sous peine de chocs très rudes, les fronts les plus superbes doivent s'incliner. Pas une entaille où assujettir le pied, pas une saillie où accrocher les ongles ; les Bédouins cependant trouvent moyen d'y cheminer sûrement, et qui plus est

d'y hisser, sans autre dommage que quelques déplai-
santes bousculades, le voyageur qui leur est échu. Les
couloirs montent, puis tout à coup descendent et souvent sont interrompus par des chausse-trapes perfides :
car tout a été ingénieusement disposé pour rompre les
os des profanateurs et dérouter toute recherche. La
mort a, pour se défendre, comme une tactique savante.
Ces couloirs s'enfoncent parfois au-dessous même de la
pyramide et sont entaillés au vif du rocher. Puis viennent les chambres sépulcrales de dimensions médiocres,
carrées, toutes construites de granit rose ; les blocs
sont appareillés avec le plus grand soin. Au reste tout
accuse ici, non pas seulement la fantaisie orgueilleuse
de faire une chose énorme, mais une science consom-
mée, la recherche attentive de la perfection dans toutes
choses, dans la taille, le poli, la disposition des assises,
enfin une connaissance profonde des meilleurs procédés
de construction. C'est ainsi que les plafonds forment souvent l'angle et que les blocs arc-boutés ont été placés de
façon à résister sûrement à l'écrasante poussée qu'ils
devaient subir. Quelquefois le plafond est plat, mais au-
dessus on a ménagé des vides, dans le même but selon
toute vraisemblance.

Les pyramides sont construites d'un calcaire fort dur,
que l'on trouve dans les montagnes qui avoisinent le
Caire. Le granit, plus belle matière, était réservé aux
couloirs, aux salles intérieures, aux sarcophages. La
pyramide de Mycérinus cependant paraît avoir été entièrement revêtue de granit rose. C'est là une matière que
l'on ne rencontre qu'aux limites extrêmes de l'Egypte,
auprès de l'antique Syène. Nul doute qu'en ces âges

lointains où régnaient Chéops, Chéfren, Mycérinus, l'autorité de ces princes ne s'étendît déjà jusque-là. Les blocs que nous touchons, avant de prendre leur place définitive, ont dû descendre le Nil sur une longueur de neuf cents kilomètres.

Les sarcophages qui ont enfermé les momies royales, sont restés là où on les avait fixés ; pour les emporter, il eût fallu éventrer les pyramides, car les couloirs sont trop étroits pour leur livrer passage. Ces cuves formidables furent portées dans leurs chambres avant l'achèvement du monument. Pas d'inscriptions, ni de peintures, ni de sculptures ; la pierre est nue et muette, silence austère et qui ajoute encore à la majesté de ces sanctuaires ténébreux. Nous verrons bientôt aux nécropoles de Thèbes, cité plus récente que Memphis, comme aux nécropoles des villes environnantes, les peintures, les sculptures se multiplier ; l'Egypte des premiers âges était plus discrète, et plusieurs siècles devaient s'écouler avant que la mort apprît à bavarder sans fin.

Nous montons sur la grande pyramide, ascension laborieuse et rude. Un escalier haut de cent quarante-cinq mètres peut suffire à essouffler les plus vaillants poumons. Les degrés très élevés et en même temps très étroits condamnent à des enjambées surhumaines ; nos reins se souviendront douloureusement de Chéops durant plusieurs jours. Les Bédouins s'empressent, et leur assistance vainement refusée n'est rien qu'une fatigue de plus. La cime n'est pas aiguë comme elle le fut primitivement et comme elle le paraît encore vue de loin, elle forme une sorte de plate-forme encombrée de blocs déplacés, restes confus des assises détruites. Les dégradations ont du raccourcir la pyramide de sept à huit mètres.

Quel amoncellement prodigieux ! Deux millions cinq cent soixante-deux mille cinq cent soixante-seize mètres cubes de pierres. Tout cela pour dire à l'avenir qu'on a été le roi Chéops et qu'on n'est plus qu'une poignée de poussière !

La vue est magnifique et telle que la fait espérer la hauteur du poste d'observation. La pyramide de Chéfren apparaît tout près, égalant presque sa cime à celle que nous dominons ; celle-là est restée pointue, et le revêtement subsiste au moins aux assises supérieures. Les autres pyramides se groupent tout alentour ; mais ce ne sont que des collines, des buttes auprès de ces deux montagnes qui les écrasent. Le sol est partout criblé de trous noirs, ce sont des puits funéraires : car les rois, jusque dans la mort, avaient nombreuse cour, et la populace obscure de leurs serviteurs, de leurs sujets, s'empresse autour de leurs tombes comme elle s'empressa autour de leurs palais. Le sable a de vagues ondulations qui furent peut-être des monuments. Une dépression plus forte nous révèle le temple de granit et d'albâtre que notre grand archéologue Mariette-bey découvrit, il y a quelques années, sanctuaire contemporain des pyramides, austère comme elles, sans images, où Dieu n'était présent que par la pensée et la prière. Près de là le sphynx élève sa tête, monstre digne par sa masse des monuments dont il est le gardien. Sa face mesure neuf mètres, l'oreille seule deux mètres, on l'a taillé dans le rocher et complété par des blocs super-

Pyramide de Chéops.

posés. C'est le dieu Armachis, divinité solaire ; il existait déjà au temps du roi Chéops, une inscription en fait foi ; de tous les dieux que l'homme a adorés, voilà sans doute le plus ancien. Les siècles l'ont balafré ; il est beau cependant, calme, effrayant en son implacable sérénité ; il regarde l'espace et propose une énigme qu'aucun Œdipe ne devinera plus. Plus loin, vers le sud, s'échelonnent d'autres pyramides, et celles d'Aboukir, et celles de Saqqarah et celles de Daschour, toutes marquant la limite de toute fertilité, de toute vie : car le désert est là, autour d'elles, sous nos pieds, fauve, ardent et déployant à l'infini ses mornes solitudes. La mort règne et sur cette terre aride qui ne nourrit rien, et sur ces monuments mystérieux qui lui pèsent si lourdement. Mais l'orient oppose un saisissant contraste ; là une ligne de palmiers dérobe le Nil. Le Caire apparaît, rose, souriant comme une belle jeune fille ; il a ses coupoles blondes, ses tours scintillantes. Au faite de la citadelle, la mosquée de Méhémet-Ali élève au ciel ses deux minarets : ainsi l'homme qui prie élève ses bras vers Dieu. Une vapeur légère enveloppe la cité, atténuant la netteté des contours, harmonisant les lignes, adoucissant les teintes, et tout s'encadre au rayonnement immense de l'azur.

Beni-Hassan, dont le nom antique n'est plus exactement connu, se trouve à 25 kilomètres au-dessus de Minieh, sur la rive droite du Nil. De la ville, rien ne subsiste : les tombes seules attestent quelle fut son importance. Ces tombes remontent presque toutes aux règnes des premiers princes de la douzième dynastie, c'est-à-dire à vingt-cinq ou trente siècles avant l'ère

vulgaire. Elles sont placées aux flancs de la chaîne
Arabique, et, selon l'usage constant, à l'abri des inon-
dations les plus fortes. Du fleuve, pour les atteindre, la
course est d'une demi-heure environ. Des trous noirs
apparaissent dans les rochers ; on dirait des nids d'oiseaux de proie : ce sont les tombes. Toutes sont taillées
au vif de la pierre.

La première que nous visitons présente un vestibule
bordé de petits réduits carrés ; deux salles y font suite,
la première plus grande que la seconde et décorée de
bas-reliefs fort endommagés.

Nous cheminons sur la limite, toujours nettement
tracée, des champs fertiles et de l'aride désert ; à notre
gauche sont des blés verdoyants, à notre droite des
pierres grises, du sable, des rochers énormes. Bientôt
nous dépassons le misérable village de Beni-Hassan, puis
nous nous élevons péniblement aux pentes rocailleuses.
Elles accusent comme les degrés d'un gigantesque escalier. Le premier porte un village, dont le vent soulève et emporte les dernières poussières. Au second
degré commence le domaine de la mort. Des entailles
régulières apparaissent et des puits où dorment les
momies. Les parois, formant le carré, superposent à distances égales de petits trous qui sans doute aidaient à la
descente. Mais c'est là où le rocher s'élève en falaise et
présente un banc plus compacte, que s'ouvrent les
tombes les plus remarquables. Les portes n'ont souvent
aucun ornement qui les encadre ; mais la salle intérieure, toujours carrée, accuse parfois sur ses murailles une fausse porte bordée de moulures. Un puits
est béant, quelquefois plusieurs : les débris amoncelés

en interdisent l'accès. Ces puits descendent aux caveaux réservés aux momies, et sans doute autrefois des dalles en masquaient l'ouverture. En effet, les morts étaient placés à l'abri de l'outrage, une sollicitude jalouse multipliait autour d'eux les moyens de protection. Les salles supérieures, d'un accès facile, formaient sanctuaires ; les parents, les amis s'y réunissaient, célébrant certains rites sacrés et entretenant avec ceux qui leur avaient été chers comme un commerce affectueux. En effet, dans les idées religieuses de l'ancienne Égypte, la mort était un repos, long peut-être, qui prenait fin cependant, une étape solennelle, un passage redoutable, mais non pas une complète et irrémédiable destruction.

Souvent les tombes présentent tout un appartement, quelquefois même à deux étages, et des pentes rapides, ménagées dans le rocher, réunissent les salles les plus hautes aux salles les plus basses.

Les sculptures sont rares, les peintures abondent ; elles couvrent des parois mesurant jusqu'à vingt-cinq ou trente pas de long. Peu de divinités, peu d'allégories religieuses, de mystères sacrés : et c'est là une particularité qui témoigne d'une haute antiquité ; nous verrons aux monuments datant de ce qu'on appelle le Nouvel Empire, du dix-huitième siècle au quatrième avant notre ère, les divinités se multiplier et presque partout supplanter l'homme. Il n'en est point ainsi à Beni-Hassan. Ce sont presque toujours des scènes familières, empruntées à la vie du soldat, du laboureur, du citadin. Une piété ingénieuse et touchante réunit autour du défunt tout ce qu'il a vu, traversé, aimé, et la tombe, animée par le pinceau, fait partout un joyeux étalage de vie.

Voici des jeux gymnastiques : celui-ci lève la jambe et s'exerce à la savate ; celui-là saute. D'autres dansent et rhythment fortement le pas. Plus loin sont des lutteurs, et la muraille nous déroule tous les épisodes de leurs nobles combats. Les adversaires se prennent la main, démonstration amicale qui aujourd'hui encore précède toute lutte courtoise, puis ils s'enlacent et se tâtent, cherchant quelque ruse, préparant quelque attaque subite ; les voilà aux prises, ils se pressent à s'étouffer ; enfin une suprême étreinte, une secousse violente décide la victoire ; l'un des deux est jeté bas.

Plus loin, nous voyons des vendangeurs battant sous leurs pieds le raisin dans les cuves, des bateliers sur leur cange, des cuisiniers trônant dans leur cuisine et d'opulents garde-manger. Nul doute que l'on festoyât abondamment et délicatement aux siècles des Pharaons.

Voilà un retour de chasse. Les serviteurs défilent, portant des oies suspendues à des bâtons, poussant devant eux des antilopes, des gazelles captives ; cependant quelques chasseurs, jaloux d'exploits plus glorieux, poursuivent les bêtes fauves et les transpercent de leurs flèches. Puis on rentre au logis, et dans la basse-cour les canards battent joyeusement des ailes ; il me semble entendre leur concert retentissant. Travaux ou plaisirs, jeux ou combats, le défunt préside à tout ; il apparaît grave, immobile, toujours de plus grandes proportions, et dominant de haut ces figurines mignonnes.

Ce ne sont pas ici, comme aux nécropoles de Memphis et dans la plupart des monuments égyptiens, des sculptures d'un faible relief et relevées par des couleurs ; ce ne sont que des peintures, ou, pour mieux dire, des enluminures, une sorte d'imagerie un peu naïve et toute charmante. Nulle perspective ; tous les personnages s'alignent sur le même plan et se présentent de profil ; les mouvements cependant, les attitudes sont d'une extrême justesse. Il y a là une grâce aimable, de l'aisance, j'oserais dire de l'esprit. Souvent au-dessous du plafond règne une frise composée d'ornements symétriques ; au reste, toute cette décoration est pleine d'une harmonieuse originalité.

Nous visitons des chambres que partage en plusieurs nefs une double, une triple et même une quadruple ligne de colonnes taillées dans le rocher. Quelquefois les fûts ont disparu, mais les chapiteaux, restés en place, forment comme de bizarres pendentifs. Ces colonnes simulent un faisceau de minces tiges que des cordages relient. Elles étaient peintes, quelques-unes, semble-t-il, d'une couleur imitant le granit rose.

Les proportions des hypogées varient à l'infini, sans doute selon le rang plus ou moins élevé des familles dont elles éternisent la mémoire. Quelquefois, à la paroi du fond, une niche est ménagée, que des peintures décorent ; peut-être la statue d'une divinité protectrice s'y dressait. Certaines chambres ont été abandonnées avant complet achèvement.

Nous atteignons des tombes qui présentent une façade monumentale. Des colonnes s'y dressent, parfois très petites, excédant à peine la taille d'un homme, par-

fois de beaucoup plus fortes proportions. Elles appartiennent au même ordre, et cet ordre rappelle, par une
analogie singulière, l'ordre Dorique, qui si majestueusement porte les frontons des temples grecs. Le fût est
sillonné de cannelures, non pas creusées en courbe,
mais plates, et le chapiteau ne se compose que d'un
tailloir d'une faible saillie. N'importe, ces colonnes
semblent bien les aïeules lointaines des colonnes et
plus belles et plus nobles qui s'alignent au stylobate du
Parthénon. Ainsi les Égyptiens, en des âges bien recu-
lés, auraient trouvé le type premier; les Grecs l'auraient reçu d'eux. Mais comme ils surent l'embellir,
d'une ébauche brutale dégageant une œuvre exquise!
Leur génie, soleil joyeux, faisait splendidement épanouir toutes choses : perfectionner ainsi, c'est créer.

Deux tombes, bordées de colonnes, sont particulièrement remarquables. La porte de l'une comme de
l'autre est grande, de belles proportions, et s'encadre
d'inscriptions hiéroglyphiques. Deux lignes de colonnes
robustes et semblables aux colonnes extérieures partagent la salle intérieure en trois nefs. Le plafond accuse une courbe légère, et de petits compartiments co-
loriés l'égayent. D'innombrables figurines se déploient
sur les murailles, et leur cortége interminable se perd
aux incertitudes de l'ombre, comme se perdent aux
incertitudes du passé les souvenirs qu'elles consacrent.
Le dieu reste, assis dans une niche au fond du.sanc-
tuaire, et lui aussi taillé dans le rocher; mais les
hommes, las de lui prodiguer leurs prières, lui prodiguent leurs outrages, et de hideuses balafres sillonnent son visage.

Une de ces deux tombes renfermait la momie d'A-
méni-Aménenha, fonctionnaire considérable qui vivait
au temps du roi Ousertasen Ier, prince de la douzième
dynastie, vers 2800 ans avant l'ère vulgaire.

Selon un usage généralement suivi dans l'ancienne
Égypte, l'inscription prend la forme d'un récit, d'une
confidence personnelle ; le défunt parle lui-même et ne
laisse à personne le soin de prononcer son panégyrique.
Il était, paraît-il, général d'infanterie, et avait fait campagne en Éthiopie. A son retour, on lui confia le gouvernement d'une province. « Toutes les terres étaient
« ensemencées du nord au sud, poursuit-il ; des remer-
« ciements me furent adressés de la part de la maison du
« roi pour le tribut amené en gros bétail. Rien ne fut
« volé dans mes ateliers. J'ai travaillé, et la province en-
« tière était en pleine activité. Jamais petit enfant ne fut
« affligé, jamais veuve ne fut maltraitée par moi ; jamais
« je n'ai troublé de pêcheur ni entravé de pasteur. Ja-
« mais disette n'eut lieu de mon temps, et je ne laissai
« jamais d'affamés dans les années de mauvaise récolte.
« J'ai donné également à la veuve et à la femme mariée,
« et je n'ai pas préféré le grand au petit dans tous les
« jugements que j'ai rendus. »

Combien de moudirs vice-royaux pourront-ils parler
ainsi devant la mort, à l'heure où l'on ne ment plus ?

De la onzième à la vingt et unième dynastie, c'est-à-
dire de 5000 à 1000 ans avant Jésus, Thèbes fut presque
constamment la capitale de l'empire Égyptien. Dans ce
rôle de métropole, Thèbes avait remplacé Memphis ;
Alexandrie devait remplacer Thèbes. Thèbes fut la capitale des âges de prospérité inouïe, de gloire retentis-

sante. Là nous trouverons, comme dans une sublime apothéose, les Séti, les Ramsès, de tous les Pharaons les plus puissants et les plus fameux.

La nécropole de Thèbes, digne de la cité dont elle reçoit les morts, se partage en plusieurs groupes, le plus souvent nettement distincts ; ces groupes correspondent à des époques diverses ou à des classes de citoyens particulières. La pieuse Égypte ne connut jamais la promiscuité de la tombe. C'est ainsi que les collines de Gournah-Murraÿ, d'Abd-el-Gournah, d'Assassif, paraissent avoir été réservées aux sépultures des prêtres ou des fonctionnaires importants, tandis que les pentes rocailleuses qui s'étendent alentour étaient abandonnées au profane vulgaire. Les dépouilles plus précieuses encore des rois, des reines, étaient enfermées aux profondes vallées de la chaîne Libyque. Les singes, tenus sans doute pour des personnages non moins considérables, avaient aussi leur nécropole particulière. Dans son ensemble, la nécropole de Thèbes couvre une superficie de quatre kilomètres de longueur environ sur deux kilomètres dans sa plus grande largeur. Quelle énorme population ! quel entassement de générations il a fallu pour peupler ce dortoir éternel !

Il est, sur la rive gauche du Nil, un rempart de montagnes dont Thèbes s'environne, cherchant, dirait-on, derrière cette enceinte, un refuge contre les envahissements du désert ; c'est vers ce rempart qu'il faut se diriger. Là, aux défilés de Bab-el-Molouk, se dérobent les sépultures des rois.

La piété jalouse des sujets exilait, loin des tombes vulgaires, les tombes royales. Il y a ici comme une sévère étiquette jusque dans la mort : le maître qui n'est plus reste le maître; il ne saurait souffrir le voisinage de quelqu'un de ces pauvres humains que foulaient ses sandales.

Bab-el-Molouk est comme le Saint-Denis des Pharaons de la dix-neuvième et de la vingtième dynasties. Ces dynasties présidèrent aux destinées de l'Égypte, du quinzième au douzième siècle avant notre ère.

La chaîne Libyque apparaît comme une barrière, qu'on ne saurait franchir sans une escalade aventureuse. Une brèche cependant se découvre, puis une vallée étroite. Cette vallée incline, serpente; à peine y sommes-nous entrés, qu'elle se referme derrière nous. On ne voit aucune issue. Est-ce un piège perfide où nous aurait pris quelque divinité jalouse de punir notre curiosité impie? Quelle enceinte désolée! Les montagnes se dressent formidables, affreusement arides. Tantôt ce sont des falaises taillées à pic, tantôt des entassements confus. Des blocs se sont écroulés des cimes les plus hautes et encombrent le sentier, d'autres se découpent sur le ciel en créneaux dentelés, puis s'arc-boutent, surplombent et menacent nos têtes d'un effroyable écrasement. Les rocailles font de larges traînées, comme si les eaux d'un torrent tari depuis des siècles les avaient charriées. Pas un brin d'herbe qui germe en quelque petit coin, pas un lichen qui s'accroche à quelque rocher, pas un insecte qui bourdonne, pas un reptile qui se glisse sur le sable. Il semble que la nature ait oublié de peupler ces solitudes. Le soleil flamboie d'aplomb; ses rayons furieux nous enveloppent, et la terre et les rochers se renvoient des reflets embrasés. Tout est blanc ou jaunâtre et d'un éclat qui fait pleurer les yeux. Nous sommes enfermés en d'étroites limites ; nous avançons, il est vrai, mais notre prison marche avec nous. Plus d'horizon lointain où se perde librement le regard, et avec l'horizon a disparu toute pensée de joie et de vie. Quelle avenue grandiose cependant, majestueuse, sublime comme ne le fut jamais avenue que l'homme flanqua de sphinx et borda de colosses ! Nous allons au mystère, à l'inconnu, et l'âme est émue de ce calme implacable. Quel étrange et magnifique spectacle ce dut être que celui des funérailles royales, pompeusement promenées dans l'horreur de ces gorges funèbres ! Quelles voix mystérieuses s'éveillaient aux flancs des rochers ! Quels échos répondaient aux hymnes sacrés ! Puis le grand silence retombait. Il ne sera plus de bruits glorieux qui le troublent jamais. Seule la mort encadre la mort.

La vallée change de direction, mais sans changer d'aspect ; toujours les mêmes rochers abrupts, les mêmes montagnes qui croulent en ruines, les mêmes sommets chauves. Nous cheminons ainsi durant plus de trois kilomètres. Puis des trous noirs apparaissent, faisant brutalement tache sur les falaises blanches et les rocailles jaunâtres : ce sont les tombes royales. Ces tombes, bien que dissimulées avec soin aux entrailles des montagnes, avaient été en grand nombre violées à l'époque des Ptolémées. Les Grecs les connaissaient, les visitaient en touristes curieux et les comptaient au nombre des merveilles de l'Égypte. Ils les avaient surnommées les syringes, de *syrinx*, flûte, et par extension couloir, corridor.

Strabon prétend que les tombes royales étaient au nombre de quarante ; on n'en connaît que vingt-cinq, et non pas toutes accessibles jusqu'en leurs dernières profondeurs. Les quinze qui nous sont inconnues, ont peut-être disparu sous des éboulements relativement modernes ; peut-être aussi sont-elles inviolées, et quelques Pharaons ont-ils échappé jusqu'à ce jour aux visites sacrilèges. Les tombes, en effet, n'ont pu être aisément découvertes. Dès que le roi avait pris place dans son sarcophage, on bouchait avec soin toute issue ; le sable, les débris obstruaient l'entrée, et rien n'annonçait plus, sous la montagne refermée, la présence d'une tombe royale. On peut supposer sans invraisemblance que la rapacité des pillards a laissé encore aux chercheurs de l'avenir quelque chose qu'ils puissent découvrir.

Toutes les tombes répètent des dispositions analogues ; elles correspondent, en effet, à une même période de la civilisation Égyptienne. On a cru remarquer qu'il y avait corrélation entre l'étendue des galeries et la durée du règne du roi enseveli, et on a voulu conclure de là que le Pharaon, à peine monté sur le trône, faisait commencer l'excavation de sa tombe, que les travaux se poursuivaient tant qu'il régnait et que sa mort seule les interrompait. C'est là une hypothèse fort incertaine.

Séti Ier que l'on voit à Abydos, trônant au cortège des dieux, a laissé ici sa tombe. C'est l'une des plus vastes et peut-être la plus belle. Le seuil franchi, nous descendons les degrés d'un escalier rapide. Le rocher, taillé et revêtu de stuc, déroule d'interminables inscriptions hiéroglyphiques et des sculptures relevées de couleurs. Puis commence un véritable appartement. Le défunt est traité, non comme un cadavre qui reste à jamais couché sous les dalles de son sarcophage, mais comme un être qui doit vivre encore de je ne sais quelle vie mystérieuse. Toujours cette protestation obstinée contre le néant, toujours cette espérance audacieuse planant sur l'au delà, traits essentiels qui caractérisent les dogmes de la pieuse Égypte.

On dispose pour le mort un palais souterrain; il peut en toute aisance y promener sa majesté royale, se faire un trône de son cercueil et présider l'assemblée des serviteurs descendus dans la tombe avec lui. Les dieux qui jugent les rois viendront-ils le juger? On leur a fait large place; ils pourront tenir là leurs assises solennelles.

Quelques salles sont très vastes, et des piliers carrés, ménagés dans la masse du banc de rocher, en supportent les plafonds. Ils répètent, sur chacune de leurs faces, un groupe de deux personnages; c'est Séti luimême qu'accompagne une divinité protectrice. La décoration des murs est sculptée et peinte, et les couleurs, soustraites dans ces profondeurs à l'action toujours un peu destructive de l'air et de la lumière, conservent toute leur fraîcheur.

Ici pas de scènes familières, plaisantes, joyeuses même, comme aux hypogées de Beni-Hassan et de Saqqarah : pas de moissonneurs la faucille à la main, pas de bœufs qui labourent les opulentes campagnes, pas de vendangeurs qui foulent en cadence le raisin, pas de chasses que suivent de longs festins, et, bien que nous soyons dans la tombe d'un conquérant, pas de scènes guerrières, de chars triomphants, de mêlées sanglantes, rien enfin de ce qui peut réjouir le cœur de l'homme ou hausser l'orgueil du souverain. Dieu est partout, environnant le mort et lui imposant son redoutable tête-à-tête, Dieu qui se diversifie, se transforme en un panthéon étrange, mais reste toujours l'esprit suprême qui fait trembler les rois. Les murs proposent l'énigme des emblèmes fantastiques, des dogmes obscurs. Sekket est là avec sa tête de lionne; Anubis, divinité funèbre, avec sa tête de chacal; Toth, dieu de sagesse et d'éloquence, avec sa tête d'ibis. Puis auprès des corps humains qui portent des têtes d'animaux, viennent des corps d'animaux que termine une tête humaine. L'épervier, personnification de l'âme, a souvent une tête de femme coiffée d'une haute tiare. Sculptés et peints d'une teinte verdâtre, de grands serpents se déroulent, rampent tout autour des salles, puis près des portes, se redressent et menacent le profane de leur tête sifflante.

Auprès des grandes salles, que l'on pourrait dire de réception et de parade, se cachent des cabinets très petits, boudoirs du maître de céans.

Les hiéroglyphes couvrent des espaces immenses. Que la mort est bavarde dans cette vieille Égypte!

Il est une salle dont la décoration reste seulement ébauchée, la mort de Séti ayant sans doute interrompu les ouvriers dans leur travail. On voit là, et c'est chose curieuse, comment on procédait. Toutes les sculptures que le ciseau devait découper dans le rocher sont indiquées par des traits noirs. Ce ne sont que des contours, des silhouettes, mais nettement accusées, et l'effet est déjà d'une puissance singulière. La main qui a passé là a fait sa tâche avec une fermeté, une assurance, une précision admirables ; et cependant elle mérita certaines critiques : car une main plus habile encore est venue imposer ses corrections, accentuant quelques saillies, repassant sur quelques traits pour les assouplir, rectifiant quelques contours, modifiant même le texte de quelques inscriptions.

Combien est profonde l'impression que laissent ces retraites ténébreuses ! Tout à coup, sous la lumière blafarde des bougies, les divinités surgissent, s'animent, dirait-on, puis, un instant après, retombent dans la nuit. L'incertitude de l'ombre agrandit encore les perspectives et ces abîmes semblent sans fin. Comme autant de géants, piliers et colonnes s'alignent, et le regard ne sonde pas sans effroi ce grand vide noir que nous sentons partout béant.

Dans une dernière salle, un plan incliné que deux escaliers bordent, descend plus profondément encore dans la montagne ; les degrés sont taillés dans le rocher, mais les blocs éboulés, les décombres entassés interrompent bientôt cette exploration. Peut-être la tombe royale n'a-t-elle pas encore révélé tous ses mystères. Ce qui est aujourd'hui aisément accessible ne fut pas toujours découvert sans peine. Lorsqu'il y a cinquante ans environ, Belzoni entreprit ses fouilles, il eut à déjouer maintes ruses que la sollicitude de la pieuse Égypte avait partout multipliées. Il trouva un puits sans issue et sans doute destiné à égarer les profanateurs sur une fausse piste ; puis, dans la salle qui semblait terminer la tombe, en comparant la résonnance plus ou moins claire de chaque partie de la muraille, il reconnut une entrée dissimulée. Rien cependant n'interrompait la décoration ; il fallut, martelant sculptures et peintures, s'ouvrir une brèche de vive force. Aussitôt une nouvelle série de salles apparut.

On appelle vulgairement tombe de Bruce (Bruce est un voyageur anglais) ou des harpistes, la tombe où dormait ce Ramsès III qui fut roi en 1511, batailla beaucoup, et qui encombre encore du récit de ses victoires les murailles du grand temple de Médinet-Abou. Cette tombe est moins vaste et moins belle que celle de Séti. Sur la galerie qui conduit aux grandes salles, s'ouvrent de mignonnes chambrettes que l'on suppose avoir servi de sépulture aux principaux officiers ou serviteurs du prince. Là, dans les sculptures peintes, plus rien qui rappelle les épreuves, les mystères de la vie future ; nous restons dans le réel de la vie présente. Victuailles les plus diverses qui encombrent les garde-manger, cuisiniers affairés aux préparatifs de quelque immense festin, bouchers qui abattent et dépècent les bœufs, voilà qui éveille l'appétit dans l'estomac et non pas la terreur dans l'âme. Il est aussi des armes, des meubles précieux, des éventails, des cassettes, des sièges richement ciselés, trophées sans doute des conquêtes lointaines ou présents de quelque prince allié. Puis nous trouvons les fameux joueurs de harpe, si pittoresques, si curieux qui, dans notre âge dédaigneux des rois, ont ravi à Ramsès III l'honneur de nommer sa tombe. Les harpes, de grandes proportions et terminées à leur partie inférieure par une tête, sont d'une admirable élégance. Peut-être ainsi était la harpe dont David berçait la folie furieuse de Saül. Le sarcophage de Ramsès III est maintenant au Louvre.

La tombe improprement dite de Memnon, en réalité de Ramsès VI, est fort étendue et renferme encore un sarcophage de granit renversé et brisé. Les décorations très intéressantes, dit-on, au point de vue scientifique (il est de curieuses représentations astronomiques) sont d'un style et d'une exécution médiocres. Au reste, il n'est aucune tombe qui égale la splendeur et la perfection de celle de Séti.

Pour sortir des gorges de Bab-el-Molouk, il ne semble pas que nous puissions prendre une autre voie que celle du défilé déjà parcouru par nous ; mais nos ânes sont agiles comme des chèvres, ils se lancent à l'assaut. Nous ne tournerons pas les montagnes, nous les escaladerons. Il n'est pas de chemin, pas même de sentier, tout au plus une piste que l'on devine vaguement sur le rocher.

Nous atteignons la cime. Aussitôt, et le contraste est saisissant, plus de vallée farouche et de roches calcinées, plus d'abîmes : la plaine de Thèbes apparaît. C'est la vie, c'est la joie. Nous sommes ainsi que des captifs échappés à quelque sombre cachot, et nous saluons d'un regard charmé cette libre campagne qui s'étend à nos pieds. Nous descendons. Autour de nous, quelques entailles au vif du rocher nous révèlent encore des tombes. Plus bas s'étale tout ce qui fut Thèbes, beaucoup de champs, quelques ruines, mais qui, vues de si loin, semblent pour la plupart de confus entassements. On distingue, assis sur leur trône de pierre, les deux colosses graves et soucieux de Memnon, dit la légende, d'Aménhotep III, prince qui régnait au seizième siècle, dit l'histoire, colosses qui chantaient, qui se sont tus maintenant comme la cité elle-même. Plus loin, c'est le Nil fauve, puis Louxor et ses colonnades, Karnak enfin dressant ses hauts pylônes. Le ciel en fête verse sa plus splendide lumière à cette terre si longtemps féconde en renommées, et à ces monuments les plus magnifiques que l'homme ait élevés.

Nous ajouterons ici quelques indications sommaires sur le mobilier des tombes égyptiennes. Les Égyptiens, en effet, étaient prodigues de présents envers leurs morts, et des nécropoles proviennent la plupart des innombrables menus objets que le hasard ou les recherches des archéologues ont fait découvrir dans la vallée du Nil.

Les Égyptiens, avons-nous dit, maintenaient entre eux, au delà même de cette vie terrestre, une sévère hiérarchie. Il y avait, sinon des fosses communes, ainsi que chez nous, des puits communs où le profane vulgaire allait s'entasser confusément. Nous-même, dans nos visites curieuses, nous avons plus d'une fois piétiné des momies couchées les unes sur les autres, encombrant des corridors, envahissant jusqu'aux salles d'édifices plus anciens, souvent même montant presque au niveau des plafonds. C'est comme un matelas moelleux, doucement élastique, où le pied enfonce quelque peu. Si grand que fût notre désir de voir et de connaître, nous n'avons jamais foulé sans quelque hésitation ces ancêtres si lointains de notre humanité, et nous marchions d'un pas plus assuré aux plus cruelles rocailles du désert.

C'est de ces charniers le plus souvent aisément accessibles, que sont sorties la plupart des momies qu'une profane curiosité exilait en Europe. Lamentables débris dont les anciens apothicaires composaient un remède bizarre et coûteux (l'anthropophagie était érigée en traitement), et dont les fabricants de couleurs composent encore une couleur bitumineuse. Les fellahs, moins respectueux s'il est possible, se sont fait plus d'une fois des tanières des chambres funéraires ; plus d'une fois aussi, ils ont fait cuire leur très misérable repas sur un feu qu'entretenaient des fragments de momies, la momie étant un combustible commode et mis à portée de la main.

Mais ces morts vulgaires n'ont pu livrer de bien intéressantes trouvailles, et des bandelettes en haillons sont tout ce qu'ils possèdent. Pour ceux qui avaient tenu dans la vie quelque rang important, il n'en est pas ainsi. Nous avons dit ce qu'étaient leurs tombeaux quant à l'architecture ; un soin aussi grand, une sollicitude aussi attentive, un semblable goût de faste présidaient à l'ameublement.

Dès la plus haute antiquité, on trouve l'usage du sarcophage. Les pyramides gardent leurs sarcophages, et le musée de Boulaq, près du Caire, en a recueilli un de granit rose où dormait un haut fonctionnaire de la cinquième dynastie. Ces sarcophages toutefois, souvent complètement nus, ne présentent jamais qu'une très sobre ornementation. Plus tard, le ciseau multiplia ses caprices ; et de préférence au granit rose, sur lequel les sculptures ne se détachent pas très bien, la basalte noire fut employée, matière parfaitement compacte, très dure, mais que la vieille Égypte savait tailler, découper, ciseler avec une merveilleuse habileté. On s'étonne d'autant plus de cette exquise perfection, qu'en Égypte comme partout ailleurs, le fer ne fut connu et employé que dans un âge relativement moderne. Le cuivre, le bronze, trempé peut-être par quelque procédé oublié, devait suffire à tout.

Les Musées ont recueilli en grand nombre ces belles cuves monolithes sur lesquelles se déroule le poème mystérieux des épreuves, des purifications qui attendent le défunt dans sa vie nouvelle. Les hiéroglyphes minuscules courent tracés avec une parfaite netteté.

Parfois, et cette particularité apparaît surtout au temps des dernières dynasties, le couvercle des cuves sépulcrales présente, à sa partie supérieure, une tête humaine ouvrant ses grands yeux fendus en amande et suivant dans l'espace je ne sais quelle fantastique vision. L'expression est douce et grave.

Le sarcophage de pierre est une première enveloppe où venait s'enchâsser, au moins le plus souvent, une caisse de bois de sycomore. Ces caisses, que le climat chaud de l'Égypte a merveilleusement conservées (tout est conservateur en Égypte, surtout le ciel), étalent à leur tour en éclatantes enluminures les emblèmes d'un symbolisme compliqué. Bois, pierre, tout ce qui touche le mort, affirme un dogme, chante un hymne, murmure une prière.

Ces coffres funéraires figurent fréquemment une personne couchée. La tête, encadrée de la coiffure qu'une mode constante maintint en Égypte au cours de bien des siècles, s'immobilise dans une éternelle sérénité. Les bras, s'ils sont indiqués, ce qui n'arrive pas toujours, se croisent dévotement sur la poitrine, les pieds sont réunis l'un près de l'autre. On croirait voir de grands enfants précieusement emmaillotés ; le cercueil imite le berceau.

Les momies, nous entendons celles qui furent des personnages considérables, ne sont pas seulement enveloppées de bandelettes. Le visage dissimule sous un masque d'or la navrante grimace des chairs imprégnées de goudron. Sur la poitrine tombent de riches colliers. Les mains portent des bagues, des amulettes saintes. C'est chose inouïe ce que l'on a recueilli d'objets de ce genre dans les tombes : tout le Panthéon mystérieux de la religion Égyptienne, les dieux qui sur un corps humain portent une tête d'animal, ceux qui sur un corps d'animal portent une tête humaine, et les animaux sacrés, crocodiles, grenouilles, cynocéphales, hippopotames, apis, vautours, puis par centaines l'œil symbolique qui préserve du mauvais œil, puis l'inévitable scarabée, emblème d'immortalité. Aucun peuple, au même degré que les Égyptiens, n'eut la manie de ces breloques sacrées. La matière employée est très variable. Les statuettes de divinités sont de bronze, de basalte, d'or, de porcelaine, d'albâtre ; de porcelaine le plus souvent les figurines chargées d'hiéroglyphes qui simulent des momies, de porcelaine encore, de cornaline ou de quelque autre matière précieuse, les innombrables scarabées.

A ce même mobilier qu'ont livré la plupart des tombes de quelque importance, quelques tombes privilégiées ajoutaient de plus rares merveilles : des papyrus comme si les morts avaient dû se distraire de leur long repos par la lecture, des palettes de scribe avec tous leurs accessoires, et combien d'autres objets familiers de la vie courante, enfin quelquefois des bijoux précieux.

Une des plus brillantes découvertes qu'ait faites l'infatigable chercheur Mariette-bey, a été celle de la tombe de la reine Aah-hotep. Cette reine fut mère du roi Ahmès, qui compléta l'expulsion des Pasteurs déjà entreprise et heureusement poursuivie par son prédécesseur Kamès. Ahmès commence la dix-huitième dynastie vers seize cents ans avant notre ère. Les bijoux d'Aah-hotep sont un des plus célèbres trésors du musée de Boulaq. Il y a là un poignard, une hache d'armes, des colliers, des bracelets, des chaines, un chasse-mouches, une barque garnie de son équipage, un chariot à quatre roues, jouets ou plutôt joyaux ciselés avec une exquise délicatesse, un miroir, des anneaux de jambe. Tout est en or ; mais l'habileté du travail l'emporte sur la richesse de la matière. Le couvercle de la caisse qui renfermait la momie royale, disparait sous une couche d'or toujours scintillante après plus de trois mille ans. C'est un prodige dont l'esprit toujours s'étonne : entre les terres que la civilisation a illustrées, l'Égypte est la plus ancienne, et, par une contradiction étrange, c'est elle aussi qui apparaît la plus vivante, la plus jeune dans ses antiquités tant de fois séculaires. Le moyen âge est souvent plus délabré que l'Égypte des Pharaons.

L'Égypte, par ses embaumements savants, n'imposait

pas l'immortalité aux hommes seuls, mais aussi à plusieurs espèces d'animaux. On a des momies de singes, de bœufs, de chats, de chiens, d'ibis, de crocodiles. Les grottes de Maabdeh, où nous-même avons péniblement rampé dans les ténèbres, paraissent avoir été réservées généralement, sinon toujours, à ces intéressants sauriens. Nous y avons vu des crocodiles précieusement embaumés comme des princes royaux, et de petits crocodiles réunis en paquets et emmaillotés de bandelettes, et jusqu'à des œufs. Heureusement que l'humanité entière n'a pas eu, comme l'Égypte, cette manie de conservation. La mort frustrée de sa proie aurait à la fin gêné fort les vivants, et le globe terrestre ne serait qu'une vaste nécropole.

Les momies d'animaux, surtout celles de chats et de singes, étaient le plus souvent enfermées dans des pots de grès ou d'albâtre. Les Musées en ont reçu un grand nombre.

Nous avons dit que l'usage de l'embaumement était universel en Égypte ; nous ajouterons que cet usage se maintint tant qu'il fut une civilisation Égyptienne. On signale dans la vallée du Nil et jusque dans les oasis de la Thébaïde des temples conçus encore selon les types anciens avec pylônes, avenues, salles hypostyles, sanctuaires sombres, et qui cependant portent les cartouches des empereurs Romains. De même, certaines momies ne remontent pas au delà de l'ère Chrétienne. Toutefois un examen attentif révèle une sorte de décadence dans les procédés d'embaumement employés jusque dans ses créations des derniers jours. L'architecture garde ses formes majestueuses, mais en altérant ses détails ; les dernières momies elles aussi semblent annoncer la ruine prochaine de ce monde Égyptien qui avait tant vécu.

Bien qu'il soit très imparfait, nous bornerons ici cet aperçu sur les tombes Égyptiennes. En effet, la tombe Égyptienne concentre, enseigne toutes choses, et entreprendre son histoire complète, ce serait entreprendre l'hitsoire même de l'Égypte.

Thèbes, vallée des tombes royales.

Tombeau Lycien à Makry.

CHAPITRE II

PAGANISME

—

LYDIE, LYCIE, PERSE, PHÉNICIE, JUDÉE.

Le pays qui est borné au nord par la mer Caspienne, le Caucase, la mer Noire, à l'ouest par la Méditerranée, au sud par les déserts de l'Arabie. le golfe Persique, à l'est par les grands fleuves de l'Inde, occupe dans l'histoire de l'humanité une aussi large place que sur la surface de la terre. Divers peuples s'y sont groupés. divers empires s'y sont fondés, diverses civilisations s'y sont succédé. quelques-unes laissant derrière elles

comme une traînée de gloire. De ces peuples ennemis
ou alliés, souvent conquérants les uns des autres, nous
ne signalerons que ceux qui ont laissé à des monuments funéraires encore reconnaissables la garde de
leur souvenir. Quelques peuples et des plus fameux que
l'Asie ait enfantés, n'ont pas légué aux âges suivants
de tombes remarquables. Plus heureux, les Lydiens,
les Lyciens, les Perses, les Phéniciens, les Hébreux,
dont nous parlerons tour à tour, ont des tombes dignes
d'immortaliser leur nom.

Sardes fut la capitale du royaume de Lydie. Une
voie ferrée partant de Smyrne, maintenant y conduit.
Sardes a sa station, bâtisse misérable, et cette petite
chose étalant un grand nom semble une raillerie. Avant
de l'atteindre, le voyageur voit s'élargir la vallée où la
vapeur l'emportait; c'est bientôt une plaine. Sur la
droite apparaissent quelques *tumuli* gazonnés, ce sont
des tombes. Ainsi bien souvent la mort se fait la gar-
dienne des cités disparues : elle les précède, elle
les annonce, et c'est au nombre des tombes que
l'on peut le plus sûrement mesurer la puissance d'un
empire.

L'emplacement de Sardes est désert et semé de ruines
peu anciennes pour la plupart, souvent informes.
L'Hermus le traverse : limoneux, rapide, fauve, il reçoit
le très maigre tribut du Pactole. Le Pactole! quel nom!
Il roulait l'or, il ne roule plus que des cailloux. Au
delà de l'Hermus, sur la rive droite (les ruines les plus
nombreuses sont sur la rive gauche), s'alignent de
nombreux *tumuli*. Ils prennent pour piédestal un plateau rocailleux. La tradition veut y reconnaître la né-

cropole des rois de Lydie. Le plus haut *tumulus* qui de loin semble une colline naturelle, serait le tombeau du roi Alyattes père du fameux Crésus, le crédule client de tous les oracles, l'hôte fastueux de Solon qui refusait de le proclamer un heureux, l'ami des Athéniens que son luxe éblouissait. Hérodote, avec l'aimable verve d'un romancier, nous raconte les aventures et les mésaventures de Crésus. Il nous parle aussi de son tombeau. Toutes les classes du royaume, celle même des courtisanes, plus opulente qu'aucune autre, avaient contribué aux dépenses. Cinq stèles, placées sur le faîte, précisaient dans leurs inscriptions la part prise par chacun dans cette œuvre pieuse. Le père de l'histoire ajoute que le tombeau d'Alyattes ne le cédait en importance qu'aux pyramides d'Égypte.

Des fouilles ont été plusieurs fois entreprises pour pénétrer les mystères des sépultures royales de Sardes, mais sans résultat notable. La réputation d'opulence des princes Lydiens ne pouvait être que fatale à leurs cendres. Nul doute que les sacrilèges et les pillards n'aient passé là avant les archéologues.

Ainsi ces monuments sont peu remarquables ; mais tout alentour, quel ensemble grandiose ! Quelle magnificence suprême que bien peu de sites égalent, que nul ne surpasse. C'est la plaine de Sardes tout entière, avec le fleuve qui l'arrose : ce sont les ruisseaux jaseurs, les prés opulents qu'ils sillonnent, les moissons dorées, les ruines gisantes, membres épars, dirait-on, d'un Titan foudroyé, puis les tentes, les campements de quelques nomades barbares qui seuls hantent ces campagnes, les montagnes qui s'étagent, sublime encadrement, avec le Tmolus ceint jusqu'aux premiers mois de l'été d'un blanc diadème de frimas ; et sur cette immensité silencieuse planent, comme des aigles divins, trente siècles de souvenirs et de noms glorieux.

Cyrus, imprudemment défié par le roi Crésus, vainquit le roi, détruisit le royaume et ajouta la Lydie à son vaste empire. Le tombeau de Cyrus existe encore.

Non loin d'Ispahan, dans la plaine de Mourgab, un monument s'élève que les habitants appellent Meschedi-maderi-Souleïman, tombeau de la mère de Salomon. Dans une grande partie de l'Orient, toutes les ruines d'origine incertaine sont attribuées par la voix populaire au grand Salomon, de même qu'en Provence tout est l'œuvre de Marius et dans le reste de la Gaule tout est l'œuvre de César.

Ce tombeau se rapporte assez bien aux indications, du reste quelque peu différentes, que donnent Diodore de Sicile et Strabon. Sur un massif carré présentant quatre degrés et fait de blocs de grand appareil, un édicule est placé. Une porte très basse accède dans la chambre qu'il renferme. Quelques fûts de colonnes incomplets et probablement de construction plus moderne, s'alignent en avant du monument.

Comment mourut Cyrus ? on ne sait ; ou pour mieux dire on nous fait tant de récits divers de la fin du grand conquérant que sachant trop on ne sait plus rien. Justin raconte que Cyrus périt dans un combat livré contre les Scythes. Il ajoute qu'une reine, Tomyris, fit décapiter le cadavre et que plongeant la tête dans un vase plein de sang, elle s'écria : « Bois ce sang dont tu eus « toujours soif et qui ne te désaltéra jamais. » Rubens, dans un très beau tableau que possède le Louvre, raconte cet épisode. Tomyris y est devenue une princesse flamande, splendidement drapée dans le brocart et la soie. Elle a ses suivantes, belles, roses, blondes et faisant glorieux étalage de leurs charmes opulents.

Selon Ctésias, Cyrus mourut dans une expédition contre les peuples de l'Inde. Selon Xénophon, il s'éteignit paisiblement dans son lit, prévenu de sa fin prochaine par un songe, exhortant ses fils et remerciant les dieux de leur constante protection. Selon Lucien, il mourut âgé de plus de cent ans ; mais les violences de son fils Cambyse attristèrent et avancèrent ses derniers instants.

Quand de semblables incertitudes environnent le simple fait de la mort d'un roi, on ne saurait en toute assurance affirmer l'authenticité de son tombeau. Le monument de Mourgab paraît bien cependant être celui que visita Alexandre, au dire de Quinte-Curce et d'Arrien, monument qu'il trouva déjà pillé, ou que ses soldats pillèrent ; on y reconnaissait déjà le tombeau de Cyrus.

Midas de Phrygie, le roi Midas qui dut l'acquisition d'une paire d'oreilles d'âne à la rancune d'Apollon (*genus irritabile vatum*, la race des poètes est irascible), est un personnage à demi légendaire. Son nom cependant est resté attaché à un tombeau creusé et sculpté dans un roc isolé sur la route ou plutôt la piste qui va de Brousse à Afioun-Kara-Hissar. La façade est toute plate, couronnée d'une sorte de fronton, et ornée, sans grande variété, de losanges en creux alternant avec de petits quadrilatères.

Plus authentiques probablement et certainement beaucoup plus remarquables sont les tombeaux que réunit la nécropole royale de Persépolis.

« Au levant, nous dit Diodore de Sicile, à quatre « plèthres environ de la citadelle, se trouve le mont « royal où sont les tombeaux des rois. C'est un rocher « taillé, dont l'intérieur renferme plusieurs comparti- « ments où étaient déposés les cercueils. Aucun pas- « sage, fait par la main de l'homme, n'y donnait accès ; « c'est au moyen de machines artificiellement con- « struites que les corps étaient descendus dans les « tombeaux. »

On compte sept tombeaux, et ce nombre égale celui des monarques Persans de la dynastie des Achéménides, depuis Darius fils d'Hystaspe jusqu'à Darius Codoman qu'Alexandre vainquit et détrôna.

Les tribus errantes qui parcourent seules l'emplacement de Persépolis appellent ces monuments *cherkalmas*, le talisman ou le diamant du destin. Elles rêvent qu'un talisman est là caché, et tous ceux qui ont voulu le conquérir ont été, dit-on, arrêtés par les démons gardiens de la mort. Cette légende des trésors mystérieux reparaît partout en Orient, dès que subsistent quelques ruines considérables.

La montagne est faite de marbre blanc compact assez

pur et que le ciseau, laborieusement mais sans danger
d'effondrement, a pu excaver et tailler.

On ne peut atteindre les tombes qu'au moyen de
cordes fixées au sommet de la falaise et en se laissant
glisser au long de la paroi jusqu'aux cadres découpés
où elles s'enferment. Les mieux conservées et les plus
belles sont celles de Darius fils d'Hystaspe et de Xercés
son fils. Décrire l'une, c'est décrire l'autre ; elles sont
semblables. Quatre colonnes (tout est taillé dans la
masse) se dressent à demi engagées. Leurs chapiteaux
sont faits de têtes de taureaux réunies deux par deux.
Une porte apparaît : cette porte n'est rien qu'un motif
architectural, un trompe-l'œil, une vaine apparence.
Des pillards ont ébréché là le roc, mais sans pouvoir
pénétrer plus avant. Les chambres sépulcrales, s'il en
fut, avaient quelque autre issue restée inconnue.

Au-dessus de l'entablement que portent les colonnes,
court une frise à denticules. Puis douze lions s'alignent, groupés six par six. Puis, dans le cadre rétréci,
deux rangs de soldats Perses armés et faisant l'office
de cariatides, soutiennent comme un pavois que deux
têtes de taureaux terminent. Un homme est là porté en
triomphe ; il revêt une longue robe, son front ceint la
tiare, il s'appuie sur un arc et lève la main dans un
geste d'adoration. Un autel est devant lui et le feu sacré
y flamboie. Les Perses, on le sait, sectateurs de Zoroastre, étaient adorateurs du feu.

Ces monuments commémoratifs des mémoires royales
ont pu, quoi qu'en dise Diodore de Sicile, n'être jamais que des glorieux cénotaphes ; ce n'est pas sans
quelque apparence que nous doutions tout à l'heure de

l'existence de chambres sépulcrales. Les Perses en effet éprouvaient une répugnance égale pour l'ensevelissement ou la crémation. Dans le Vendidah, l'un des livres de l'Avesta, nous voyons ces deux usages formellement réprouvés. A l'exemple des Guèbres ou Parsis qui maintiennent encore aujourd'hui la foi de Zoroastre et les coutumes recommandées par lui, il se peut que les anciens Perses aient le plus souvent abandonné leurs cadavres sur de hautes tours où les oiseaux librement venaient les dévorer. L'âme ainsi s'envolait sans obstacle vers le ciel et le vent emportait les poussières humaines. Livrer un corps à la flamme eût paru un sacrilège, le feu étant chose entre toutes sacrée, la manifestation visible d'Ormuzd suprême principe de la lumière et du bien.

Aux côtes d'Anatolie, non loin de Rhodes, Makry donne son nom à un golfe parfaitement abrité, très profond, véritable port naturel où des escadres entières sont plus d'une fois venues mouiller. L'entrée est étroite, facile cependant. La nature avait préparé là l'emplacement d'une cité considérable, les anciens n'eurent garde de l'oublier. Ils fondèrent Telmissus, nom maintenant oublié et que remplace celui de Makry. Telmissus comptait au nombre des villes les plus importantes de la Lycie entre lesquelles toutefois Xanthus paraît avoir gardé longtemps la prépondérance.

La Lycie ne tient pas une place considérable dans la géographie de l'Asie Mineure, non plus que dans son histoire. La Lycie comprenait cette région montagneuse, resserrée qui s'étend du golfe de Makry au golfe d'Adalia. Elle était limitée au nord par la Carie, à l'est par la Pamphylie, au sud et à l'ouest par la Méditerranée. Presque toutes les villes étaient situées au bord de la mer; ce qui indique chez la nation des instincts de navigation et de commerce. Hérodote dit que les Lyciens étaient originaires de Crète et remontaient à une très haute antiquité. C'est aussi l'opinion de Strabon. Il attribue même la construction des célèbres murailles de Tyrinthe près d'Argos en Grèce, à des cyclopes qu'un certain Praetus aurait amenés de Lycie. Plus tard, à une époque où les mystérieuses ténèbres des légendes se dissipent un peu, nous voyons la Lycie conquise par Arpage, lieutenant du grand roi de Perse. Cette domination ne paraît pas avoir été acceptée sans résistance et sans rancune; car quelques années plus tard les cités Lyciennes se prononcèrent unanimement en faveur d'Alexandre. Lors du partage de l'empire du grand conquérant Macédonien, la Lycie échut à Antigone, puis aux Séleucides. Les Romains lui laissèrent une apparence d'autonomie et d'indépendance; mais quelques séditions au cours du règne de l'empereur Claude et le meurtre de quelques citoyens Romains donnèrent prétexte à un asservissement complet.

En quelque obscurité que les Lyciens aient maintenu presque toujours leur destinée, ils nous laissent des tombeaux curieux, caractéristiques, et c'est assez pour que nous leur consacrions des pages que leur très humble renommée ne semblait pas devoir mériter.

Makry apparaît tapi au fond du golfe, et les montagnes s'écartent comme pour lui faire place. Makry ne mérite plus tant d'honneur; c'est une bourgade misérable et que la crainte des fièvres de l'été dépeuple durant près de la moitié de l'année. Une petite rivière, le Méis, débouche dans la mer un peu au delà des dernières maisons. Là, plus que partout ailleurs, l'aspect des lieux a certainement beaucoup changé depuis les temps où Telmissus était, où Makry n'était pas encore. La rivière, la mer, quelquefois aidées des tremblements de terre, se sont associées dans une œuvre de destruction. Où il était un port, il est un grand marais saumâtre et les roseaux y dressent un rempart ondoyant ; où s'étendaient les quais, s'étalent des bourbiers et les grenouilles y coassent. L'eau peu profonde, frappée par un soleil ardent, s'échauffe, croupit ; des bulles de gaz crèvent à la surface. C'est un laboratoire où la fièvre prépare ses poisons.

Un tombeau est là émergeant du marécage. Il nous fallut pour l'atteindre le secours d'une barque ; et cette barque n'avançait qu'à grand'peine, glissant, rampant sous l'effort des gaffes enfoncées dans la vase.

Ce tombeau, placé sur un cube monolithe aujourd'hui presque complètement submergé, mesure environ quatre mètres de hauteur totale. Secoué par quelque commotion volcanique, il n'est plus en parfait aplomb. Plus long que large, il se compose de deux parties parfaitement distinctes : le corps même du monument, puis une sorte de couronnement. La face qui regarde le golfe présente quatre compartiments. Des nervures épaisses, ou pour mieux dire des poutrelles, s'y coupent et forment la croix. Ce mot de poutrelles qui s'applique aux constructions de bois convient fort bien ici : car ici la pierre imite le bois et le maçon a pris modèle sur l'œuvre du charpentier. Peut-être les premiers tombeaux qu'élevèrent les Lyciens étaient-ils de bois, la supposition est vraisemblable, et lorsqu'ils substituèrent l'emploi de la pierre à l'emploi du bois, ils conservèrent les formes consacrées, changeant de matière sans changer de style. L'idée est singulière, bizarre, mais cette bizarrerie même est un trait qui caractérise une civilisation et un art.

La partie supérieure, le toit, pourrait-on dire, forme l'ogive, et dans son tympan une ouverture est béante, qu'une dalle sans doute fermait autrefois. C'est par là que le corps était introduit. Une antéfixe occupe le faîte : elle portait quelques détails sculptés, bien frustes maintenant. Au tympan de l'ogive, sur les surfaces inclinées que présente le toit et sur la face postérieure, le ciseau avait aussi modelé des sculptures qu'on ne peut plus deviner que vaguement. Le monument toutefois subsiste dans son ensemble, en bon état de conservation. Pas une pierre n'y manque. Les pierres du reste, toutes de très grandes proportions, sont très peu nombreuses : cinq ou six au plus.

La corniche qui sert de point d'appui au couronnement accuse une très forte saillie. Elle porte sur des modillons largement espacés ou plutôt sur des cubes taillés dans la pierre et qui simulent l'extrémité de poutrelles intérieures. Il est encore sur les faces latérales d'autres saillies cubiques. On dirait un de ces cénotaphes faits de charpente que l'on dresse parfois au chœur de nos églises. C'est là un type non pas unique (on a signalé et recueilli plusieurs tombeaux presque semblables sur l'emplacement d'autres cités Lyciennes);

mais c'est un type très curieux, essentiellement original et qui paraît particulier à la Lycie.

On peut croire que ces monuments sont antérieurs à la conquête d'Alexandre, sinon même à la conquête Perse.

Le tombeau, envahi par les eaux que nous venons de décrire, apparaît isolé. Mais la principale nécropole s'étend des pentes orientales de l'Acropole jusqu'aux montagnes qui limitent l'horizon. C'est un espace considérable et qui put renfermer une nombreuse population de morts. Rien n'atteste mieux l'importance qu'atteignit l'antique Telmissus. Au reste, en exceptant un théâtre, ruine très confuse et devenue une carrière, les tombeaux sont les seuls monuments qui subsistent et parlent du passé.

Les tombeaux que l'on rencontre chemin faisant sont d'époque et de style divers; quelques-uns même ne paraissent pas remonter au delà de la domination Romaine.

On traverse des prés opulents qu'un ruisseau rafraîchit; puis le sol se relève. On gagne les premières pentes des montagnes qui prêtent à toute cette région un si majestueux encadrement. Ces montagnes sont des sépulcres. Le ciseau a taillé, excavé de toute part leurs flancs de rocher.

Les tombeaux les plus nombreux répètent le type Lycien déjà signalé et connu. Encore l'imitation évidente des constructions en bois. La façade (toute taillée dans la masse, ici il n'est pas de pierre rapportée) simule assez exactement l'intérieur d'une grande armoire ou d'une cabane. Solives et poutres sont indiquées, même les charnières et les chevilles. Il est quatre panneaux formés par des poutrelles qui se croisent. L'un des deux panneaux inférieurs, celui de droite, était fermé par une dalle mobile qui toujours a disparu. En effet, aucune de ces tombes ne paraît avoir échappé aux visites et aux dévastations des pillards. Quelquefois il n'est que deux panneaux. Jamais trace de décoration à l'intérieur, et la chambre sépulcrale est toujours unique et fort petite. Les Égyptiens le plus souvent dissimulaient avec un soin jaloux l'entrée de leurs tombes, réservant pour les salles secrètes et que seul le mort devait habiter, toutes les magnificences décoratives; toujours ils s'efforçaient de mettre à l'abri de l'outrage les restes confiés à la terre. Au contraire les Lyciens ne prenaient que peu de précautions pour défendre leurs morts; quelques dalles suffisaient à leur piété peu inquiète, et toujours épris d'ostentation, ils réservaient pour l'extérieur le labeur et les recherches du ciseau.

Les tombes se superposent dans la falaise; on en compte deux, trois, jusqu'à quatre étages. Quelques escaliers étroits, à demi ruinés, serpentent, grimpent au vif du rocher et ménagent un accès malaisé à ce cimetière aérien. Certaines tombes sont aujourd'hui inaccessibles et les aigles peuvent sans crainte y abriter leur nid.

Auprès des monuments purement Lyciens et que leurs mensonges ingénieux, chevrons, poutres, chevilles simulés, désignent aussitôt; il en est d'autres, très probablement plus modernes, et qui accusent un style nouveau, même une civilisation nouvelle.

Le plus considérable, le plus beau, le mieux con-

servé porte le nom et consacre le souvenir d'Amintas.
Cet Amintas fut sans doute un personnage de grande
richesse et de grand renom ; car de l'importance de la
tombe on peut vraisemblablement conclure à l'importance du défunt. L'emplacement choisi paraît déjà indiquer une intention flatteuse. C'est un enfoncement demi-
circulaire ; des pentes abruptes, hérissées d'arbres et
de broussailles, l'encadrent. Amintas se trouve un peu
à l'écart des autres morts ; il les domine de haut, de
loin, et son tombeau affecte la majesté d'un trône.

Quatre degrés fort élevés composent un perron. Puis
s'étale un pompeux frontispice. Deux colonnes ioniques
sans cannelures déploient leurs volutes ; les antes
sont décorées de petites rosaces. L'ante de gauche
porte en beaux caractères grecs le nom du défunt. Au-
dessus d'une corniche que soutiennent des modillons
un peu forts, un fronton règne, surmonté d'une large
antéfixe tout unie, mais que des peintures sans doute
ornementaient. La polychromie était un usage général
dans les monuments grecs, et le tombeau que nous dé-
crivons reflète une influence grecque évidente : peut-
être fut-il taillé sous Alexandre ou sous ses successeurs
immédiats.

Un peu en arrière, dans l'axe de l'entrecolonnement
central, apparaît une haute porte aux pieds-droits har-
monieusement inclinés. Deux consoles soutiennent la
corniche qui la surmonte ; on y reconnaît vaguement
quelques traces de couleurs. Cette porte a deux vantaux
partagés en compartiments, et de larges clous y sont
indiqués. Le dernier compartiment de droite seul constituait la véritable porte. Une dalle la fermait et l'on

voit encore, ménagée dans la pierre, la rainure où elle glissait. Des soffites sont indiqués au plafond de l'étroite enceinte qui s'étend entre la colonnade et la porte. La chambre intérieure est petite et sans ornementation. Tout alentour sont disposés des lits taillés au vif du rocher comme tout le monument et qui sans doute portaient des sarcorphages.

Dans cet intéressant tombeau l'ensemble est irréprochable. Il y a un heureux équilibre des lignes, de la richesse, de l'élégance et même une certaine grandeur. Les détails au contraire ne sont pas d'une parfaite finesse. Un architecte habile, semble-t-il, a fourni les plans ; mais les ouvriers ont, en les traduisant, altéré et trahi la pensée première. Les volutes des chapiteaux sont sans grâce, les bases des colonnes d'une hauteur exagérée ; la porte cependant est d'un fort bel aspect.

Quelques visiteurs, sottement vaniteux, ont inscrit leurs noms sur le rocher ; on y lit la nomenclature complète de l'équipage d'un brick français ; et les matelots ont trouvé plaisant d'accompagner cette inscription d'une représentation sommaire et très naïve de leur vaisseau. A part ces outrages fâcheux, le monument subsiste dans un admirable état de conservation. Les herbes ont germé aux fentes de la pierre, les lianes épineuses se suspendent aux corniches du fronton ; mais c'est là une parure agreste qui ne messied pas aux tombeaux. Les fleurs sont une joie qui console un peu la grande tristesse des ruines.

Les Phéniciens eurent des cités opulentes, des comptoirs nombreux échelonnés tout alentour du vaste bassin de la Méditerranée, si bien que cette mer pût sembler quelque temps être un lac Phénicien ; ils eurent des colonies qui égalèrent et dépassèrent même la puissance de la métropole, ils eurent des flottes hardies, des équipages vaillants qui portèrent leurs aventureuses explorations sur les côtes méridionales de l'Afrique et jusqu'aux terres alors fabuleuses de la Scandinavie ; ils eurent des fonderies de métaux, des ateliers où l'on distillait la pourpre, où l'on faisait des étoffes somptueuses recherchées de toutes les nations ; ils eurent des rois qui méritèrent une grande renommée ; ils eurent des cultes souvent sensuels, voluptueux, quelquefois sanguinaires qui attiraient un concours immense de fidèles ; mais ils n'eurent jamais d'art. Toute leur activité intellectuelle s'absorba dans le commerce et l'industrie. Les peuples qui, comme les Athéniens, comprennent tout, cultivent tout, fécondent tout, sont bien rares dans l'histoire. Tyr, Sidon, Tortose, Carthage devaient produire des marins, de riches armateurs, des généraux, mais pas un seul artiste qui ait laissé un nom. Est-ce à dire que dans ces cités fameuses on ne voyait pas de monuments, de statues ? Sans aucun doute on en voyait ; mais ce n'était pas des créations originales.

La Phénicie, quelque riche qu'elle fût et peut-être parce qu'elle était riche, ne put jouir le plus souvent que d'une indépendance précaire. Toute-puissante longtemps sur mer, elle était faible sur terre et son étroit territoire ne pouvait pas opposer une résistance bien redoutable aux grands empires qui l'enserraient. Aussi la Phénicie, attentive avant tout à préserver de la guerre et du pillage ses opulents comptoirs, se résigna-t-elle sans peine à payer tribut : tribut aux rois d'Égypte lorsqu'ils étendirent leur domination sur l'Asie; tribut plus tard aux rois d'Assyrie et de Perse, lorsqu'ils firent reculer les Pharaons. Enfin tous ces grands despotes de l'Afrique ou de l'Asie auraient trouvé difficilement dans leurs sujets les éléments de bons équipages de mer. Aussi empruntèrent-ils à la Phénicie ses matelots et ses navires. Au cours de son existence, la Phénicie fut le plus souvent vassale, ce qui du reste n'excluait pas une certaine indépendance dans sa vie nationale.

Les monuments élevés en Phénicie et particulièrement les monuments funéraires, les seuls dont nous parlerons, reflètent l'influence étrangère, d'abord et surtout l'influence Égyptienne.

Les Phéniciens plaçaient leurs tombes dans des grottes excavées aux flancs des rochers. Ces grottes ou plutôt ces caveaux, retrouvés encore en grand nombre, notamment auprès de Tortose, sont le plus souvent rectangulaires; ils présentent deux chambres où les sarcophages étaient déposés, quelquefois dans des niches latérales. Au moins dans les sépultures les plus anciennes, antérieures à la conquête Macédonienne, les détails d'ornementation sont très rares, le roc presque toujours apparaît tout à nu.

Quelques-uns des sarcophages recueillis dans les fouilles sont maintenant au Louvre. Ce sont des cuves le plus souvent de marbre blanc; le couvercle muni de petites saillies qui permettent de le soulever aisément, affecte la forme d'une gaîne et se termine par une tête humaine. C'est là une disposition tout Égyptienne. Ces têtes sont quelquefois couronnées de cheveux finement ciselés, aux boucles pendantes. C'est ce que l'on remarque dans un beau sarcophage rapporté de Tortose. Les traits sont purs, élégants, l'expression du visage est douce. Sans doute à dessein et pour murmurer à l'oreille du mort quelque pieuse prière, une des oreilles est percée dans toute l'épaisseur du couvercle. Ce sarcophage qu'un souvenir de la Grèce semble avoir caressé, ne doit pas être compté au nombre des plus anciens.

Celui du roi de Sidon, Eschmounazar, est plus caractéristique et plus curieux. Si une longue inscription Phénicienne ne courait sur le basalte et du couvercle et de la cuve, on pourrait croire que ce sarcophage a été ravi aux nécropoles de Thèbes ou de Memphis. Le visage large et plat a sous le menton cet appendice allongé que les têtes des Pharaons portent si souvent ; les yeux sont fendus en amande, les oreilles sont grandes ; la coiffure même encadrant symétriquement le front, puis descendant jusqu'au niveau du cou, est toute de mode Égyptienne.

Une terre qui fut illustre dans l'antiquité et qui reprend, grâce à des fouilles heureuses, bruyamment sa place dans l'histoire, Cypre doit être citée après la Phénicie. Les Phéniciens paraissent en effet avoir été, sinon les premiers habitants de cette île, au moins ses premiers civilisateurs. Mais, dans la suite des âges, bien d'autres peuples y envoyèrent des colonies ; aussi la population de Cypre fut-elle composée d'éléments très divers. La position géographique de l'île qui en faisait une escale commode, la richesse de ses mines, son culte, Paphos et ses bosquets embaumés où la déesse Astarté s'environnait de prêtresses courtisanes, les fêtes où le plaisir devenait une prière, l'orgie un devoir sacré, autant d'attraits puissants qui attiraient le voyageur.

Cypre, pas plus que la Phénicie, n'eut d'art national.
Les influences étrangères sont évidentes et dans les statues et dans les moindres objets que les tombeaux ont
livrés, influence Égyptienne tout d'abord, puis Assy-
rienne, puis Gréco-Romaine.

Non plus que les Phéniciens et les Cypriotes, les Hébreux n'eurent d'art national. Lorsque la pauvreté, les
précaires destinées, les agitations intestines leur laissèrent le loisir et les ressources nécessaires pour entreprendre la construction de quelque édifice, eux aussi
ils durent emprunter aux nations voisines leurs artistes,
leurs ouvriers, jusqu'à leurs matériaux. Le fameux
temple fut, de l'aveu même des récits bibliques, construit avec l'aide d'étrangers nombreux ; et les supposi-
tions les plus vraisemblables permettent de croire que
ce monument élevé à la gloire de Jéhovah, était, quant
à ses dispositions générales, une imitation des temples
Égyptiens.

Au reste, l'esprit hébreu, tel qu'il apparaît dans les
livres qu'il a inspirés, est peu favorable au développement des arts plastiques. Un peuple qui longtemps n'eut
d'autre temple qu'un coffre de bois pompeusement pro-
mené, qui répudiait les images, qui ne pouvait dresser
la statue d'un veau sans soulever les furieuses colères et
les anathèmes de ses prophètes, n'est pas un peuple qui
dût jamais laisser dans les arts une trace profonde.

A Jérusalem les tombeaux sont nombreux et remarquables. Ils confirmeront cependant, ce nous semble,
cette impuissance native qui rend vaine en Palestine
toute tentative d'émancipation dans les choses de l'art.

vaine aussi toute recherche d'une conception originale.

Il faut ajouter, et ceci s'applique aux Hébreux plus encore qu'aux Phéniciens, que les conquêtes subies, le vasselage imposé, l'exil et l'asservissement purent entraver le libre développement de la nation Juive. Israël avait de terribles voisins qui l'écrasèrent plus d'une fois; et bien qu'il ne nous ait légué que ses livres et sa mémoire, on ne peut refuser une profonde admiration à ce peuple vivace, lorsqu'on le voit reparaître obstinément après les plus épouvantables désastres.

A trois kilomètres environ de Jérusalem, dans la direction du nord, on atteint les tombeaux dits des rois.

Tout est taillé dans le rocher. On trouve d'abord à quelques mètres au-dessous du niveau de la campagne environnante, une assez vaste enceinte à ciel ouvert. Dans les parois coupées à pic qui l'enferment, une porte est ménagée avec de larges degrés. On pourrait croire que l'on pénètre dans une carrière abandonnée. Mais sur la gauche l'hypogée apparaît.

Elle étalait un frontispice luxueux. Des colonnes s'y dressaient; elles ont disparu, mais les architraves, maintenant suspendues sur le vide, ont gardé trace des chapiteaux qui semblaient les porter. Il est des triglyphes et des métopes décorées de rosaces. Ces détails, évidemment imités de l'architecture gréco-romaine, ont de l'élégance, mais quelque maigreur. Les artistes, venus de loin peut-être, qui ont ainsi sculpté le rocher, n'avaient plus sous les yeux les admirables modèles de la Grèce ou de l'Ionie; ils travaillaient de souvenir, et leur mémoire n'a pas toujours conduit leur ciseau avec une parfaite sûreté.

Une porte basse donne accès aux chambres souterraines. On en compte trois, accompagnées de petits réduits où s'enchâssaient les sarcophages. Aucune trace
ni de peinture ni de sculpture. L'eau suinte au long
des murailles du rocher noir; quelquefois elle tombe
goutte à goutte des plafonds, et c'est le seul bruit
qui trouble ces solitudes ténébreuses. Tout cela paraît
bien pauvre auprès des magnificences dont la mort en
Égypte se montre glorieusement environnée. Mais qu'é-
tait-ce qu'un petit roi de Juda ou d'Israël auprès d'un
Pharaon de Thèbes ou de Memphis?

Les fouilles entreprises sous la vaillante direction de
M. de Saulcy ont fait retrouver quelques-uns des sarcophages. Ils sont maintenant déposés au Louvre. Un couvercle gracieusement enguirlandé de feuillages est le
débris le plus remarquable.

A l'est de Jérusalem, s'étend la vallée de Josaphat,
plus célèbre que grande. Elle est resserrée entre le mont
des Oliviers et la ville sainte. Au-dessus de pentes escar-
pées et rocailleuses, on voit majestueusement s'étaler le
mont Moriah que le temple couronnait, que la mosquée
d'Omar domine aujourd'hui, ceignant comme un diadème sa haute coupole de bronze. Le sol n'est que
pierres, couche rude où d'innombrables morts se disputent cependant un dernier abri. Ce sont des Juifs;
pour eux plus encore que pour les Chrétiens, la vallée
de Josaphat est un lieu entre tous sacré. Les Juifs composent environ le tiers de la population totale de Jérusalem. Mais ces Juifs de Jérusalem ne jouissent pas seuls
du privilège d'être inhumés dans la sainte vallée. Souvent on y apporte les corps de Juifs morts aux environs.

Quelquefois même, quand l'âge avance et qu'il ne leur
reste plus qu'à mourir, des Juifs enfants d'une tout
autre région viennent s'établir à Jérusalem ; l'espoir
de reposer dans la vallée de Josaphat leur est une consolation suprême, et ils ne veulent pas s'en remettre à
la piété de leurs héritiers du soin de les y conduire.
Ces tombes ne sont que de lourdes dalles où le ciseau
a grossièrement gravé quelque inscription hébraïque.
Aux jours où nous visitions Jérusalem, avril rayonnait
et faisait épanouir, jusque sur les tombes et les rochers
arides, de charmantes petites fleurs. Mais, au versant
de la vallée que le mont des Oliviers domine, subsistent
des monuments plus importants, plus remarquables et
plus anciens. Ils ont aussi une destination funéraire. La
mort règne là sans partage.

La légende a donné à ces monuments des noms reten-
tissants : c'est le tombeau de Josaphat, le tombeau d'Absalon, le tombeau de Zacharie, dénominations purement imaginaires et qui se sont plusieurs fois modifiées
à travers les âges. Ézéchias, Isaïe ont quelquefois, et à
aussi juste titre, disputé sa tombe à Absalon.

Le premier tombeau que l'on rencontre en venant du
nord, dit tombeau de Josaphat, rappelle un peu, par ses
dispositions principales, les hypogées de Béni-Hassan.
Il est entièrement creusé dans le rocher. La falaise,
découpée, montre un frontispice décoré de deux colonnes doriques et d'un entablement où s'alignent des
triglyphes. L'accès pour le visiteur profane semble impossible ; mais sur la droite un couloir obscur s'élève,
creusé au vif de la pierre, et débouche dans la tombe.
Deux salles se font suite ; la seconde sert d'étable, et au

Tombeaux de la vallée de Josaphat.

milieu des incertitudes de l'ombre, nous devinons un troupeau sommeillant.

Le tombeau d'Absalon présente un aspect tout différent. Une enceinte, bordée de parois à pic sur trois de ses côtés, enferme un cube de pierre qui, sur chacune de ses faces, porte des colonnes à demi engagées. La volute ionique égaye les chapiteaux. Il y a des triglyphes et de petites rosaces découpées dans les métopes qu'ils séparent. Puis se déploie une corniche très simple, mais d'une saillie puissante et d'un aspect tout Égyptien. Ainsi, l'artiste qui conçut ce tombeau paraît avoir subi une double influence ; les souvenirs des monuments de l'Égypte, les souvenirs des monuments de la Grèce préoccupaient confusément son esprit. La Judée, voisine et longtemps vassale de l'Égypte, voisine de l'Ionie et des îles de l'archipel Grec, était sur le passage de deux civilisations fécondes ; son génie national, peu appliqué, avons-nous dit, aux choses de l'art, ne pouvait échapper à l'impérieux envahissement du goût et des styles étrangers.

La corniche Égyptienne du tombeau d'Absalon limite et couronne ce qu'on peut appeler la partie basse du monument. La partie supérieure est faite de blocs rapportés. Un tambour arrondi se superpose à un massif carré, et une sorte de coupole très allongée, terminée en pointe, forme le faîte. Une brèche, violemment ouverte par les chercheurs de trésors, conduit dans une chambre sans aucun ornement.

Bien que des éléments très divers s'y trouvent rassemblés, l'ensemble du monument ne manque ni de noblesse ni d'originalité.

Le tombeau de Zacharie, comme celui d'Absalon, se compose d'un cube de pierre taillé dans le rocher; mais il n'est pas un seul bloc rapporté qui vienne s'y superposer. Aux quatre faces apparaissent des colonnes ioniques à demi engagées. Le monument se termine en forme de pyramide, autre réminiscence de l'Égypte.

Préciser l'âge de ces monuments curieux, mais sans aucune inscription et de style un peu incohérent, n'est pas chose facile. Il ne nous semble pas cependant que l'on puisse avec vraisemblance les reporter jusqu'à une époque beaucoup antérieure à l'ère chrétienne.

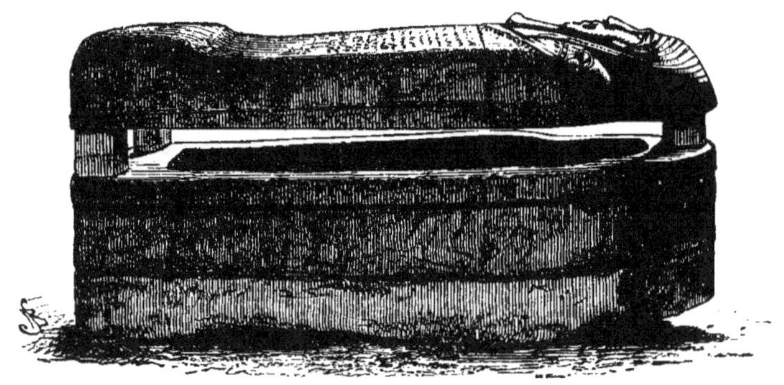

Sarcophage d'Eschmounazar, roi de Sidon.

Tombeau dit de Théron à Agrigente.

CHAPITRE III

PAGANISME

ÉTRURIE ET GRÈCE

La civilisation Étrusque est beaucoup plus ancienne que la civilisation Romaine.

De même que l'on dégage une pierre antique des broussailles qui l'enguirlandent, si l'on dégage l'histoire des festons de la légende, Rome au berceau nous apparaît comme un repaire de proscrits, d'aventuriers, de pasteurs pillards, lorsque déjà rayonnent en Étrurie des cités florissantes. L'orgueil des historiens Romains avoue, tout en s'efforçant de l'atténuer, l'influence de l'Étrurie sur leur ville naissante. Les Tarquins, les plus puissants des rois de Rome, étaient d'origine Étrusque. Rome dut aux Étrusques ses premiers architectes, ses premiers monuments (murs de défense, travaux d'égout qui sont encore en usage), plusieurs de ses dieux, l'organisation de certains collèges sacrés, les augures et la science augurale, les courses de chars, les gladiateurs et leurs jeux sanglants, toutes choses plus ou moins recommandables qui occupèrent une place considérable dans la vie des Romains.

Les Étrusques cependant sont un peuple mystérieux ; on connaît mal leurs lointaines origines, et presque aussi mal leur histoire aux jours même où ils tenaient dans l'Italie centrale le premier rang. Les Étrusques furent grands, puissants, on peut l'affirmer : car, disons-nous, leur part est considérable dans les gloires de la civilisation Romaine. Non moins grands, non moins puissants ils se révèlent, lorsque nous franchissons le seuil de leurs tombes, des monuments qu'ils élevèrent à peu près les seuls qui nous soient restés.

Ces tombes se défendaient par leur mystère, de là leur heureuse conservation.

En 1829, un bœuf labourant enfonça de son pied un antique plafond. Une chambre sépulcrale apparut ; d'autres furent découvertes. C'était la nécropole de l'antique Vulci.

Un coup de pioche égaré, un soc de charrue heurtant une pierre, tels sont les incidents qui le plus souvent ont révélé aux archéologues la présence d'une nécropole Étrusque.

Les tombes sont souterraines et taillées dans le rocher. L'entrée, soigneusement dissimulée, est étroite et donne

Intérieur d'un tombeau Étrusque.

directement accès dans une salle qui le plus souvent
n'excède pas une hauteur de deux mètres et demi, et
sept à huit mètres de largeur. Quelquefois des piliers
ont été ménagés dans la masse du rocher, souvent des
chambres plus petites se groupent symétriquement autour de la première. Souvent aussi le plafond affecte la
saillie et la double inclinaison d'un toit très peu élevé.
A droite, à gauche règnent des bancs de rocher, quelquefois sur plusieurs rangs, et faisant comme des degrés.
Les sarcophages y étaient placés. Il y a aussi des cases
excavées et qui recevaient des urnes ou de petits sarcophages. Qu'on nous pardonne une comparaison vulgaire
appliquée à une chose qui ne l'est pas ; mais ces salles,
environnées de bancs funèbres et de cases, rappellent
un peu les chambres des paquebots avec leurs divans
et leurs couchettes superposées.

La décoration est souvent d'une rare magnificence et
toujours d'une parfaite harmonie. A Vulci, une tombe
entre les plus belles présente des objets divers sculptés
et relevés de couleurs. Ce sont des armes : épées, glaives,
casques aux longues aigrettes, boucliers ronds, l'*aspis*,
comme l'appelaient les Romains, qui, plus tard, préfé-
rèrent et adoptèrent dans l'armement des légions le
scutum, bouclier oblong qui protégeait mieux le soldat.
Puis ce sont des têtes de taureaux, des jambières de
bronze, des trompettes recourbées. Les Étrusques inven-
tèrent la trompette, s'il faut en croire le grammairien
Servius et quelques autres auteurs :

Tyrrhenusque tubæ mugire per æthera clangor.

chante Virgile : « La voix de la trompette tyrrhénienne mugit dans les airs. »

A Corneto, à Toscanella, à Cœre, qui groupent de nombreuses sépultures Étrusques, les murs de rocher déroulent des scènes de guerre, des jeux, dés danses. Les lutteurs vont se saisir, les gladiateurs combattent, les chars courent emportés dans la carrière. Bien qu'il y ait dans les draperies certaines gaucheries conventionnelles, les mouvements sont bien saisis ; les visages reflètent peu d'expression, mais les corps font jouer avec aisance et noblesse leur forte musculature. Tout semble indiquer chez le peuple qui a taillé ces tombes, l'habitude et le goût des exercices corporels, l'éducation de la palestre et du gymnase. Par malheur, on entrevoit aussi un esprit violent, dur, sanguinaire même. Les combats sont souvent répétés, et les massacres de prisonniers ; ces exécutions se rattachaient peut-être à quelques cérémonies religieuses, mais la douceur et la clémence ne paraissent pas avoir été les vertus dominantes des Étrusques. Ils aimaient le sang.

Les Étrusques cependant étaient souvent lettrés, et à la connaissance de leur langue, dont la science commence non sans peine à pénétrer les mystères, ils joignaient souvent la connaissance de la langue Grecque. Les poèmes d'Homère leur étaient familiers ; ils leur ont emprunté les sujets de quelques-unes des peintures qui décorent leurs tombes, et plus souvent les scènes qui animent si gracieusement leurs vases.

Les couleurs employées dans ces peintures murales sont parfois un peu conventionnelles (les siècles toutefois ont dû les altérer et l'on peut croire que certains chevaux que nous voyons verdâtres n'ont pas toujours été ainsi). Peu de nuances, des enluminures peu variées, brutalement juxtaposées, toujours harmonieuses cependant. Le plafond a parfois des carreaux multicolores qui simulent la décoration d'une étoffe, et l'on dirait que l'artiste a voulu éveiller le souvenir d'une tente suspendue au-dessus d'une enceinte sacrée.

On sait quelles merveilleuses trouvailles les nécropoles Étrusques réservaient à leurs heureux inventeurs. Les anciens bien souvent ont prodigué les richesses à leurs morts, mais aucun peuple avec une plus fastueuse libéralité que les Étrusques. De là sont venus ces vases si nombreux et souvent si admirables par l'élégance des formes, par la magnificence de l'ornementation, qui encombrent nos musées. Quinze mille ont été recueillis dans la seule nécropole de Vulci. De là sont venus ces bijoux, colliers, bagues, pendants d'oreilles, couronnes d'or dont nos joailliers ne dédaignent pas d'imiter les finesses et les grâces délicates.

La plupart des tombes, telles qu'on les visite aujourd'hui, sont dépouillées de leurs richesses. Cependant, à une heure de Pérouse environ, une sépulture Étrusque subsiste, conservant au moins une partie de son curieux mobilier.

Nid féodal, Pérouse est perchée au sommet d'une haute colline. De là, pour gagner l'antique nécropole découverte seulement au cours de l'année 1840, il faut incessamment descendre. La route fuit dans la direction de Rome ; elle est rapide, rocailleuse et maintenant déserte le plus souvent. La voie ferrée accapare marchandises et voyageurs.

Parfois des chênes se dressent aux talus que les pluies
ont ravinés, et leurs racines mises à nu pendent dans le
vide. Les oliviers grisâtres, les figuiers sombres, les
mûriers à la verdure plus claire, opposent dans les
champs leurs feuillages variés. Les montagnes composent un amphithéâtre plein d'une majesté que tempère
cependant une grâce discrète. Cette nature, sans acci-
dents étranges, sans surprises violentes, respire le
calme et la sérénité.

Auprès d'un ruisseau qui fait serpenter aux cailloux
d'un lit trop large ses eaux à demi taries, quelques
collines s'alignent. Des chênes les ombragent. Là sont
les tombes.

Nous descendons un long escalier, car ce sont des
retraites mystérieuses où le jour ne pénètre jamais. Les
morts fuient la vue importune de la lumière et de la vie.

La porte est basse ; ses lourds battants de pierre tour-
nent lentement sur leurs gonds. Le seuil franchi, nous
entrons dans une salle d'une parfaite régularité. Le tuf
peu résistant mais compacte s'est laissé tailler sans
peine. Murs, portes, plafond et jusqu'aux bancs dont
la salle est entourée, sont la même masse monolithe.

Le plafond relevé au centre, formant angle et simulant des poutrelles, affecte l'apparence d'un toit. Au-
dessus de la porte, un disque, représentation naïve du
Soleil, darde ses grands rayons, tandis que de chaque
côté fuient deux Dauphins recourbant leur longue
queue. Une chaînette de bronze suspend au milieu de
la salle un Amour de terre cuite qui sans doute, aux
jours des funérailles, allumait une lampe dans ses mains
mignonnes.

Trois par trois six portes s'ouvrent à droite et à gauche. Les ténèbres y sont si profondes qu'elles semblent opposer au profane une infranchissable barrière, et sous les lumières qu'on avive elles ne se dissipent qu'à regret. Une septième porte s'ouvre dans l'axe même de l'entrée ; elle donne accès dans une salle, sorte de sanctuaire dont les morts sont les dieux. Cette porte est surmontée d'un bouclier sculpté portant une tête de Chimère ; de chaque côté deux têtes d'homme du plus beau caractère se font pendant.

Nous entrons, la salle est carrée. Au plafond une tête de Méduse ouvre les ailes dont son front est armé. Ces monstres qui, dans les fables de la mythologie, nous apparaissent pleins d'horreur et semant l'épouvante, sont calmes, placides. Cela est vrai et de la tête de Méduse et de la tête de Chimère. Cependant cette placidité, ce calme, cette beauté, car ces têtes sont belles, dissimulent un mystère, cachent une menace. Quelle pensée sombre couve là ? Sous la flamme dont nous les effleurons, ces mornes visages s'éclairent. N'est-ce pas une férocité qui se recueille et attend ? Le sphinx devait ainsi s'enfermer dans une implacable tranquillité, lorsqu'il méditait ses énigmes de mort. Les grands yeux que l'émail blanchit attirent nos yeux, longuement les fascinent, et nous suivons, non sans un charme profond, ces regards qui semblent contempler dans la nuit une vision invisible pour nous.

Tout alentour de la salle le tuf se taille en gradins réguliers. Là, les générations, tour à tour descendues dans la tombe, sont venues étager leurs cendres. Les urnes, le plus souvent, sont de forme carrée et longue d'un demi-mètre. Elles déroulent des combats, des scènes funéraires, la mêlée furieuse de monstres fantastiques; sur le couvercle qui les ferme la figure du défunt apparaît à demi couchée. C'est une assemblée silencieuse. Ces hommes qui vécurent, il y a plus de vingt siècles, semblent s'être réveillés à notre approche et s'accouder pour nous faire un accueil courtois. Celui qui les préside se place au milieu d'eux, c'est sans doute le chef de cette longue lignée et comme un chêne au milieu de la futaie qu'il a lentement enfantée, il trône fier de sa race et de sa fécondité. Sa statue reflète le caractère personnel, nettement accentué d'un portrait; des draperies hardiement jetées l'enveloppent, et tranquilles, pleins d'une élégante majesté, des génies funèbres lui prêtent la protection de leurs grandes ailes.

Les femmes au contraire des hommes, ne sont pas représentées couchées, mais assises gravement, ainsi que des matrones, austères gardiennes du foyer domestique.

Toutes ces urnes portent des inscriptions Étrusques. Une seule porte tout à la fois une inscription Étrusque et une inscription Latine. Elle est évidemment d'une époque beaucoup plus moderne; le dernier des Volumnii (telle est le nom de la famille dont nous visitons la sépulture) y fut peut-être enfermé. Les urnes anciennes sont faites de travertin ou de terre cuite revêtue de stuc, celle-ci, au contraire est de marbre blanc. Elle ne porte pas de figure, mais affecte la forme d'un petit temple selon un goût tout Romain.

Les six portes que tout à l'heure nous signalions aux

côtés de la salle d'entrée, accèdent dans autant de chambres, elles aussi, contenant des urnes. Ces urnes sont généralement plus simples ; quelquefois même la grossièreté du travail trahit la condition obscure et misérable des défunts. Sans doute les cendres qu'elles renferment, sont celles de parents éloignés, pauvres, tolérés plutôt qu'acceptés, de clients peut-être ou même d'affranchis. On sait que les anciens habitants de l'Italie aimaient ainsi à réunir dans une commune sépulture non seulement tous les membres d'une même famille, mais aussi le cortège d'obligés, d'esclaves, de parasites dont toute famille patricienne avait vécu pompeusement environnée. Le tombeau continuait la maison et la foule y était aussi nombreuse.

Aux urnes de ces salles secondaires les inscriptions Latines abondent. Cette sépulture de Pérouse, non pas une des plus anciennes, mais l'une des plus belles et des mieux conservées, fut sans doute établie au temps où l'Étrurie maintenait son indépendance nationale, mais elle reçut des hôtes après que cette indépendance eût pris fin. Les premières cendres sont celles de citoyens libres, les dernières sont celles de sujets de Rome.

Sur l'une des six salles latérales s'ouvre une dernière chambre : elle fût probablement établie postérieurement.

De ci, de là nous rencontrons quelques motifs de sculpture bien conservés et d'une puissante originalité. Au centre d'un plafond c'est une magnifique tête de femme encadrée d'amples draperies ; plus loin deux petites Chouettes sont prêtes à s'envoler du mur où elles perchent. Souvent surgissent et sur les parties et sur les parois de roches, de grands Serpents de terre cuite qui nous menacent de leur dard fourchu.

Dans ces retraites qui réunissent les plus lointains ancêtres et les derniers enfants, il y a encore des places vides, et si un bruit incertain trouble ce grand silence, toutes choses ont été si bien respectées, le passé est si bien présent, que la pensée rêve aussitôt la pompe de nouvelles funérailles et quelque Volumnius venant occuper la place qui l'attend.

Dans un petit musée voisin de cette belle sépulture, on a rassemblé les objets les plus fragiles qui furent découverts : des armes, un bouclier, des miroirs de bronze et deux grands vases. L'un accuse, pour tout ornement, sur ses anses, deux têtes de femme en forte saillie et gracieusement enguirlandées de fleurs. L'autre déroule sur sa panse une belle frise de personnages finement dessinés.

Une quantité de poteries, dont l'argile reste nue, sont les dépouilles des tombes plus pauvres qui furent explorées aux flancs des mêmes collines où se cache la sépulture des Volumnii.

Les premiers tombeaux qu'élevèrent les Grecs, paraissent avoir été de simples *tumuli*. Dans la campagne que l'épopée à demi fabuleuse du siége de Troie a remplie des plus illustres souvenirs, quelques tertres faits de main d'homme, des collines, des amoncellements plus considérables surgissent, et la science, d'accord avec la tradition populaire, y reconnaît des sépultures. Nous devons dire cependant que les fouilles récemment poursuivies n'ont fait découvrir aucun reste humain dans ces tumuli ; peut-être n'ont-ils contenu que des cendres aisément confondues avec la terre qui les recouvrait.

M. Schliemann (dès que l'on parle de Troie et des âges héroïques de la Grèce, ce nom maintenant fameux vient aussitôt à la pensée), M. Schliemann, dans des fouilles dont nous avons pu de nos yeux juger l'importance et l'immense intérêt, avait retrouvé, au plateau d'Hissarlik, au lieu où quelques géographes plaçaient ce qu'ils appelaient l'*Ilium recens*, une cité très peu récente, fort ancienne au contraire, toute primitive, accusant une civilisation ou plutôt une barbarie curieuse, enfin une cité qui a pu être assimilée sans invraisemblance à l'Ilion d'Homère. Là déjà M. Schliemann avait recueilli en grand nombre des objets d'or.

Après avoir exhumé la ville des vaincus, M. Schliemann, l'esprit toujours possédé des souvenirs que chante Homère, entreprit d'étudier la ville des vainqueurs. C'était chose plus aisée. La ville d'Agamemnon, du roi des rois, Mycènes subsiste, déserte sans doute, armée cependant de ses robustes murailles, telle à peu près que Pausanias la vit au second siècle.

Des fouilles hardies, profondes, comme M. Schliemann sait les faire, attaquèrent le sol de l'Acropole ; et à vingt-cinq pieds au-dessous du niveau actuel des terres, cinq tombes et, plus tard, une sixième apparurent. Elles sont enfermées dans l'Acropole, derrière le puissant bastion, construit en pierres d'énorme appareil, qui flanque et protège sur la droite la célèbre porte des Lions. C'est là une particularité remarquable et qui seule témoignerait déjà de l'importance des personnages ainsi inhumés, si l'abondance et la splendeur des objets retrouvés avec les cadavres n'en témoignaient plus éloquemment encore. Mycènes semble avoir vu dans ces dépouilles un dépôt sacré, un gage de grandeur, une protection ; sa citadelle les a reçues comme elle recevait les dieux.

Les fosses étaient taillées dans le rocher et complétées par quelques pierres grossièrement appareillées. Sur un lit de cailloux, une couche de bois avait été posée. Le cadavre y avait été étendu, et le bois enflammé l'avait non pas consumé, mais seulement cuit et desséché ; on a pu recueillir, en effet, quelques fragments d'ossements. Les métaux n'avaient subi d'autre altération que celle provoquée par la pression des terres.

De l'or, encore de l'or, voilà dans quel mot magique se résume l'inventaire des objets exhumés. Les rêves de trésors enfouis qui hantent la pensée des pasteurs paissant leurs troupeaux aux ruines des pays d'Orient, ont été tout d'un coup réalisés. Et cela tient du prodige. M. Schliemann n'est pas seulement un homme vaillant, acharné, plein de foi (et la foi, fût-elle un peu crédule, est une force singulière), c'est un heureux. M. Schliemann a du flair, et dans ses trouvailles il semble porter quelque chose de cet instinct qui permet au chien de retrouver le sentier mal frayé, le maître perdu ; M. Schliemann suit à la piste les héros du passé.

Colliers, diadèmes, masques qui couvraient le visage selon une mode que l'Égypte connaissait, sceptres, bracelets, bagues, pendants d'oreilles, écailles avec de petites rosaces et des représentations de poulpes et autres animaux marins, feuilles qui magnifiquement émaillaient les vêtements, coupes, pectoraux dont les femmes décoraient leur corsage, tout est d'or et travaillé le plus souvent au repoussé. L'onyx, le cristal de roche, l'agate, l'ambre, l'ivoire, s'y incrustaient. On a retrouvé aussi des armes et jusqu'à des chaudrons de bronze. Le mort emportait dans sa tombe le meilleur de ce qu'il possédait. Et grandes étaient les richesses des chefs de la cité des Atrides. Mycènes abondante en or, comme chante Sophocle.

Ces tombes étaient environnées d'une enceinte à peu près circulaire, qu'une sorte de banc fait de pierres limitait. On suppose que les anciens de la ville y venaient siéger et délibérer. Ils avaient sous les pieds les restes des héros qu'un culte national consacrait, ils avaient devant eux les murailles puissantes de l'Acropole, puis la plaine d'Argos, les montagnes environnantes et le golfe gracieux où se tapit Nauplie. Quel lieu auraient-ils pu trouver qui fût plus glorieux, plus admirable? Où donc la voix du passé pouvait-elle mieux conseiller le présent?

Quelques dalles taillées avec soin et décorées de sculptures ont peut-être surmonté les tombes. Des ornements un peu naïfs y sont représentés: des spirales confusément enroulées, puis des scènes de chasse et de guerre, maladroites mais non sans vigueur. Jamais trace d'inscription. L'écriture et l'usage du fer paraissent avoir été complètement inconnus à ces lointains seigneurs de Mycènes.

M. Schliemann, que les hypothèses aventureuses n'effrayent pas assez, a voulu saluer dans les tombes si

heureusement retrouvées par lui, les tombes d'Agamemnon et des siens. D'Agamemnon! Y songe-t-on?
Avant de dire qu'Agamemnon mourut et fut inhumé
dans l'acropole de Mycènes, il conviendrait sans doute
d'élucider un peu ce qu'était le personnage d'Agamemnon. On doit excuser cependant cet élan superbe,
ce cri d'enthousiasme. Si M. Schliemann n'était pas un
croyant, un dévot d'Homère, il n'aurait pas fouillé
Troie, fouillé Mycènes, mis au jour ces très curieuses
et très anciennes sépultures; il n'aurait pas rassemblé
ces objets si divers, ces trésors merveilleux qui nous
en apprennent plus sur les âges héroïques que les plus
savantes dissertations. M. Schliemann raisonne la pioche
à la main, et c'est une excellente méthode; s'il ne refait
pas une histoire que les fables poétiques où se com-
plaisaient les Grecs, ont profondément altérée, au moins
prépare-t-il, et c'est un service éminent, les matériaux
qui permettront peut-être un jour de la reconstituer.
A une très faible distance en avant de la porte des
Lions, tous les voyageurs qu'attire le grand nom de
Mycènes, visitent le monument dit Trésor d'Atrée. Cette
chambre circulaire, qui prend jour par une porte
surmontée d'un énorme linteau, fait naître aussitôt
dans l'esprit la pensée d'une destination funéraire.
Toutefois la question reste controversée et trop incertaine pour que nous puissions ici classer parmi les
tombeaux ce très curieux monument. Plusieurs monuments du même genre, mais moins importants et plus
ruinés, ont été signalés au site de Mycènes. Ils répètent
les mêmes dispositions : porte unique, chambre circulaire, grand cône de pierre qui, en se rétrécissant, ar-

rive à couvrir l'enceinte comme d'un simulacre de voûte.

Mycènes est un nom légendaire, Marathon est un nom historique. Celui-là évoque le souvenir de crimes dont la muse tragique a longtemps épouvanté le théâtre; celui-ci évoque le souvenir d'une lutte héroïque, réelle et aussi belle que les plus admirables fictions, lutte où le monde Grec, petit par les terres occupées, grand par le génie et l'influence civilisatrice, triompha du plus immense empire qui fût alors. La plaine de Marathon garde les *tumuli* où furent inhumés ceux qui payèrent la victoire de leur vie. Ces *tumuli*, qui ne sont plus que des amoncellements confus de terre, ont peut-être porté des inscriptions et quelques détails d'ornementation aujourd'hui disparus.

Un marbre recueilli à Marathon, et longtemps conservé au temple de Thésée, témoigne que l'on ne se contenta pas toujours d'un peu de terre pour consacrer le souvenir des braves morts en combattant. C'est une haute stèle où un hoplite est représenté en pied de grandeur naturelle. Posé de profil, il tient de sa main gauche une longue pique, tandis que la main droite pend inoccupée au long du corps. Il porte des jambières, une cuirasse qui se fixe à l'épaule; sur les cuisses, sur les bras s'échappent les derniers plis d'une courte tunique. La tête est coiffée d'un casque qui dessine nettement la forme du crâne. La barbe et les cheveux étagent des boucles symétriques. On dirait qu'un coiffeur venu de l'Assyrie les a peignés et tressés. Ce n'est pas la seule particularité qui rapproche cette curieuse sculpture des bas-reliefs qu'étalaient les palais de Ninive. La figure est de profil; l'œil est de face. Le visage est sans expression, calme, béat. Le marbre garde des traces nombreuses et facilement reconnaissables de peinture. La simplicité de la pose a quelque chose d'enfantin; et cependant cette naïveté n'exclut pas une certaine noblesse. Le corps est bien proportionné et étudié avec vérité.

Ce marbre, comme les intéressantes métopes de Sélinonte, accuse en toute évidence les influences Asiatiques que subit le génie Grec avant de dégager sa sereine et triomphante originalité. Les Grecs eux-mêmes ont eu des maîtres avant de devenir maîtres à leur tour, et les plus admirables entre les maîtres.

Puisque nous sommes à Athènes, nous citerons encore quelques tombeaux qui y sont conservés.

A Athènes comme à Rome l'usage était de placer les sépultures en dehors de l'enceinte. Dans une lettre que Serenus Sulpicius adresse à Cicéron, le fait est formellement confirmé. Un certain M. Marcellus avait été assassiné. Sulpicius ajoute à ce propos : « Je ne pus obtenir « des Athéniens qu'ils me donnassent un lieu de sépul- « ture dans l'intérieur de la ville, parce qu'ils disaient « en être empêchés par la religion et qu'ils n'avaient « jamais auparavant accordé cela à qui que ce fût. »

Toutefois, si c'était la règle ordinaire, cette règle avait subi quelques exceptions; les Athéniens n'auraient pas dû en perdre le souvenir. A l'Acropole même, l'étroite enceinte que les célèbres cariatides de l'Erechthéion limitent et si noblement encadrent, enfermait le tombeau de Cécrops. Ce tombeau, il est vrai, ne contint probablement jamais qu'un souvenir; mais le

tombeau dit de Cimon, au flanc de la colline de Musée,
paraît avoir été autre chose qu'un tombeau d'apparat :
il était cependant compris dans l'enceinte d'Athènes.

« Cimon, dit Hérodote, fut enterré devant la citadelle,
« au delà du chemin qui traverse le Cœlé, et vis-à-vis
« de lui sont enterrés ses chevaux qui avaient gagné
« trois fois le prix aux jeux Olympiques. »

Voilà sur quel titre, confirmé par quelques mots de
Plutarque, on décore le tombeau subsistant encore du
grand nom de Cimon. Un cadre formant parallélo-
gramme, où peut-être s'enchâssait une dalle de marbre
ou quelque décoration architecturale, enferme une
sorte de niche taillée au vif du rocher; elle mesure un
peu plus d'un mètre de largeur sur plus de deux mètres
de longueur. Une dalle la partageait en deux compartiments. Deux cadavres ont pu y reposer côte à côte.

Un peu en dehors d'Athènes, et près de la route du
Pirée, on a découvert en ces dernières années une vaste
nécropole. En Grèce comme en Italie, on groupait souvent les tombes auprès des grandes voies publiques.

Les tombes retrouvées sont des âges les plus divers.
Des sarcophages romains, byzantins même ont reparu
auprès de stèles du siècle de Périclès. Le sol n'est que
débris le plus souvent confus. Quelques assises à grand
appareil sont peut-être les derniers vestiges du rempart
qui ceignait la ville. Il est des égouts qui maintenant
encore versent une eau fétide et transforment en cloaques les terres basses que la pioche a défoncées; il y a
des murs d'une direction incertaine, un atelier de po-
terie, un four où furent retrouvés des vases que le feu
n'eut pas le temps de cuire complétement: il y a des

lions, des taureaux de marbre qui ont surmonté quelques fastueuses sépultures, des inscriptions qui commencent des phrases interrompues ; il y a enfin des monuments plus considérables et plus curieux que la sollicitude attentive des archéologues, sans souci de l'aspect pittoresque, a emprisonnés dans des cloisons de bois et protégés d'un grossier grillage. Ce sont des *heroa*, tombeaux qui accusent la pensée d'une consécration triomphale. Les notes recueillies par nous sur les lieux signalent deux grandes figures de femmes en haut relief d'un très beau caractère et enveloppées de draperies amples et souples ; puis une composition, de proportion plus petite, représentant le combat d'un Grec et d'une Amazone. L'Amazone, vêtue seulement d'une courte tunique, chevauche fièrement ; elle a jeté bas son ennemi, qui s'efforce en vain de se relever. Celui-ci est nu, jeune et d'une héroïque beauté. C'est là une œuvre qui certainement remonte à une époque où le génie grec rayonnait en sa plus charmante floraison.

En dépit de la pioche qui la menace et des tranchées partout béantes, une très humble église se dresse au milieu de ces poussières païennes. Plusieurs fois au cours de la journée elle fait sonner sa petite cloche, appel attristé et qui reste sans écho.

Les musées de Grèce, d'Italie, de France, possèdent en très grand nombre des dalles de marbre souvent surmontées d'une gracieuse antéfixe ; au-dessous d'une inscription elles encadrent une scène sculptée. Parfois c'est un repas, et les esclaves s'empressent autour des convives : parfois deux figures, l'une debout, l'autre assise, se donnent amicalement la main, transparente allégorie des adieux suprêmes. Ces marbres, presque toujours de grandeur médiocre, avaient une destination funéraire.

Ce ne sont pas les seuls objets que les fouilles aient fait découvrir sur l'emplacement des nécropoles grecques. Les Grecs, comme bien d'autres peuples de l'antiquité, mettaient auprès du mort quelques-unes des choses qui lui avaient été chères : des armes, des vases, des statuettes, souvent des bijoux (les plus beaux ont été retrouvés dans des tombes), des miroirs, triste ironie! quel besoin de hideux squelettes ont-ils de se mirer? Au tombeau d'une jeune fille, à Athènes, on a recueilli une boîte de fard. Du fard pour qui n'a plus de visage!

Mais si les trouvailles qu'ont prodiguées, que prodiguent souvent encore les tombes grecques, sont précieuses, admirables, ces tombes elles-mêmes ne présentent presque jamais un ensemble monumental. A Argos quelques sépultures récemment découvertes et visitées par nous, n'étaient que des chambres fort petites excavées dans le rocher et sans aucune ornementation. A Pœstum, à Métaponte, anciennes colonies grecques, et que les solennelles colonnades de leurs temples si majestueusement décorent, les tombes ne sont rien que débris informes, à demi effacés sous les hautes herbes.

Les Grecs cependant, l'histoire en fait foi, avaient élevé des tombeaux importants par leur masse ou leur magnificence, soit sur leur petite terre natale, soit dans leurs lointaines colonies, soit chez les nations environnantes où la faveur et le faste des rois appelaient leurs artistes fameux. On connaît les splendeurs du tombeau de Mausole, que l'admiration universelle proclama une merveille du monde. Ces monuments ont disparu, et bien que nos voyages nous aient conduit à peu près dans tout ce qui fut le monde grec, nous ne connaissons que deux tombeaux de proportions monumentales qui soient l'œuvre probable des Grecs. L'un, posé près de la mer, à quelque distance des ruines de Cnide, en Asie Mineure, présente un massif carré fait de gros blocs et que paraissent avoir décoré des colonnes à demi engagées. Parmi les fragments dispersés tout alentour, on reconnait des triglyphes et des tambours sans cannelures. Une salle ronde occupe le centre du monument. Un grand Lion de marbre se tenait sur le faîte. Il a été transporté à Londres.

L'autre tombeau, mieux conservé, est en Sicile, à Agrigente.

Au pied des ruines du temple dit d'Hercule, une large entaille fait brèche dans le rocher. Une route passe là descendant vers la mer. C'est la porte d'Or, celle même que forcèrent les Romains lorsque leurs assauts triomphants leur livrèrent l'opulente cité d'Agrigente. A quelques pas au-dessous de l'enceinte antique, encore reconnaissable, surgit un monument qu'on appelle le tombeau de Théron. Mais ce nom, comme il est arrivé tant de fois, a été donné un peu au hasard.

Diodore de Sicile, parlant du siège d'Agrigente par les Carthaginois, nous dit : « Annibal (un premier Annibal, « non pas le vainqueur de Cannes), désirant attaquer « la ville sur plusieurs points à la fois, ordonna à ses

« soldats de démolir les tombeaux et de combler les
« fossés jusqu'aux murailles. Grâce au grand nombre
« de bras, cet ordre fut promptement exécuté. Cepen-
« dant l'armée entière fut saisie d'une crainte supersti-
« tieuse : car le tombeau de Théron, monument d'une
« grandeur immense, venait d'être ébranlé par la
« foudre; c'est ce qui engagea quelques devins à s'op-
« poser à la démolition de ce monument. »

Le tombeau encore debout est grand, mais non pas
immense ; toutefois Diodore de Sicile a pu exagérer.
Mais il est une objection plus grave : le style même accuse une époque plus récente que celle où mourut Théron. Théron gouvernait Agrigente en même temps que
Gélon régnait à Syracuse ; leurs armées réunies combat-
tirent à Himère en 480 contre les Carthaginois. Théron
mourut en 470. Théron était un tyran fastueux, prodigue, longtemps populaire ; il envoyait ses chars disputer
les palmes d'Olympie, et Pindare a immortalisé ses victoires. « Hymnes, rois de la lyre, quel dieu, quel héros,
« quel mortel chanterons-nous? Jupiter règne à Pise ;
« Hercule fonda l'Olympiade, monument d'une guerre
« heureuse ; le quadrige de Théron a remporté le prix.
« Célébrons le vainqueur! Théron est le plus fidèle des
« hôtes ; il est le rempart d'Agrigente, le régulateur de
« la cité ; il est l'honneur de ses nobles ancêtres qui,
« après les longues douleurs où leur âme fut en proie,
« fondèrent près du fleuve leur sainte demeure. Ils
« furent l'œil de la Sicile, et le destin propice couronna
« d'opulence et de gloire leurs sincères vertus.... Depuis
« cent années. Agrigente n'a produit aucun citoyen qui
« soit plus que Théron le bienfaiteur de ses amis, et

« dont les mains soient plus magnifiques.... » Des mains magnifiques : qu’on note ce détail, qui parait toucher spécialement le poète.

Le tombeau dit de Théron n’est pas indigne de l homme dont Pindare célèbre ainsi l’opulence et la libéralité. C’est un massif carré construit en assises régulières. Il se rétrécit en s’élevant. Une corniche d’une saillie puissante l’entoure à peu près à la moitié de sa hauteur totale.

Là, marquant les quatre angles, s’appuient quatre colonnes dont les chapiteaux enroulent la volute ionique. Les fûts inclinent vers le centre du monument, qui affecte ainsi une forme un peu pyramidale. Aux quatre faces, quatre fausses fenêtres dessinent leurs contours austères.

Enfin une ligne de triglyphes court sur la dernière assise. Le couronnement manque. Cette ordonnance est bien simple, mais harmonieuse. et l’heureuse sobriété des détails, l’équilibre des lignes, la teinte rougeâtre de la pierre, qu’un ciel ardent a calcinée, tout prête au vieux tombeau une souveraine majesté.

Nous devons dire que tous les archéologues ne s’accordent pas sur l’àge de ce monument ; si quelques-uns lui attribuent une origine Grecque, d’autres ne veulent pas en faire remonter l’érection au delà de la conquête Romaine. Selon eux. il daterait seulement du premier ou du second siècle avant l’ère chrétienne. Quoi qu’il en soit, si le tombeau de Théron n’est pas une œuvre issue de mains grecques, c’est certainement une œuvre inspirée, et très heureusement, du style et des modèles grecs.

Et quel encadrement merveilleux ! Quel paysage solennel, et comme en rêvait le Poussin ! D’un côté, les blocs amoncelés, les rochers renversés et fendus, qui maintenant confondent leurs ruines, marquent l'enceinte que tant de braves se sont disputée. Puis monte un plateau rocailleux où les temples s'échelonnent, colonnades grandioses alignées comme des phalanges en bataille. Puis ce sont de vastes solitudes qui furent une cité ; puis, plus haut, Girgenti, honteuse fille d'Agrigente, végète, resserrée en un étroit espace : car la vie s'est retirée dans ce qui fut l'Acropole, cherchant, semble-t-il, un suprême refuge contre la mort partout envahissante.

Enfin s'étagent des montagnes radieuses, dorées, trônes sublimes où dignement siégerait l'assemblée des dieux. De l'autre côté, vers le sud, quelques pâles oliviers tordent leurs troncs crevassés, étreignent la terre de leurs racines noueuses. La campagne descend par de molles ondulations jusqu'au rivage, et la mer resplendit, encadrant cette terre si belle et si glorieuse dans son immensité souriante.

Athènes, stèles funéraires.

Voie Appienne (Rome).

CHAPITRE IV

PAGANISME

GAULE ET ROME

Dans ce voyage à travers les tombes que tous les âges laissent visibles encore, nous nous efforçons de suivre un certain ordre chronologique. Il semblera cependant plus d'une fois que nous remontons le cours des siècles après l'avoir descendu : car des splendeurs d'une civilisation glorieusement épanouie nous retomberons aux ténèbres de la barbarie ; après des monuments magnifiques, énormes, qui accusent un art original et puissant, nous trouverons des ébauches grossières, œuvres de quelque peuple enfant. C'est que l'humanité ne mar-

che pas comme une armée, obéissant au même esprit,
poursuivant d'une ardeur égale les mêmes conquêtes,
et marquant sur un front immense toujours le même
pas ; l'humanité, surtout dans les âges lointains, va
tout à la débandade. Tel groupe, mieux doué peut-être,
ou favorisé par l'avantage du climat, la fertilité de sa
terre natale, court déjà à des progrès rapides ; tel autre
groupe, souvent sorti d'une commune origine, rampe
encore misérablement, pauvre, ignorant, sauvage, dans
quelque région plus ingrate. Ceux-là ont un langage
parfaitement formé, un culte, des dieux, des castes ; ils
élèvent des temples, ils cultivent des champs, ils pro-
mulguent des lois, ils bâtissent des villes, ils prospè-
rent, ils rayonnent. Ceux-ci, au même instant, au delà
de quelque mer, derrière quelque chaine de montagnes,
ne sont encore que des tribus errantes ; ils n'emploient
qu'un langage barbare, ils ont des huttes, et c'est là le
dernier effort de leur industrie ; ils disputent aux ours,
aux aurochs, les antres et les cavernes, ou bien, plus
craintifs, ils vont suspendre, au milieu des eaux d'un
lac, des bourgades de bois ; bêtes fauves autant qu'hommes, ils vivent des bêtes fauves, empruntant leurs peaux
pour se couvrir, leurs os pour façonner des armes.
L'art n'est rien là que le tâtonnement d'une industrie
en enfance ; les hommes ont des troupeaux, mais ils
semblent plutôt les esclaves que les maitres de ces
troupeaux, et la recherche des pâturages est souvent la
première, la plus puissante cause des migrations, des
guerres et des conquêtes. L'homme civilisé, le sauvage
ont coexisté, coexistent encore, et ce n'est pas toujours
sans vérité qu'Égyptiens, Grecs, Romains, dans l'orgueil

de leur prospérité, ont appelé barbares tout ce qui n'était pas eux.

Mais l'homme, et c'est là une loi qui partout se vérifie, dès qu'il veut se faire artisan, répète les mêmes essais, subit les épreuves du même apprentissage. C'est ainsi que partout l'homme a composé ses premières armes d'os, de pierres taillées d'abord, puis, son habileté grandissant, de pierres percées et polies ; c'est ainsi que partout les premiers tombeaux dressés par lui ont été des *tumuli*. Les pyramides elles-mêmes, de tous les tombeaux que les siècles nous aient légués, les plus anciens comme les plus grands, sont des *tumuli*, formidables, il est vrai, très savamment, très soigneusement construits, mais qui restent cependant encore une imitation des buttes grossières que les peuples primitifs dressaient sur la sépulture de ceux qu'ils avaient perdus.

Bien que l'usage de brûler les corps soit fort ancien (Achille, dans les Chants homériques, brûle pompeusement Patrocle), nul doute que l'inhumation n'ait été le premier moyen employé pour épargner aux yeux le lamentable spectacle d'un cadavre en dissolution. La terre, retirée de la fosse et rejetée sur le corps, composait déjà un petit monticule ; des pierres y furent ajoutées, sans doute pour faire obstacle aux recherches avides des hyènes et des loups. Puis, pour désigner la sépulture de quelque chef illustre, on exhaussa encore ce grossier amoncellement ; ce fut une butte, souvent une colline, quelquefois une montagne. Ainsi font encore les peuplades qui errent aux frontières du Canada et dans quelques États de l'Amérique du Nord; ainsi firent longtemps les hommes qui peuplaient la Gaule, l'Espagne, la Grande-Bretagne avant la conquête Romaine. Tacite, parlant des Germains, dit aussi : « Leur « tombeau est un tertre élevé. »

Toutefois, il faut signaler, dans ces mêmes pays, après les simples *tumuli* nombreux encore, des monuments plus étranges, plus curieux, les monuments dits Celtiques. Ils sont communs ; on en voit encore aux environs même de Paris, un à Épone, un autre près de Lardy au-dessus de la vallée d'Étampes, un autre encore près de Saint-Léger-des-Bois, sur la lisière de la forêt de Rambouillet. Rien de moins varié que les produits de cette architecture mégalithique. Des hommes qui n'ont que des bras robustes, et savent remuer de grosses pierres, mais non pas les tailler, pas même les dégrossir, ont bientôt réalisé toutes les combinaisons possibles de construction. Ils peuvent dresser une pierre, et c'est le *men-hir* ; ils peuvent en dresser plusieurs en files symétriques, et voilà des alignements comme ceux qui traversent les landes de Carnac ; ils peuvent les disposer en cercle, et voilà le *cromlech* ; ils peuvent encore planter deux pierres en terre et en faire les supports d'une troisième pierre, c'est le *dol·men* (table de pierre) ; ils peuvent enfin, juxtaposant des pierres dressées sur deux rangs et les couvrant de pierres plates, composer des chambres ou bien des avenues, c'est là leur suprême chef-d'œuvre. Quel est l'âge de ces monuments ? On ne saurait le dire avec quelque certitude, et les archéologues, dans leurs hypothèses, enjambent capricieusement les siècles. Sans affirmer que dolmens et menhirs soient l'œuvre d'une race disparue et qui précéda les peuples dont triompha César, on reconnaît unanimement qu'ils sont antérieurs à la conquête Romaine, mais peut-être d'assez peu. Quelle était la destination de ces monuments mystérieux? Même difficulté pour faire une réponse précise. Nous dirons toutefois que, dans les allées couvertes et sous les dolmens, on a presque toujours trouvé des débris humains ; nous pouvons donc en conclure que si c'était là, comme on le soutient souvent, des autels, des lieux d'épreuves, des temples, c'était aussi des tombes. Combien de fois, dans l'histoire et dans la légende, ne trouve-t-on pas ainsi les morts et les dieux partageant les mêmes honneurs ?

Les dolmens, avons-nous dit, abondent en France (et combien cependant on en a dû détruire au cours des âges parcourus) ; on en rencontre dans le Centre, dans le Midi, à Draguignan, dans l'Ouest, aux portes de Poitiers, près de Beaugency, dans la vallée de la Loire, en Bretagne surtout. Faut-il citer ceux de Locmariaquer, celui de Saint-Nazaire, cent autres encore? Toutefois, les deux plus remarquables de ces monuments sont ceux de Gavrinnis et de Saumur.

Gavrinnis est une très petite île de l'archipel du Morbihan. Là, sous un tumulus. s'enfonce une galerie longue d'environ 12 mètres et qu'une chambre termine. Les pierres qui forment muraille, portent des sculptures grossières. particularité presque sans exemple. Ce sont des raies, des ronds, comme en improvise un enfant, des serpents. des dessins concentriques qui veulent peut être simuler des trophées faits de boucliers, tout cela sommaire, vaguement symétrique et rappelant assez bien les tatouages dont certains insulaires de l'Océanie recouvrent leur visage.

L'allée couverte de Bagneux, près Saumur, dite grotte des Fées, non pas enterrée sous un tumulus, mais librement posée sur le sol, a des proportions peu communes ; car elle s'étend sur une longueur de 20 mètres et dresse à plus de 5 mètres de terre son toit fait de pierres énormes. Le nombre total des pierres est de quinze.

Ce monument appartient à un groupe de monuments de même genre et probablement de même époque. Plusieurs dolmens restent debout aux alentours. C'était là un site objet d'une vénération toute particulière.

La France, si riche en monuments mégalithiques, n'en a pas cependant le privilège. Nous avons dit qu'on en connaissait en Angleterre, aux pays Scandinaves, en Allemagne, et maintenant que les recherches archéologiques prennent partout une activité nouvelle, on en signale en Espagne et dans l'Afrique septentrionale. Nous-même, à dix kilomètres d'Alger, sur un plateau qui domine Guyotville, village de création récente, nous avons visité un groupe considérable de dolmens.

Nous laissons derrière nous, lisons-nous dans nos notes de voyage, des champs récemment défrichés et qui déjà promettent leur première récolte. Il est encore des broussailles touffues, hérissées d'épines menaçantes ; la pioche les attaque et y fait large brèche : c'est une conquête laborieuse mais qui sera féconde. Quelques maisonnettes germent toutes blanches, ébauche joyeuse d'un village. Une petite ferme est tapie dans la verdure de son verger. Les broussailles reparaissent peu élevées, dépassant à peine le genou, mais rudes, épaisses, et ce n'est pas sans effort qu'on peut s'y frayer passage.

Les dolmens bientôt surgissent. Ils sont de proportions très médiocres et ne rappellent que par leurs dispositions essentielles les amas de pierres énormes qui trônent en Bretagne. Nous voyons ici comme une réduction des monuments de Locmariaquer et de Saumur.

Rien de plus simple que la construction : ce sont partout cinq pierres à peines dégrossies ; trois forment les parois d'un petit réduit, une forme le sol, la cinquième enfin forme le toit. Tout le monument monte à peine à hauteur d'appui.

Lentisques, myrtes sauvages, palmiers nains, étreignent ces blocs, les poussent, les renversent parfois, comme jaloux de nous dérober leurs mystères. Nous voyons ainsi de confus tas de pierres qui furent sans doute des dolmens.

C'était là une nécropole, tout l'annonce ; elle s'étendait jusqu'à l'extrémité du plateau et couvrait un espace assez considérable. Le site choisi est beau, élevé, et permet au regard de planer sur une vallée aux pentes doucement inclinées et sur la mer rayonnante.

On compte encore vingt-cinq dolmens complets ou du moins reconnaissables ; il en fut certainement un beaucoup plus grand nombre. La surprise est grande de rencontrer en Algérie ces monuments qui semblent échappés aux landes bretonnes. Aussi a-t-on longtemps disputé sur le problème incertain de leur origine et de leur âge. Les uns rappellent qu'une inscription romaine

trouvée à Aumale établit qu'une légion armoricaine
et une cohorte bretonne avaient leur résidence habi-
tuelle en ces régions de l'Afrique ; forts de cet argument, ils veulent reconnaître, dans la nécropole de
Guyotville, les sépultures de ces soldats venus de si
loin. Ainsi ces Bretons, ces Armoricains que Rome
enrôlait sous ses aigles, auraient conservé jusqu'au de
là des mers le souvenir de leur patrie, et inhumé leurs
morts selon les traditions des ancêtres. Cela est bien
spécieux, partant peu vraisemblable. Les fouilles entreprises ont fait découvrir, auprès de débris humains,
des hachettes, des armes de silex. Comment admettre
que des soldats, au service des empereurs romains,
aient conservé l'équipement des guerriers barbares qui
peuplaient les forêts de la Gaule? S'imagine-t-on des
légionnaires armés de cailloux? Plus acceptable est
l'hypothèse qui fait de ces monuments l'œuvre d'une
race venue du nord d'Espagne peut-être, qui aurait, en
des temps préhistoriques, envahi l'Afrique et qui, chassée
peut-être ou absorbée par quelque autre race, n'aurait
laissé pour attester son passage que les pierres de ses
tombeaux.

Entre Constantine et Batna on a reconnu, il y a peu
d'années, un groupe plus considérable encore de monuments dits Celtiques. Il y a là des pierres brutes dressées,
d'autres formant tables, d'autres disposées sur plusieurs
rangs, d'autres dessinant des cercles, c'est-à-dire tous
les types consacrés de l'architecture mégalithique : les
dolmens, les alignements, les cromlechs.

Les dolmens, avons-nous dit, interrogés, la pioche à
la main, ont presque toujours livré des ossements

humains, souvent calcinés, mais aussi d'autres objets, surtout des armes. En ces temps barbares tout homme était soldat, et, selon un usage partout répété, on environnait le mort dans sa tombe de toutes les choses qu'il avait aimées. Il reposait armé et tout prêt à reprendre dans un autre monde sa vie de batailles. Ces armes sont le plus souvent en pierres polies, en bronze; quelquefois on rencontre ensemble et les hachettes de bronze et ces haches de pierre dure si bien taillées, si bien aiguisées, qui abondent dans nos musées. Le fer n'apparaît jamais; le fer, difficile à travailler comme l'appelle Homère, est dans l'humanité un métal d'un usage relativement moderne; le cuivre, l'or, l'argent, étaient bien antérieurement connus et employés.

Quelquefois des objets de parure accompagnent les armes: colliers grossiers, verroteries barbares.

Ainsi peu variées sont les tombes dites celtiques, peu varié aussi est ce qu'on peut appeler leur mobilier. Nous citerons cependant, et comme une chose qui fait exception, la sépulture d'un magicien de l'âge de bronze, à Hvidegaard en Danemark. Là sous un tumulus on trouva des restes humains, une épée, une fibule de bronze et une trousse de cuir, contenant: une pointe de javelot en silex, un couteau en bronze, une pince en bronze, un morceau d'ambre, un coquillage, une griffe d'oiseau de proie, une mâchoire d'écureuil, une queue de couleuvre. Ces derniers objets servaient sans doute aux incantations magiques. Les chamans (ainsi nommait-on aux pays Scandinaves les hommes qui se prétendaient versés dans l'art de guérir) étaient des sorciers autant que des médecins. Pauvre chaman, sa sorcel leric, pas plus que sa science médicale, ne devait le sauver de la mort.

Rome, par son génie, par ses conquêtes, encombre une place énorme dans l'histoire de l'humanité. La Gaule Chevelue, cent autres nations barbares, n'ont pour attester qu'elles ont existé que des pierres sans forme, sans nom, et quelques pages dédaigneuses écrites par leurs vainqueurs. Rome a ses historiens, ses poètes ; elle a, privilège non moins précieux, ses monuments, les plus fastueux, sinon les plus beaux que l'homme ait élevés ; car Rome, après avoir fait sien tout ce qui alors était le monde, le pétrit entre ses serres puissantes, l'unifia et lui imposa, comme une livrée commune, ses temples, ses palais, ses dieux, ses empereurs et sa gloire. Entre ces monuments si nombreux, si magnifiques encore, nous ne retiendrons que les tombeaux, et nous les trouverons dignes des grands noms qu'ils consacrent.

La loi des Douze Tables, le premier monument du droit public à Rome, reléguait les sépultures hors de l'enceinte des villes. C'était là une prescription formelle et qui ne souffrit que de bien rares exceptions.

La crémation était l'usage ordinaire à Rome, et l'on sait quelle pompe environnait le bûcher où se consumait le corps de quelque citoyen illustre. Les cendres étaient recueillies et enfermées dans des urnes de terre, quelquefois de marbre ou de verre. On peut voir, dans les musées, un grand nombre de ces urnes. Elles affectent souvent la forme d'une cassette et sont décorées de masques, d'aigles, de rinceaux ; elles portent toujours une inscription que précède la formule consacrée D M, *diis manibus*, aux dieux mânes. Puis vient le nom, l'âge du mort. On peut citer comme exemple cette inscription funéraire trouvée à Antibes : « *D. M. pueri Septentrionis* « *annos XII qui Antipoli in theatro biduo saltavit et* « *placuit.* Aux mânes de l'enfant Septentrion, âgé de « douze ans, qui parut deux jours sur le théâtre d'An- « tibes, dansa et plut. »

Le couvercle des urnes simule un fronton ou un toit. Le palais des conservateurs au Capitole de Rome renferme l'urne d'Agrippine : « Ossements d'Agrippine, « fille d'Agrippa, dit l'inscription, nièce du divin Au- « guste, épouse de Germanicus César, mère de Caius « César Auguste Germanicus prince (Caligula). » C'est cette Agrippine que Tacite nous montre, fidèle à son époux au delà même de la mort, et les cendres de Germanicus entre les mains, accourant jusqu'à la cour de Tibère pour demander vengeance. Etrange ironie de la destinée : le moyen âge avait fait une mesure à blé de l'urne d'Agrippine !

L'usage de l'incinération entraîna dans la disposition des tombes certains aménagements particuliers. Rome inventa le cippe funéraire, c'est le plus souvent un petit édicule élevé à peine du sol jusqu'à hauteur d'appui, portant une inscription et, sous la corniche qui le couronne, cachant une cavité où les cendres étaient déposées. Rome inventa aussi, pour les sépultures de famille ou de corporations, les *columbaria. Le columbarium* est le plus souvent un caveau sur les parois duquel de petites niches sont disposées. Les urnes s'y alignent, s'y superposent, groupant les unes auprès des autres les générations descendues dans la mort. Des inscriptions accompagnent les niches. Autour des chefs de quelque famille puissante, parfois prenaient place leurs affranchis, leurs clients. D'autres fois quelque spéculateur ingénieux établissait un *columbarium* et en vendait une à une les cases.

Le nom de *columbarium* rappelle assez bien l'aspect intérieur du monument. Toutes ces niches ménagées dans les murailles font songer, en effet, aux nids qui attendent les couvées aux murs d'un colombier.

On a retrouvé à Rome plusieurs *columbaria*. Quelques-uns bordaient la voie Aurélienne et se trouvent maintenant enfermés dans le parc de la villa Doria Pamfili. Des peintures agréables y restent visibles. Les autres, plus connus, sont voisins de la porte Saint-Sébastien. L'un était réservé aux affranchis d'Octavie, l'autre aux cendres glorieuses des Scipions. C'est dans celui-ci que fut retrouvé le sarcophage de Lucius Cornelius Scipio Barbatus maintenant déposé au Vatican. Ce Scipion, l'un des premiers de cette illustre race, mais non pas des plus fameux, guerroya contre les Sammites et fut consul l'an de Rome 455, 298 ans avant Jésus-Christ. Son sarcophage, l'un des très rares monuments de l'ère républicaine qui subsistent à Rome, est devenu un type que l'on a maintes fois imité ou reproduit. En effet, avec ses sept triglyphes et les six rosaces qu'ils encadrent, avec sa corniche aux profils puissants, les volutes qui le couronnent, il compose un admirable modèle de noblesse et d'harmonie. Ce tombeau est taillé dans un bloc de pépérin, pierre grisâtre très vulgaire aux environs de Rome et que le faste des empereurs devait plus tard dédaigner. L'emploi du marbre

à Rome est déjà le signe d'une antiquité moins lointaine, et l'austère république ne paraît pas l'avoir
beaucoup connu.

C'est donc à la période impériale qu'il faut rapporter
ces beaux sarcophages de marbre, de porphyre, qui
ornent nos musées. Ils ont dû être exécutés pour la plupart entre la fin du second siècle et le quatrième siècle.
Alors, peut-être sous l'influence encore mystérieuse, mais
chaque jour plus profonde, des idées chrétiennes, on
déserta peu à peu l'usage païen de brûler les morts, et
les corps furent souvent inhumés tout entiers.

De ces sarcophages où le luxe romain glorieusement
s'étale, beaucoup sont célèbres. Il en est au Louvre, il
en est dans toutes les collections d'Italie. Les plus
simples s'égayent de guirlandes, de rinceaux, de têtes
de lion. Souvent le ciseau a taillé dans le marbre de
grands bas-reliefs. Les sujets sont presque toujours
héroïques, plaisants, joyeux même, bien rarement
funèbres. C'est une course dans le cirque, et autour de
la *spina* que des obélisques surmontent, les amours,
s'improvisant cochers, font tourbillonner leurs chars :
c'est une chasse ardente, et Méléagre menace de son
épieu le sanglier dont il promit à Atalante la redoutable hure. C'est Actéon surprenant Diane, et dé-
voré par ses chiens dès que Diane irritée a fait de lui
un cerf; c'est Apollon triomphant de Marsyas; c'est
Médée emportée sur un dragon, Ariane traînée en
triomphe par les panthères divines, tandis qu'autour du
dieu qu'elle aime les bacchantes font sonner leurs
cymbales et mènent une ronde lascive. C'est le chœur
harmonieux des Muses; c'est la mêlée héroïque des

Grecs et des Amazones. Le sarcophage de Jovin, maître de la cavalerie des Gaules, que l'on conserve à Reims, montre une chasse au lion. Souvent l'artiste emprunte ses sujets aux poèmes fameux. Au Louvre, une composition un peu confuse réunit deux scènes de l'*Iliade*. Le corps d'Hector est attaché au char d'Achille et traîne le tête dans la poussière ; mais déjà le vieux Priam est arrivé, il s'agenouille suppliant, il embrasse cette main qui a tué son fils, il pleure ; le vainqueur, ému de pitié, détourne la tête et lui aussi se prend à pleurer.

« ... Et ils se souvenaient tous deux ; et Priam, pro-
« sterné aux pieds d'Achille, pleurait de toutes ses
« larmes le tueur d'hommes, Hector ; et Achille pleu-
« rait son père et Patrocle, et leurs gémissements reten-
« tissaient sous la tente... »

La cathédrale de Girgenti renferme un sarcophage qu'il faut citer entre les plus beaux. Phèdre, Hippolyte, y apparaissent, et le marbre traduit dignement le drame d'Euripide. D'un côté, Hippolyte se tient debout au milieu de ses compagnons. Tous sont nus, jeunes, beaux, et le héros lui-même, plus jeune, plus beau que tout autre. Plus loin, c'est Phèdre. L'amour la dévore, elle succombe et languissante se laisse tomber sur un siège. La tête incline en arrière, les bras sans voile fléchissent abandonnés, et les lèvres semblent murmurer ces angoisses brûlantes que Racine a si bien traduites :

« ..... Demeurons, chère Œnone,
« Je ne me soutiens plus, la force m'abandonne.
« Mes yeux sont éblouis du jour que je revoi,
« Et mes genoux tremblants se dérobent sous moi. »

La nourrice s'empresse auprès de Phèdre, la soutient.

la console, tandis que les suivantes, muettes et immobiles devant cette tragique douleur, composent un groupe d'une harmonie charmante. Enfin le dieu qui déchaîne dans les cœurs ces terribles orages est là, blotti sous ses ailes et tout souriant. Phèdre est à demi nue. Les draperies qui couvrent ses jambes sont d'un jet harmonieux, d'un dessin souple. Les autres femmes sont chastement voilées tout entières.

Deux autres scènes représentent une chasse au sanglier et la mort d'Hippolyte. Là le travail est bien inférieur et accuse une négligence hâtive. Il semble que l'artiste se soit lassé de son œuvre. Cependant le cheval de l'un des chasseurs part d'un élan superbe.

Ce sarcophage n'est pas une œuvre parfaite; il y a des incorrections, des négligences, mais aussi une réminiscence le plus souvent heureuse des plus nobles traditions de l'art antique.

La cathédrale de Mazzara, en Sicile, donne asile à trois sarcophages antiques. Le plus remarquable met aux prises, dans un bas-relief véhément, plein de fougue et de vie, les Amazones et les Athéniens. Les chevaux se cabrent furieux; déjà quelques-unes des superbes guerrières ont mordu la poussière, d'autres s'acharnent encore à combattre; et cependant, au milieu de la mêlée, un héros nu, casque en tête, apparaît comme un dieu qui doit décider la victoire.

Plus nombreux sont encore les sarcophages alignés au cloître de la cathédrale de Salerne; mais les paladins Normands, les pieux évêques y usurpent la place des cadavres païens. La statue raide et sèche d'un prélat, mitre au front, repose sur un sarcophage où les bacchantes bondissent échevelées.

On rencontre ainsi des sarcophages de même style, sinon d'une perfection égale, dans les musées de nos villes de Provence, à Aix, à Avignon, à Arles.

Près de cette dernière ville, le cimetière dit des Aliscamps aligne encore, dans une allée grandiose, de nombreux sarcophages païens et chrétiens : car la cité, à travers les âges, ne changea pas le lieu de ses sépultures. Les inscriptions répètent confusément le *diis manibus* des païens et les formules pieuses que l'Evangile inspire. Le site est charmant, tranquille, éloigné de la ville qui, du reste, aujourd'hui ne mène pas grand bruit, et dans les jours d'été la cigale y jette, sans qu'on la trouble, son petit cri strident.

On a découvert à Athènes de très remarquables sarcophages ; l'un d'eux, entre tous charmant, déroule la ronde joyeuse de jeunes Amours qui folâtrent des couronnes aux mains. Enfin dans les rues de Brousse, aux murailles de Rhodes, des fragments apparaissent souvent qui furent des sarcophages.

Toutefois, si le sarcophage constituait quelquefois le monument funéraire tout entier et reposait directement sur le sol, protégé par sa seule masse (à Mélassa, à Alinda, dans l'ancienne Carie, il en est ainsi, et ces tombes ne paraissent pas remonter au delà de la conquête Romaine), le plus souvent le sarcophage était placé à l'abri de quelque salle funéraire, ou du moins enfoui dans la terre.

Nous allons maintenant parler des tombeaux eux-mêmes. Ils sont très nombreux, et Rome en réunit des types très variés.

Près du Capitole, dans la rue Marforio, en un lieu qui sans doute était en dehors des premières enceintes de la ville, une petite construction noirâtre s'enchâsse au milieu des bâtisses modernes. Quatre pilastres décapités reposent sur un stylobate qu'une inscription latine enjambe de ses lettres majestueuses. C'est un tombeau de l'ère républicaine ; un certain Publicius Bibulus obtint l'honneur de cette sépulture par décret du sénat *honoris virtutisque causâ*, en considération de son honorabilité et de sa vertu, dit l'inscription.

Le mausolée qui fut élevé à Auguste dans ce qui était alors le Champ de Mars, ce qui est aujourd'hui l'un des quartiers les plus populeux de Rome, garde son nom illustre, mais non pas sa destination. Le moyen âge en avait fait une forteresse des Colonna, les temps modernes, plus pacifiques, mais plus dédaigneux encore, en ont fait un théâtre. Là pompeusement furent déposées les cendres d'Auguste, de Tibère, de Caligula, de Claude, car la mort devait réconcilier enfin cette tragique famille, là maintenant on débite des farces, quelquefois des athlètes de foire se gourment, quelquefois aussi le théâtre devient un club et les tribuns d'aventure y soulèvent les tempêtes de la foule. Peut-être a-t-on encore là sous les pieds une poussière où s'égare quelque parcelle d'un maître du monde. Le monument antique est méconnaissable, invisible même sous les constructions nouvelles qui l'ont déshonoré.

Plus considérable, plus fameux, mieux conservé

est le mausolée d'Hadrien, ou, pour nous servir du nom moderne, le château Saint-Ange.

Hadrien, empereur dilettante, passionné pour les choses de l'art, architecte un peu lui-même, ordonna dans tout son vaste empire d'immenses constructions. Des ruines grandioses et signées de lui encombrent encore l'emplacement des cités les plus illustres : Éphèse en Asie, Antinoé en Égypte, Athènes même. On sait de quelles merveilles il avait environné à Tivoli sa dernière retraite. La tombe qu'il entreprit de préparer à sa cendre, et que son successeur Antonin devait achever, était l'un des plus grands et des plus fastueux monuments de Rome.

Il y avait des colonnes de marbre violet. Sur la corniche circulaire que ceignait le tombeau vers la moitié de sa hauteur totale, s'alignaient des statues, détachant leur blancheur radieuse sur l'azur du ciel. Le Faune endormi, l'un des plus magnifiques morceaux de la sculpture antique qui nous soit parvenu, aujourd'hui conservé à Munich, paraît avoir fait partie de la décoration du mausolée d'Hadrien. Sur la cime, selon certains auteurs, trônait une statue de l'empereur, ou plus probablement la colossale pomme de pin de bronze qui a donné son nom à l'un des jardins du Vatican.

Combien le mausolée a changé d'aspect, et qu'en ont fait les âges! Il était splendide, mais aussi armé de puissantes murailles. Lorsque les Ostrogoths de Vitigès vinrent attaquer Rome en 556, les Romains se retranchèrent dans le tombeau impérial devenu une redoutable citadelle. Les terrasses furent garnies de soldats, et dans la mêlée des assauts sanglants, les statues renversées allèrent se briser au front des barbares. Dès lors le tombeau fut et resta ce qu'il est encore : un château. On lui imposa peu à peu comme une parure de guerre. Plus de soubassements aux placages de marbre, mais des bastions percés d'embrasures béantes ; plus de fragiles colonnades, mais des chemins de ronde et des tourelles entr'ouvrant, ainsi qu'un œil louche, une meurtrière menaçante ; plus de terrasses librement ouvertes, mais des mâchicoulis, des créneaux. Puis Grégoire le Grand construisit une chapelle au faîte du mausolée. Un jour qu'il conduisait à travers les rues de Rome une procession pour obtenir la cessation d'une peste terrible, il avait aperçu, disait-on, dans une rapide vision, l'archange saint Michel remettant son épée au fourreau, heureux présage de la disparition prochaine du fléau.

Un archange de marbre planait sur la chapelle ; c'est maintenant, et depuis le siècle dernier, un archange de bronze, mais qui, selon la tradition légendaire, abaisse son glaive d'un geste clément.

Le château Saint-Ange est comme la citadelle avancée du Vatican, avec lequel il communique par des couloirs voûtés. Que de fois la papauté proscrite a demandé un sûr abri à ces vieux murs païens ! Là, Clément VII humilié vit sa Rome saccagée par les hordes féroces que déchaînait le très chrétien empereur Charles-Quint. Benvenuto Cellini était au nombre des assiégés et ce fut là, si l'on en doit croire ses récits pleins d'une amusante vantardise, qu'il tua d'un coup de fauconneau le connétable de Bourbon. Une autre fois Cellini fut encore l'hôte du château Saint-Ange, mais comme pri-

sonnier ; ses querelles incessantes, ses violences devaient lasser enfin l'indulgence de la justice pontificale.
Le château Saint-Ange servit en effet souvent de prison.
C'est de là que partirent la belle Béatrice Cenci, son frère,
sa mère, pour aller expier sur l'échafaud leur parricide
resté mystérieux. Là aussi Joseph Balsamo, comte de
Cagliostro, après avoir joué longtemps un bruyant personnage, fait de l'or, disait-on, et tourné les têtes des
princes et des plus grandes dames, vint piteusement
échouer et mourir.

Le mausolée d'Hadrien, tel qu'il nous est parvenu,
n'est plus qu'une masse ronde, sombre, lourde et cependant imposante. La gravure l'a popularisé. Et en
effet, c'est là comme le centre d'un tableau plein de
grandeur. Descend-on au bord du Tibre, on voit sur la
droite ce gros donjon des papes. Un pont y conduit,
portant sur ses arches antiques des anges de marbre
qui se sont partagé les instruments de la Passion et ges-
ticulent follement, celui-là avec la lance, cet autre
avec l'éponge, un autre avec les clous détachés de la
croix, un autre encore avec la couronne d'épines, ronde
grotesque où s'affirme le mauvais goût de l'école du
Bernin. Le fleuve traîne ses flots jaunâtres, et plus loin,
dominant les grandes lignes du palais du Vatican, le
dôme de Saint-Pierre se pose au front de la cité comme
un splendide diadème.

Les paysagistes décorateurs, l'Italien Panini, le Français Hubert Robert, qui si plaisamment et au gré de leur
fantaisie interprètent l'architecture antique, ont souvent placé dans leurs compositions un autre monument de Rome, le tombeau de Caïus Cestius, préteur,

tribun du peuple, membre du collège pontifical des *Septemviri epulonum*. C'est une pyramide haute de trente-six mètres qui se trouve maintenant enchâssée dans la muraille dont l'empereur Aurélien enveloppa Rome. Le souvenir des énormes constructions funéraires des Égyptiens apparaît en toute évidence ; et ce n'est pas la seule fois que les Romains aient adopté dans leurs tombeaux certains types conçus et consacrés au sein d'une autre civilisation.

Nous avons dit que, d'après la législation constante de Rome, les sépultures devaient être placées hors de l'enceinte, et si nous avons trouvé dans Rome même des tombeaux, ou bien ces tombeaux fort anciens ont précédé les derniers agrandissements de la ville, ou bien ils étaient consacrés à quelques-uns de ces hommes qui, étant la loi vivante, pouvaient se croire eux-mêmes et croire leurs cendres au-dessus des lois.

Les tombes bordaient les voies, et les morts allaient au-devant du voyageur pour lui faire, dirait-on, les honneurs de la cité. Auprès de toutes les voies qui conduisent à Rome, on a trouvé des restes de monuments funéraires, et le grand tombeau de la famille Plautia sur la voie Tiburtine, et le curieux tombeau construit en forme de four du boulanger Eurysace, près de la Porte Majeure, et les admirables tombeaux de la voie Latine. Mais la voie qui reçut les cendres les plus nombreuses, les plus illustres, la voie qui fut la plus riche nécropole de la Rome païenne, ce fut la reine des voies, (*regina viarum*), comme l'appelle Procope, la voie Appienne.

Nous sortons de Rome par la porte Saint-Sébastien. Quelques maisons misérables s'alignent encore, mais, sur le crépis blanc de leurs murs, déjà s'enlèvent les masses noires ou rougeâtres d'informes ruines. On ne saurait en reconstituer par la pensée l'aspect primitif. Ce sont comme des rocs qui prêtent aux masures un robuste appui.

Mais toute trace de vie humaine disparaît. Plus rien que des débris. Le sol se relève et la voie monte par une pente douce. Au point culminant se pose majestueusement le très célèbre tombeau de Cecilia Metella, fille du triumvir Crassus. Encore un tombeau rond comme celui de Plautia, comme celui d'Hadrien, mais mieux conservé qu'aucun autre. Que de fois on a reproduit cette tour construite en beaux blocs de travertin, avec sa corniche harmonieuse, sa frise où s'alignent symétriquement des bucranes enguirlandés, et sa plaque de marbre où le nom de la morte est écrit en magnifiques caractères! Le moyen âge crénela la tombe et s'en fit un donjon. Puis une enceinte fut construite, puis une chapelle, et la voie se trouva barrée. L'emplacement était bien choisi, la position très forte ; les hommes d'armes pouvaient, de leurs remparts, surveiller les abords de Rome, prévenir une attaque ou rançonner quelque peu les voyageurs. Là les Gaetani eurent longtemps leur repaire. Sixte-Quint, qui était un rude justicier, finit cependant par les en déloger, et mit en pièces la citadelle. Ruine misérable et qui fait pitié. Que cela est débile, poudreux! cela ne tient pas sur le sol, et le vent l'emportera quelque jour. Les bâtisses du moyen âge s'émiettent en tombant, et pour leur trouver quelque majesté, il ne faut pas les voir auprès des robustes débris d'une construction romaine.

Les tombeaux sont plus nombreux ; ils se touchent, ils se pressent. Dérobée à nos yeux derrière un pli de terrain, Rome a disparu. La mort seule nous environne.

Les sépulcres éventrés, béants, ont laissé s'envoler leurs poussières. Les blocs du gris pépérin, dont la majesté des rois de Rome se contentait, le travertin, qui suffisait à la République, les marbres, les granits, les porphyres que voulait le faste de la Rome impériale, le temps a tout frappé d'une égale défaite et d'un ravage égal ; le temps est un grand niveleur. Les colonnes rompues semblent des troncs que la cognée a jetés bas. Les dalles, autrefois régulièrement appareillées, bien unies, maintenant déjetées, soulevées et creusées d'ornières profondes, couvrent encore la voie, et parfois quelque chapiteau croulant y vient mutiler ses acanthes. Certains débris gardent leur splendeur première. Ici sur le marbre court le tourbillon d'une chasse ardente, les chiens poursuivent, les javelots menacent un sanglier qu'ils n'atteignent jamais. L'herbe pousse drue ; il faut parfois l'écarter de la main pour retrouver les ruines. Une frise épanouit ses rinceaux délicats sous les ombelles dorées des grands fenouils. Là des autels sont gisants ; ils portent des têtes de bélier, et les fleurs y répandent, comme une offrande suprême, leurs pétales effeuillés.

Les statues étaient nombreuses ; on les a renversées pour la plupart. En voici une : dans une complète nudité de héros, elle roidit ses muscles et fait effort, semble-t-il, pour se relever. Cette autre est restée debout sur son sépulcre vide ; elle s'enveloppe aux plis de la toge ; la main droite est ramenée sur la poitrine, la main gauche tombe inerte au long du corps. Sentinelle superbe, on dirait un sénateur digne descendant de ceux que les Gaulois trouvèrent assis aux rues de Rome conquise, lui aussi, il attend sans trembler les barbares et la mort. Plus loin un buste nous poursuit de ses yeux sans regard. Des inscriptions brisées traînent sur le sol, commençant une phrase aussitôt interrompue, mettant auprès du nom d'un consulaire le nom d'un plébéien, et s'obstinant à parler de gloire, d'honneurs, de triomphes, au milieu de cette immense dévastation.

Le plus souvent, il est impossible d'imaginer ce qui fut en présence de ce qui est. Sans doute ces monuments affectaient des formes très variées. Celui qui paraît avoir renfermé les cendres de Sénèque était un cippe quadrangulaire. Un beau bas-relief représentant le fils de Crésus tué par Adraste le décorait.

On reconnaît quelquefois, mais vaguement, des enceintes carrées, des piles coniques, des édicules simulant les dispositions d'un petit temple, et sous les voûtes à demi effrondrées quelques sombres caveaux où des niches apparaissent dépouillées de leurs urnes.

Sur la gauche de la voie Appienne, dispersées dans les prés, s'étalent des ruines considérables et qui couvraient un vaste espace. C'est la *Roma vecchia*, dit la tradition populaire qui veut reconnaître les restes d'une ville dans ce qui ne fut que la fastueuse villa des Quintilii. Cette famille était réservée à une fin tragique. Commode prit la propriété et tua le propriétaire, sans doute pour lui épargner les regrets de sa richesse perdue.

Mais au milieu des tombeaux de marbre, de briques, tous attestant jusque dans leur ruine une rare magnificence, un tumulus se dresse à notre droite ; puis un second tumulus et un troisième exactement semblables. Ils n'ont pas de matériaux précieux qui leur fassent revêtement, mais, s'il faut en croire la légende, là reposeraient les Horaces, selon quelques-uns, selon d'autres les trois Curiaces, et chacun à la place où il fut frappé. Trois *tumuli* semblables, mais dressés à des distances inégales, c'est là une particularité qui concorde assez bien avec le récit que nous fait Tite-Live de ce combat héroïque. Resté seul en face de trois Curiaces, nous dit l'historien latin, le dernier des Horaces simule la fuite. Les Curiaces le poursuivent, mais ils sont blessés, ils se hâtent d'un pas inégal. Horace, les voyant divisés, se retourne, court au premier, le tue, court au second, le tue, et sans peine égorge le troisième.

Les *tumuli* sont à distance à peu près égale entre Rome et les monts Albains, qui gardent encore dans leur nom la mémoire d'Albe.

Les tombeaux des Curiaces sont pauvres, mais cette pauvreté, qui fait avec la richesse des autres tombeaux un si frappant contraste, les a fait respecter. Les pillards ne pouvaient trouver là que des os et du fer. Sur les cimes vertes quelques lauriers ont poussé, consacrant le souvenir d'une défaite qui ne fut pas sans gloire, et les cyprès en deuil se rangent tout alentour.

Nous sommes à une lieue de Rome, et les tombes forment encore une haie ininterrompue. Une masse énorme

apparaît à notre gauche, on la prendrait de loin pour
une colline arrondie. C'est une tombe, probablement
d'un ami du poète Horace, Messala Corvinus. Ce Corvinus devait être un homme d'importance, s'il tint
dans la vie une place aussi considérable que celle
qu'il tient dans la mort. La terrasse de son monument
porte une ferme dite *Casale Rotondo*, qui enchâsse dans
ses murs quelques pilastres et des masques de théâtre
retrouvés dans les fouilles. De là les yeux planent
librement sur la campagne Romaine.

La plaine s'étale calme, endormie, dirait-on, et les
ruines sont semblables à des écueils qui émergent au-
dessus des eaux tranquilles d'un lac. Les arcades découpent dans le ciel des perspectives azurées. Puis ce sont
des murailles rougeâtres. Les longs aqueducs rampent
et brisés parfois s'interrompent, comme un serpent
frappé de la hache qui sème sur la terre sanglante ses
tronçons. Autrefois l'eau captive courait à Rome sur
leurs arches triomphales, car Rome dévorait tout, les
hommes et les choses, et les peuples des régions lointaines, et les eaux des montagnes voisines.

Ces montagnes, si longtemps mises à tribut, forment
une sorte d'amphithéâtre dont la campagne de Rome
est l'arène. A l'est, derrière quelques cimes mollement
arrondies et que les oliviers enveloppent de leur feuillage bleuâtre, se tapit le nid charmant de Tivoli. Au
sud ce sont les montagnes Albaines plus prochaines,
couronnant leurs sommets de bois profonds et égayant
leurs pentes du scintillement des blanches villas.

Mais autour de nous quelle tristesse ! quelle solitude !
En nul autre lieu ne s'étale ainsi l'irrémédiable déca-

dence de Rome et n'apparaît plus cruellement le vide
énorme qu'ont laissé dans le monde sa gloire évanouie
et sa puissance déchue. Rome débordait hors de son
enceinte, elle avait couvert cette campagne et de ses
tombeaux et de ses villas, elle a reculé maintenant, et
ses murailles sont trop vastes pour la contenir. Pas un
arbre, si ce n'est aux *tumuli* des Horaces et des Curiaces,
rien qui arrête le libre vol du regard. Cette plaine révèle
sans voile toutes ses misères. Elle est belle cependant,
grande, austère, sublime. Les lignes de ses horizons ont
une harmonie suprême. Pourrait-on désirer là rien de
plus? La vie moderne, turbulente, importune, trouble-
rait ce calme concert du passé. Que cette campagne reste
longtemps déserte et silencieuse! La pensée n'entend
rien qui puisse la distraire ; non pas joyeuse, mais gravement émue, elle évoque les fantômes de l'histoire, et
si quelques taureaux aux longues cornes viennent à
passer, lents et solennels, elle rêve des glorieuses héca-
tombes et des pompes triomphales que les vainqueurs
aux mêmes lieux ont promenées tant de fois.

Avant d'atteindre les premières pentes des monts Albains, la route nouvelle de Rome à Albano rejoint la
voie Appienne et se confond avec elle. Quelques tombeaux apparaissent encore, mais moins nombreux. Au
seuil même d'Albano, il en est un très important et sans
doute très ancien, peut-être de construction Étrusque.
C'est un massif carré que cinq cônes surmontent. On
veut qu'Aruns, fils de Porsenna, ait été inhumé là.

Les tombeaux de la voie Appienne, à l'exception de
quelques-uns très rares, sont des ruines informes ; leur
nombre, l'ensemble qu'ils composent, le cadre gran-

diose qui les environne, voilà ce qui leur mérite une juste célébrité. Aux abords d'une ville beaucoup moins fameuse que Rome, une voie antique conserve aussi sa bordure de tombeaux, mais sans graves outrages. C'est la voie dite des tombeaux à Pompéi. Celle-ci complète heureusement les indications un peu sommaires de celle-là.

De la ville de Pompéi, qui elle-même est un grand sépulcre, pour passer à sa nécropole, le spectacle change peu. Même silence, même vide ; seule diffère la disposition des édifices. Au seuil même de la porte dite d'Herculanum commencent les sépultures. Elles forment avenue. Leur plan, leur aspect, varient beaucoup, comme varie la condition de ceux dont elles gardent les cendres. Tantôt de simples cippes avec quelques brèves inscriptions, tantôt des édicules, puis de vrais mausolées où le mort s'environne encore du faste qui durant la vie fit son orgueil et sa joie. Le tombeau dit des guirlandes a des chapiteaux Corinthiens que des guirlandes réunissent. Le tombeau des *Libella* répète sur deux de ses faces la même inscription. Le premier Libella fut édile, duumvir, préfet quinquenal : son fils mort à dix-sept ans avait déjà été décurion. Une petite niche très basse avait reçu ce que peut laisser de cendre un enfant de cinq ans, Salvius-Velasius. Gratus vécut jusqu'à l'âge de douze ans, et quelques fleurs, peintes sur sa niche sépulcrale, rappellent cette douce fleur de jeunesse si tôt moissonnée. Le riche Diomède, dont la cendre du Vésuve nous a conservé la belle villa, avait donné à sa tombe de famille un frontispice flanqué de pilastres et décoré de faisceaux.

Voie des Tombeaux à Pompéi.

Près de là subsiste, bien que très dégradé, un monument fort curieux, un *triclinium* funèbre. C'est une enceinte carrée, aujourd'hui ouverte à tous vents. Trois lits de pierre se groupent, laissant libre le quatrième côté de la salle, sans doute pour permettre facile accès aux serviteurs. Puis s'élève un petit autel circulaire qui recevait les libations faites aux mânes et aux dieux infernaux. En effet, les repas que l'on donnait là avaient un caractère de consécration pieuse : c'étaient les *silicernia*, les *novendialia*.

Puis vient le tombeau de Nœvoleia Tyché qu'une enceinte protège. On y voit représenté un navire dont les matelots carguent la voile. Au tombeau de Calventius Quiétus, un cippe de marbre arrondi surmonte un massif carré. Un tombeau rond, mais de beaucoup plus petites proportions, ne paraît pas avoir jamais été achevé, car il est sans inscription, la cendre du Vésuve y ayant sans doute précédé la cendre humaine.

Scaurus avait été un bienfaiteur de Pompéi, car les décurions, nous dit l'inscription de la tombe, avaient décrété la remise gratuite de l'emplacement du monument, plus un don de plus de deux mille sesterces pour les frais des funérailles ; enfin une statue équestre de Scaurus devait chevaucher dans le forum. Le tombeau de Mamia, qui fut prêtresse publique, est précédé d'un exèdre, banc semi-circulaire que deux pieds de griffon gracieusement terminent.

Toutes ces tombes, par leur réunion, composent une décoration architecturale du plus heureux effet.

Quelques cyprès jaillissent entre elles, opposant à la blancheur des marbres la sombre verdure de leur feuillage ; puis au loin le Vésuve trône, toujours fumant et faisant planer, sur cette terre si belle, une menace éternelle.

Dans tout ce qui alors était le monde, Rome a laissé des cités puissantes, des palais, des voies grandioses et aussi des bruits de conquête et de gloire, et aussi des tombeaux. Notre France en a, et l'un des plus beaux qui subsistent, en Provence, à quelques pas de l'arc-de-triomphe de Saint-Rémy (l'ancienne *Glanum*). Ce tombeau s'élève, étageant quatre parties parfaitement distinctes : un soubassement carré que des scènes de combats décorent, puis une sorte de loggia percée de quatre arcades et flanquée de colonnes corinthiennes, puis un édicule circulaire bordé de colonnes et qui abrite deux statues, enfin, pour couronnement, un toit conique fait de pierre.

Près de Trèves, ville puissante aux derniers jours de l'empire romain, résidence d'un César et dont le poëte Ausone a chanté les riantes campagnes, le monument de Secundinus Secorus témoigne quel goût de magnificence portaient, jusqu'en ces régions lointaines, les colons de Rome. Il y a même excès dans l'ornementation. Des rinceaux courent au fût des pilastres qui marquent les angles, des médaillons se superposent aux bas-reliefs, un aigle maintenant décapité ouvre ses ailes sur le faîte, comme si apparaissait encore devant lui la carrière de nouvelles victoires. C'est là une œuvre d'une époque postérieure à celle qui vit s'élever le très gracieux monument de Saint-Rémy, mais une œuvre somptueuse et qui parle encore puissamment de Rome.

En Espagne, à quatre kilomètres environ de Tarragone, un petit monument carré occupe la cime d'une colline que des pins grêles essaient d'ombrager. Construit en blocs d'un bel appareil et sans mortier, il porte sur la face qui regarde la mer deux figures sculptées en ronde bosse et largement drapées. Au-dessus d'elles courait une inscription dont ne restent que ces trois derniers mots : « *Ubi perpetuo remane.* » La légende populaire, très peu vraisemblable, veut que ce soit là le tombeau de quelqu'un des Scipions. Les Scipions ont laissé leur gloire à l'Espagne, il ne semble pas qu'ils y aient laissé la cendre de quelqu'un des leurs.

A Mélassa, la patrie du roi Mausole et la première capitale de l'ancienne Carie, un très remarquable tombeau, probablement de l'époque Romaine, déploie, au-dessus du soubassement que la chambre funéraire occupe, une colonnade formant le carré ; puis, sur un plafond richement décoré de caissons, s'étagent encore quelques degrés qui devaient composer un couronnement pyramidal.

Athènes a son tombeau Romain, le tombeau des Philoppapus, qui occupe la cime de la colline de Musée. Ces Philoppapus (d'après les inscriptions deux au moins furent déposés dans ce monument) descendaient des Antiochus qui régnèrent dans la Comagène ou Syrie septentrionale, et qui, princes vassaux, quelque temps tolérés, durent enfin, sous Titus, abandonner leurs États. Ils se retirèrent à Rome, puis à Athènes, et leur tombeau atteste que de leur royauté perdue ils conservèrent du moins le faste.

Les constructions encore subsistantes affectent une forme semi-circulaire. Tout est de marbre blanc. Sur le soubassement, un vainqueur promène la pompe solennelle de son triomphe. Quel vainqueur? quel triomphe? Était-ce là ce qui convenait à la tombe de princes déchus? Les personnages, groupés autour du char, portent la toge romaine. Au-dessus du bas-relief, deux niches, l'une terminée par un plein cintre, l'autre par un linteau plat, abritent des statues brisées. Un pilastre les sépare et soutient un fragment d'architrave. Certes, la richesse ne fait pas défaut, et ce monument n'est pas sans une majestueuse magnificence ; cette magnificence cependant accuse la recherche, l'orgueil, elle étonne plus qu'elle ne plaît. Combien était plus pur, plus élevé, l'art qui dressait les radieuses colonnades de l'Acropole! Les Romains, et la chose apparaît en Grèce plus qu'en aucun autre lieu, ont toujours été en art des parvenus; la richesse ne saurait leur suffire, le plus souvent, il leur faut le faste, ils veulent qu'on les sache bien et partout tout-puissants, opulents, triomphants; ils nous crient sans relâche, et pour que nul n'en ignore, qu'ils sont le peuple-roi.

L'Afrique septentrionale a ses tombeaux romains. On en a signalé d'importants dans la régence de Tripoli ; nous-même nous avons vu, sur la route de Tunis à Souza (l'ancienne Hadrumetum), des restes considérables qui semblent avoir appartenu à une tombe de forme circulaire. En Algérie, à peu de distance de l'enceinte antique qui renferme encore les vastes ruines de Lambœsis (Lambesca), un sépulcre carré, terminé en pyramide et haut de six mètres, renferme les restes de Flavius Maximus, préfet de la troisième légion. Lors de l'occupation Française, ce monument menaçait ruine, il fut consolidé; les cendres, recueillies avec soin, reprirent la place qu'elles avaient occupée. Un détachement de la garnison de Batna assistait à cette pieuse cérémonie, et les honneurs militaires furent rendus au légionnaire Romain par les soldats Français. Une courte inscription française rappelle le fait, ajoutant à l'inscription latine comme un *post-scriptum* glorieux. Par malheur, sur cette terre d'Algérie, nos soldats n'ont pas toujours été aussi respectueux des souvenirs et des monuments qu'ont laissés leurs illustres devanciers. Sous prétexte de remparts à construire, de maisons à élever, de clôtures à établir, que de ruines qu'avait épargnées l'insouciance arabe ont été détruites !

Nous avons trouvé à Athènes le monument qui reçut les cendres des derniers descendants des Antiochus, rois de Syrie ; l'Algérie conserve un monument plus important, non moins curieux et qui, selon toute vraisemblance, fut élevé pour l'un de ces Jubas, roi de Mauritanie, que la politique Romaine maintint quelque temps dans les liens d'une étroite alliance, ou plutôt d'un vasselage doré, avant que la Mauritanie, à son tour, ne devînt une province romaine. Ce tombeau, vulgairement dit de la Chrétienne, est voisin de la mer et de la ville de Cherchell, l'ancienne Julia Cæsarea, capitale des Jubas. C'est un massif rond mesurant trente-deux mètres de hauteur, soixante mètres de diamètre. Au-dessus de sa large base, que des colonnes, maintenant dépouillées de leurs chapiteaux, flanquent symétriquement, des degrés s'élèvent régulièrement étagés. Les chambres intérieures, découvertes non sans peine, ont été trouvées vides ; sans doute des profanateurs, en des

temps déjà anciens, y avaient pénétré. Et cependant
l'entrée était dissimulée sous terre, un peu en avant du
tombeau ; des dalles de pierre fermaient les chambres
sépulcrales. On avait là répété quelques-unes des précautions savantes que multipliaient les anciens Égyptiens pour protéger leurs momies. Le tombeau de Juba
n'est pas une œuvre essentiellement romaine, mais c'est
l'œuvre d'un vassal de Rome et qui s'inspire un peu des
magnificences architecturales où se complaisait sa redoutable suzeraine. Aussi nous semble-t-il qu'on pouvait
le signaler ici.

Dolmen près de Saumur.

Tombeau de Théodoric à Ravenne.

CHAPITRE V

CHRISTIANISME.

LES PREMIERS TOMBEAUX CHRÉTIENS.

La cime des grandeurs humaines est étroite et glissante ; dès qu'un homme ou une nation y a posé le pied, pas de répit, il faut descendre, lentement d'abord, en laissant à bien des yeux l'illusion de l'immobilité, mais descendre sûrement, sans cesse, jusqu'au jour lointain peut-être, fatal cependant, où la nation, comme l'homme, tombe dans la ruine et dans la mort.

Aux jours où Auguste, maître incontesté du monde Romain, planait ainsi qu'en une sublime apothéose, réparant les désastres des discordes civiles, guérissant les blessures qu'il avait faites à la patrie, triomphant de lui-même après avoir triomphé de tout, modérant ses haines, cessant ses vengeances, des colères du factieux s'élevant à la majesté sereine de l'empereur, faisant de marbre cette Rome qu'il avait reçue de brique, et provoquant partout la fondation de villes nouvelles, l'établissement de colonies puissantes, l'érection de magnifiques monuments, certes, il semblait qu'on inaugurât une ère de prospérités inouïes, et que Rome, puisqu'elle ne devait plus être libre, serait du moins grande, belle, fameuse plus que jamais. Alors cependant deux ennemis se révélaient, deux ennemis bien obscurs, mais qui étaient destinés à triompher et de ce monde Romain et de la civilisation païenne. Aux forêts de Germanie, Arminius écrasait une armée romaine, et c'était comme un essai des invasions futures, un premier grondement de ce monde barbare et des orages encore lointains. Puis, à l'autre extrémité de l'empire, dans une bourgade de la pauvre Judée, un enfant naissait, et cet enfant allait prêcher une foi nouvelle. Ainsi, presque au même jour, deux menaces, deux périls, la patrie, les cultes consacrés recevant un double défi. Les dieux devaient succomber les premiers, mais combien peu de temps les empereurs devaient leur survivre !

Rome cependant, destinée prodigieuse, reste debout après le grand désastre.

Une puissance nouvelle s'élève, le Christianisme grandit, s'étend comme un chêne à l'immense ramure, et qui suffit à ombrager de nombreux troupeaux. Rome est le berceau et bientôt le trône du pontificat chrétien ; elle n'a plus l'empereur, elle a le pape ; elle a perdu une couronne, elle ceint une tiare; elle a perdu le glaive et les faisceaux consulaires, elle a la croix, sceptre non moins redoutable; elle dictait des lois, elle lance des anathèmes. Rome résumait un monde, elle résume une religion; le sort lui réservait l'honneur sans exemple d'être sacrée deux fois. Aujourd'hui encore, à la papauté qu'elle garde elle ajoute une royauté nationale, elle est capitale du monde catholique, capitale de l'Italie. Il n'y a que Rome au monde qui pût dignement ainsi contenir ces deux gloires et ces deux majestés.

Rome païenne élevait ses temples les plus somptueux, et déjà autour d'elle, partout, sous ses villas, sous ses tombeaux les plus illustres, sous ses temples peut-être, des hommes bien humbles, *natio latebrosa, lucifuga* (nation ténébreuse et qui fuit le jour), des hommes que Suétone dit infestés de superstitions nouvelles et dangereuses, des hommes détestés pour leurs abominations, ajoute dédaigneusement Tacite, et convaincus de haine pour le genre humain, travaillaient, creusaient, fouillaient, se faisant aux portes de la cité radieuse et splendidement étalée au grand jour une cité souterraine, noire, mystérieuse. Ceci cependant devait tuer cela. Et ces galeries enchevêtrées, superposées, poussées dans toutes les directions, font songer à la sape, à la mine, à tous ces cheminements patients, obstinés, pleins de ruse, dont les assiégeants environnent la ville qu'ils se sont promis de vaincre.

Les catacombes ne s'étendent pas au-dessous de la ville même de Rome, mais elles perforent, jusqu'à près de trois milles de distance, une très grande partie de la campagne environnante. Les principales sont comprises entre les voies Salara, Nomentana, Latine, Appienne et la voie d'Ostie. On les désigne sous les noms un peu conventionnels de catacombes ou cimetières de saint Calliste, des saints Nérée et Achillée ou de Domitilla, de saint Prétextat, de sainte Priscilla, de sainte Agnès, de saint Alexandre.

A droite de la voie Appienne, en face de la petite église dite de *Domine quò vadis*, près de quelques arceaux à demi effondrés, derniers restes d'un oratoire, s'ouvrent les catacombes de saint Calliste. Un escalier rapide nous y entraîne. Tout est taillé dans une sorte de tuf noirâtre assez mou, pas toujours d'une parfaite homogénéité, suffisamment compact cependant pour s'évider en galeries sans trop de risques d'éboulement. On compte quatre et jusqu'à cinq étages de galeries superposées. Ces galeries sont très étroites ; on ne saurait passer deux de front et parfois même un homme seul est obligé de s'insinuer de profil. On frôle les sépultures, et souvent le coude fait tomber sous le pied quelque ossement poudreux. Nous marchons en effet partout entourés de tombes. Il en est généralement cinq ou six rangs, disposés avec une certaine symétrie. Ce sont des cases où les corps étaient déposés parallèlement à la galerie. Les cases étaient fermées de plaques de pierre, quelquefois de marbre, plus souvent avec de simples tuiles. Puis on traçait hâtivement, sommairement, à la pointe fréquemment, le nom, l'âge du mort. Noms obscurs et que la mention d'aucune dignité n'accompagne. Il n'y a pas ici de consulaires, de préteurs, de centurions, de duumvirs ; tous ces grands de la terre, nous les avons trouvés au-dessus de nous, aux fastueuses ave-

Galerie des Catacombes à Rome.

nues de la voie Appienne, environnant le voyageur d'un cortège glorieux. Ici il n'est qu'un honneur, une dignité qui revienne souvent : martyr.

Les choses sont souvent plus éloquentes en leurs enseignements que les livres : et rien mieux que ces tombes toujours à peu près semblables, et que ces brèves inscriptions, ne témoigne de l'esprit démocratique et fraternel qui animait les premiers Chrétiens.

Les inscriptions des catacombes sont le plus souvent en latin, quelques-unes en grec ; quelques-unes enfin sont faites de mots grecs écrits avec des lettres latines. Un très grand nombre et sans doute des plus intéressantes ont été enlevées.

De très loin en très loin (rien n'est moins varié que les catacombes de Rome) s'ouvrent de petites salles carrées. Elles ont servi de sépulture de famille ou de sanctuaire. Là les fidèles de la foi proscrite ont essayé quelques décorations, là se sont épanouies les premières fleurs de l'art chrétien. Le tuf, au lieu de former comme partout ailleurs un plafond monotone, s'élève, se creuse et simule une petite coupole. Quelques peintures y apparaissent qui n'ont jamais connu d'autre lumière que celle des torches et des flambeaux. L'exécution est souvent grossière ou plutôt naïve, maladroite, un peu sommaire. Les artistes que la foi chrétienne enrôlait en ses rangs n'étaient sans doute pas de ceux que les empereurs ou les pontifes païens employaient et enrichissaient ; ils étaient entre les humbles. Puis un idéal nouveau ne saurait s'improviser. Ces néophytes rêvaient peut-être pour le culte de Jésus un art original et personnel, ils ne savaient encore comment le formuler. De là des tâtonnements, curieux par cela même qu'ils sont sincères, de là des réminiscences évidentes des traditions païennes.

Des symboles païens, mais que sans doute on voulait détourner de leur sens primitif, se mêlent aux symboles quelquefois obscurs, vaguement indiqués, du Christianisme naissant. Est-ce Jésus qu'il faut reconnaître dans cet Orphée, lyre en main, qui charme de ses chants tigres et lions prosternés devant lui ? Plus loin un pasteur paissant de blanches brebis paraît personnifier plus clairement le doux maître.

Un homme a obtenu, pour consacrer son souvenir, plus qu'une courte inscription : un portrait, une fresque, et cet homme est un fossoyeur. *Diogenes fossor in pace depositus*, lit-on sur la muraille. Et ce Diogène, aussi pauvre que son illustre homonyme, mais plus simple, moins dédaigneux des vanités humaines qu'il connaissait cependant si bien, apparaît debout la pioche sur l'épaule, une lampe à la main. Un compas, autre outil nécessaire de sa profession, est à ses pieds. En ces jours de proscription et de mystère que l'on pourrait appeler l'âge héroïque du Christianisme, les fossoyeurs étaient des personnages considérables. Ils formaient une sorte de corporation et on les appelait *laborantes*, les travailleurs. Ils vivaient plongés dans les ténèbres que dissipait à grand'peine la lueur de leur lampe fumeuse. Ils vivaient le pic à la main, sinistres mineurs, acharnés non pas à la recherche des filons précieux, mais acharnés à tailler un dernier abri aux pauvres dépouilles humaines. Et quelle tâche rude, affreuse, ce devait être, alors que cessait la tolérance toujours incertaine des empereurs, alors que s'ouvrait une fois encore l'ère des supplices. Là-haut les bourreaux fauchaient, et les cadavres sanglants, mutilés, descendaient aux catacombes, car les chrétiens, fût-ce au péril de la vie, se faisaient un devoir de recueillir et dignement ensevelir leurs frères morts.

Dans les détails d'ornementation qui égaient, quoique bien rarement, certaines voûtes, certains sanctuaires, les oiseaux apparaissent, le paon, la colombe ; puis ce sont des fleurs, des ceps de vigne, quelquefois le poisson. On sait que le mot grec signifiant poisson réunit les premières lettres de cette formule : Jésus-Christ fils de Dieu sauveur. Toujours, et c'est là une particularité très remarquable, des objets riants, aimables. On chercherait en vain quelque image de supplice, quelque scène pénible, quelque souvenir cruel au moins parmi les fresques primitives. Dans la catacombe dite de Platonia, qui s'ouvre au chevet de l'église Saint-Sébastien, on trouve une peinture très incomplète qui représente un Christ en croix ; mais le style raide, tout byzantin, accuse une époque plus moderne ; c'est là une œuvre très probablement postérieure à Constantin.

Le supplice même de Jésus, du maître dont les nouveaux croyants suivaient la parole, n'est jamais matériellement reproduit. Il semble qu'une pensée constante ait voulu écarter de l'âme du néophyte tout ce qui n'était pas consolation, radieuse promesse, calme, sérénité. Et n'avait-on pas là-haut, au grand jour de la Rome impériale, assez de supplices et de bourreaux ? Les catacombes n'enfermaient dans leur nuit que le pardon et la paix.

Nous dirons quelques mots de ce qu'on peut nommer le mobilier des catacombes. Les fouilles, autrefois faites hâtivement, incomplètement et pour trouver moins des antiquités que des arguments en faveur de quelque dogme catholique ou de quelque thèse théologique, ont été depuis près de vingt ans reprises plus méthodiquement, et le chevalier de Rossi, qui les a dirigées, leur a dû une célébrité européenne.

Les objets recueillis ont été déposés soit au Vatican, soit au musée de Latran. Ce sont des inscriptions très nombreuses, des lampes de terre le plus souvent et portant le X et le P monogramme du Christ, quelquefois en bronze et décorées de l'A et de l'Ω, les deux lettres grecques qui résument le commencement et la fin de toutes choses ; ce sont aussi des ampoules de verre que l'on enchâssait auprès des tombes et qui contenaient le sang des martyrs.

Les catacombes sont des nécropoles. Elles ont été établies, creusées dans ce but, et n'ont pu servir qu'exceptionnellement à des réunions pieuses, à des cérémonies. L'espace manque en effet ; et les sanctuaires mêmes très peu nombreux, très exigus, n'ont pu recevoir que des assemblées bien réduites. Dans les temps relativement tranquilles, les Chrétiens se rassemblaient sans doute au logis de quelque initié, et ce n'est qu'aux jours d'orage qu'ils ont du exiler jusqu'en ces retraites souterraines leur culte et leurs saintes pratiques. Au reste la police impériale veillait et les ténèbres des catacombes n'étaient pas si épaisses qu'elle ne pût y découvrir les fugitifs. « Vous connaissez les jours de nos réu-
« nions, disait Tertullien aux magistrats païens ; vous

« avez l'œil sur nous jusque dans nos assemblées les
« plus secrètes, aussi venez-vous souvent nous sur-
« prendre et nous accabler. » C'est ainsi que sous Dio-
clétien des soldats découvrirent dans une chambre des
catacombes plusieurs chrétiens en prière. Ils les mu-
rèrent et les laissèrent mourir de faim. Quelques
années plus tard, lorsque fut fermée enfin l'ère des per-
sécutions, le pape Damase fit ouvrir une large fenêtre
dans la paroi de cette sinistre prison, et les fidèles pouvaient voir les cadavres couchés sur le sol, ainsi que les
avait laissés leur agonie suprême.

On a dit que les catacombes étaient d'anciennes carrières de sable (*arenaria*) d'où l'on tire la pouzzolane
dont les maçons de Rome composent encore un excel-
lent mortier. Les fouilles ont démontré au contraire que
les carrières abandonnées n'ont été utilisées par les
Chrétiens qu'exceptionnellement et pour se ménager
quelque issue secrète. Le plus grand nombre des galeries est l'œuvre exclusive des Chrétiens ; la destination
funéraire n'est pas contestable. Ce n'est pas sans raison
que le fossoyeur apparaît comme le personnage principal aux catacombes.

L'existence des catacombes était connue de l'autorité
romaine qui généralement les tolérait. En effet les Chrétiens si suspectés avaient pu, pour l'œuvre pieuse de
leurs funérailles, trouver dans la législation, dans les
coutumes de Rome païenne, certaines facilités et même
une complaisante protection. On sait avec quels détails
et quelle sollicitude la législation romaine réglait tout
ce qui avait trait aux funérailles et à l'établissement des
sépultures ; on sait de quel culte pieux les Romains en-

vironnaient tout lieu qui avait reçu le dépôt de restes
humains : c'était un *locus religiosus* et mis sous la sau-
vegarde de la loi. Le déplacement d'une sépulture était
chose rare, redoutée, qu'on n'entreprenait que sous le
coup d'une impérieuse nécessité et toujours en l'accom-
pagnant de cérémonies expiatoires. On demandait pardon au mort de cette audace sacrilège.

Aussi Rome avait-elle en grand nombre des associa-
tions pieuses, *collegia funeraticia*, qui veillaient aux funérailles de leurs membres ou s'imposaient l'obligation
d'assurer aux pauvres gens une sépulture décente. Sous
le couvert d'une association funéraire, les premiers
Chrétiens purent se grouper, posséder et se faire une
sorte de vie civile.

Les ruines confirment cette hypothèse. C'est ainsi que
le cimetière chrétien dit de Domitilla s'annonçait sur
la voie Prénestine par une entrée monumentale et qu'une
inscription surmontait.

Lorsque Constantin, par l'édit de Milan en 313, eut
assuré le triomphe officiel du Christianisme, ce fut une
explosion joyeuse parmi les fidèles de la nouvelle foi.
Ils s'empressèrent, et souvent aidés des subsides du
prince, d'élever des basiliques, des baptistères. Il fallait
des temples au nouveau culte, et quelque chambre mystérieuse, quelque caveau obscur ne pouvait plus lui
suffire. Puis on ne tarda pas à démolir les temples
païens pour en prendre les colonnes et les marbres. Les
catacombes cependant ne furent pas délaissées. De nombreux pèlerins les visitaient, curieux de retrouver dans
ces ténèbres le souvenir saisissant des jours d'épreuves
et de combats. « Quand j'étais à Rome, dit saint Jérôme,

« encore enfant et occupé de mes études littéraires,
« j'avais contracté avec d'autres jeunes gens de mon
« âge l'habitude de visiter tous les dimanches les tom-
« beaux des apôtres et des martyrs, et de parcourir
« assidûment les cryptes creusées dans le sein de la
« terre, qui offrent, de chaque côté d'innombrables
« sentiers entrecroisés en tous sens, des milliers de
« corps ensevelis à toutes les hauteurs, et où il règne
« partout une obscurité si profonde qu'on serait tenté
« d'y trouver l'accomplissement de cette parole : vi-
« vants, ils sont descendus dans l'enfer. Ce n'est que
« bien rarement qu'un peu de jour, pénétrant par les
« ouvertures laissées à la surface du sol, adoucit l'hor-
« reur de ces retraites sacrées. A mesure qu'on s'y
« enfonce en marchant pas à pas, et en rampant sur la
« terre, on se rappelle involontairement ces expressions
« de Virgile :

« Partout l'obscurité profonde et le silence même épouvantent les
âmes. »

Quelques basiliques, Sainte-Agnès, Saint-Laurent, furent établies au-dessus des catacombes. Quelquefois
même les plafonds de tuf furent défoncés, le sol de la
basilique abaissé jusqu'au niveau des galeries supérieures des catacombes, et la tombe d'un martyr entre
tous révéré devint un autel. Quel triomphe et quelle revanche ! N'était-ce pas comme une résurrection sublime !
Le mort sortait de la nuit et, sans avoir quitté sa sépulture, il trouvait autour de lui un temple splendide, le
jour radieux, les chants sacrés et les fidèles agenouillés.

Les catacombes reçurent quelques fresques nouvelles

sans que jamais, par bonheur, on ait entrepris de les transformer. On cessa d'y porter les morts. Des cime-tières furent créés au-dessus des catacombes, et il est curieux de voir par certaines inscriptions avec quelle ardeur les familles recherchaient, pour la sépulture des leurs, le voisinage de quelque crypte où reposait un mar-tyr renommé. Mais les barbares ne devaient pas donner à ces cimetières le temps de se peupler beaucoup.

Les dieux sont vaincus, le Christianisme l'emporte. Les empereurs à leur tour vont être vaincus et les Barbares vont triompher. Moins d'un siècle après l'édit de Milan, Alaric saccage Rome. Les morts, comme les vivants, doivent se réfugier aux murs de la ville. Quel-ques-unes des plus précieuses reliques sont emportées. Les catacombes restent abandonnées. On les oublie. Au quinzième siècle seulement on en retrouve par hasard quelques galeries. Aujourd'hui on pourrait errer des heures sans sortir des nécropoles chrétiennes, et cependant elles ne sont pas encore toutes complètement connues. Cette immensité de la Rome souterraine jus-tifie, au moins quant à leur nombre, ce que dit Tacite des chrétiens de son temps : « grande multitude, *mul-titudo ingens.* »

Il n'est pas que des catacombes Chrétiennes, aux en-virons de la voie Appienne, on a retrouvé des catacombes Juives et des catacombes où les sectateurs de Mithras enterraient leurs morts. Le culte de Mithras, d'origine Asiatique, déifiait le soleil ; il prit, à Rome et surtout au troisième siècle, une importance considérable.

Les catacombes Chrétiennes de Rome ont un intérêt tout spécial, car elles résument et racontent, mieux qu'aucun autre monument, l'histoire du Christianisme durant les deux premiers siècles. Mais d'autres catacombes, moins illustres, composent un ensemble plus varié et d'un effet plus pittoresque : les catacombes de Naples, celles aussi de Syracuse.

San Gennaro dei poveri (Saint-Janvier des pauvres) est un hospice de vieillards tapi en un quartier extrême de Naples, au fond d'un vallon qu'enjambe un grand viaduc et que dominent majestueusement la montagne et le palais dits *Capo di monte*. L'asile de la misère et de la décrépitude est le plus souvent chose peu plaisante ; San Gennaro est triste à mourir. La cour principale s'allonge régulière et monotone ; des galeries la bordent, superposées sur trois rangs : puis dans l'enceinte ainsi encadrée quelques orangers végètent souffreteux et malingres, tandis que de ci de là quelques malheureux traînent péniblement les ruines de leur corps. L'arbre et l'homme font pitié.

Les catacombes s'ouvrent auprès de la chapelle. La montagne coupée à pic forme falaise, de larges brèches y sont béantes, gouffres noirs où nous entrons, et le regard tout d'abord ne sait où se reposer. Peu à peu nos lanternes débrouillent un peu ces ténèbres. On peut cheminer tout à son aise et en grande compagnie ; pas de couloirs bas, étroits, à peine praticables et dont les parois semblent toujours prêtes à étouffer le profane, ainsi qu'aux catacombes de Rome, mais de grandes galeries, des avenues vastes comme un boulevard Parisien.

Le tuf dont est faite la montagne, parfaitement compacte et cependant assez mou, s'est laissé tailler, percer, excaver, avec la plus complaisante docilité. Les plafonds plats s'étalent et l'on s'effraie de leur portée audacieuse. Aucune trace de maçonnerie n'apparaît cependant. Tout cela tient d'une pièce et tout seul.

Partout des tombes, la plupart violées et vides de leurs morts. Ce sont, comme à Rome, des niches allongées (*loculi*) qui se creusent dans les parois sur cinq ou six rangs. Les dalles qui les fermaient ont disparu ou n'ont laissé que d'informes débris.

On retrouve quelques peintures. Plusieurs paraissent quelque peu postérieures au triomphe officiel du Christianisme; ce ne sont pas les meilleures. L'art nouveau tâtonne, cherche sa voie; c'est comme un enfant qui bégaie. Voici saint Janvier, le saint national de Naples, et ses compagnons, figures raides, dures, parfaitement laides, sans pensée et sans vie et enfermées de contours noirs brutalement indiqués. Au-dessus d'un tombeau une tête de saint Paul fait pendant à la tête d'un autre saint; c'est un visage grave, austère, qu'aucune émotion n'agite et qui semble ne plus voir rien de ce qui est ici-bas.

Plus humain, plus sympathique, est le visage de Dydalia; c'est là à notre sentiment une fresque plus ancienne et qui doit remonter au temps du Christianisme mystérieux et persécuté. Le nom se lit au-dessus de la tombe. Cette tête de femme est un portrait, non pas une conception purement imaginaire comme les têtes de tant de saints personnages. Un caractère tout spécial, une individualité très-précise apparaît nettement reflétée. Cette Dydalia était belle, noble aussi sans doute et riche; sa tombe plus importante qu'aucune autre, ce soin même d'immortaliser le souvenir de la défunte par la peinture, tout semble l'indiquer. Les traits sont purs, doux, et la surprise est grande de surprendre, au milieu des tombeaux, cette beauté, cette grâce, ce sourire.

Il y a trois étages de galeries superposées. L'étage inférieur reste inaccessible. Lors de la peste qui décima Naples au dix-huitième siècle, des cadavres par milliers y furent jetés et entassés. Arrêté sur le seuil de ces profondeurs on peut voir les ossements monter jusqu'au plafond.

Les catacombes de Naples sont ou plutôt étaient très vastes, elles s'étendent, dit-on, jusqu'à Pouzzoles; mais on les a obstruées, murées, les brigands qui, comme on sait, fleurissent encore aisément sur le sol Napolitain, s'en faisaient un refuge et une voie commode pour circuler librement de la ville à la campagne.

À Naples comme à Rome, les catacombes ont servi certainement de cimetière aux premiers Chrétiens, peut-être aussi de lieu d'assemblée, l'espace ne manquait pas. Mais à Naples on a trouvé des sépultures plus anciennes et qui paraissaient d'origine païenne.

Les catacombes de Naples, avons-nous dit, sont avant tout pittoresques. Elles composent un décor admirable. Que de fois dans cette visite nous sommes-nous arrêté, saisi, ému! Un carrefour règne qui est comme le centre de cette ville mystérieuse. De là partent des galeries grandioses où se déroulerait librement le cortège des plus fastueuses funérailles, puis aussi des corridors plus étroits, des ruelles où la nuit arrête aussitôt le

regard. Là, s'ouvre une chambre carrée, sépulture de
famille où la cendre des fils est venue se confondre à la
cendre des pères. Le sol même parfois se creuse et se
découpe en cercueils : le pied y trébuche faisant cra-
quer quelque ossement ou rouler un crâne qui grimace.
Quelque fresque indécise se perd comme un fantôme
errant. Puis tout à coup dans ces ténèbres, ces ombres,
ces incertitudes, tombe un éclair, joyeux rayonnement de vie. Une ouverture est ménagée dans le plafond. Là-haut, bien au-dessus de nous, un petit coin
d'azur resplendit, et un arbuste se penche curieux de
voir ce qu'enferment ces abîmes.

Syracuse avait ses principaux quartiers, Neapolis et
Achradine, établis sur un banc rocheux d'une homogénéité assez égale, et qui permettait aisément le travail d'excavation. Les latomies de Syracuse sont célèbres; ce sont probablement d'anciennes carrières qui
plus tard servirent de prison. Le rocher taillé à pic
forme de hautes murailles, limite de vastes salles, des
rues, quelquefois un véritable labyrinthe. Là furent
plongés les prisonniers Athéniens après les désastres de
la guerre entreprise contre Syracuse. Là quelques-uns,
dit-on, rachetèrent leur liberté en récitant à leurs geô-
liers les beaux vers d'Euripide.

Syracuse, auprès de ses latomies, a ses catacombes;
et il faut les compter au nombre des plus belles et des
plus vastes. On trouve leur entrée au flanc de la petite
église de *San Giovanni*. Les rues souterraines sont
larges, généralement droites, régulières; les carrefours
sont spacieux. Il semble qu'on ait ici excavé le rocher selon un plan d'ensemble et non pas quelque peu

au hasard et selon les nécessités du moment, comme à
Naples et à Rome.

Les cases sépulcrales s'étagent jusque sur sept rangs.
Quelques petites niches ont dû recevoir des restes d'enfants. Des chambres sont ménagées où descendaient les
membres d'une même famille, plus unis peut-être dans
la mort qu'ils ne l'avaient été dans la vie.

Des soupiraux existent assez nombreux et qui laissent,
au moins de distance en distance, pénétrer un peu
d'air et de lumière. Un étage seulement des catacombes
est accessible ; mais la résonnance du sol et certains
passages que les décombres obstruent prouvent l'existence d'étages inférieurs.

Quelques peintures, des croix, des paons que l'hu-
midité ronge, rappellent l'époque Chrétienne. Mais
d'autres, avant les Chrétiens, avaient confié leurs morts
à ces retraites souterraines. Quelques archéologues,
peut-être téméraires, veulent que les galeries les plus
anciennes soient l'œuvre des Phéniciens.

Nous avons dit que le Christianisme vainqueur cessa
de cacher ses sépultures. Les empereurs répudièrent les
dieux qui si longtemps avaient présidé aux destinées
de l'empire ; mais ils ne répudièrent pas, peut-être
même exagérèrent-ils encore le faste dont les derniers
Césars avaient pris l'habitude d'environner leur éphé-
mère majesté. Plus l'empire s'abaisse et plus l'empereur se pare ; il a chaque jour quelque province de
moins, mais aussi quelque bijou de plus, et il semble
que ces hochets suffisent à le consoler de toutes les
hontes et de tous les désastres.

Rome possède les tombes de Constance, fille de Constantin, et d'Hélène, mère du même empereur. L'une et l'autre de ces princesses avaient leur mausolée dans la campagne à quelque distance de Rome. La mausolée de Constance est une rotonde, aujourd'hui servant de basilique ; sous les restaurations successives le plus souvent maladroites, on retrouve encore de l'édifice primitif de belles colonnes accouplées qui limitent une enceinte polygonale et des mosaïques où de petits génies vendangent et folâtrent au milieu des ceps. Le mausolée d'Hélène n'a laissé que des ruines voisines de la route de Palestrine et connues maintenant sous le nom peu noble de *Torre Pignatarra*, tour des pots. Les sarcophages, que les pillards avaient sans doute depuis longtemps visités, sont maintenant au Vatican. Tous les deux sont taillés dans un gros bloc de porphyre. La matière est riche, trop riche même pour la maladresse des artistes qui furent appelés à la décorer.

Le sarcophage de Constance a des pampres où se jouent d'affreux avortons, caricatures de l'enfance. La vigne reparaît souvent aux créations architecturales des premiers siècles chrétiens. Le sarcophage d'Hélène affecte des prétentions plus hautes. On y a représenté des scènes guerrières, mais sans perspective même sommaire, sans plan ; les cavaliers chevauchent superposés sur la tête les uns des autres. Le travail est lourd, grossier, disgracieux. Dans ces bas-reliefs les Romains triomphent des Barbares. La fiction ne sera plus longtemps d'accord avec la réalité, car les Barbares retrouvent l'épée de Brennus et Rome va bientôt apprendre une fois encore ce que cette épée pèse dans la balance.

Au temps de Constantin la sculpture est en pleine décadence. Pour s'élever un arc triomphal, l'empereur dépouille de ses sculptures un monument qui consacrait la gloire de Trajan. Quelques raccords sont cependant nécessaires et l'on peut voir, par un saisissant contraste, quelle était l'adresse des artistes qu'employaient les Antonins, quelle était la gaucherie des maçons dont Constantin devait se contenter.

L'empereur Chrétien construisit cependant encore des monuments très remarquables ; sa grande basilique voisine du forum garde des proportions nobles et harmonieuses. Mais, c'est là une loi qui partout se vérifie, l'architecture maintient ses traditions quand déjà la peinture et la sculpture déclinent et s'altèrent. L'architecture, même sous de mauvais détails d'ornementation, peut développer quelques belles lignes ; la sculpture au contraire ne saurait, sans tomber dans une complète laideur, subir les défaillances du dessin et les incertitudes d'une main qui ne sait plus tenir le ciseau.

Le musée de Latran renferme des sarcophages chrétiens, moins illustres que ceux d'Hélène et de Constance, mais de la même époque. Les sculptures sont aussi mauvaises. Dans la pose de quelques personnages, dans le jet de quelques draperies, nous surprenons des lignes heureuses et comme un vague souvenir des modèles perdus; mais que de fautes! que de laideurs! On a oublié jusqu'aux proportions normales du corps humain. Tel personnage porte une tête qui atteint le tiers de sa hauteur totale; le visage est béat, stupide, le regard flotte indécis, sans pensée. Fantôme, monstre, un pareil être n'est pas même viable. Jonas avec sa baleine, Samuel avec ses lions, reparaissent souvent, drapés dans la toge et le péplum des consulaires romains. Quelquefois aussi c'est Jésus environné de ses apôtres.

Notre Louvre conserve un sarcophage chrétien d'une forme élégante et décoré de ceps de vigne gracieusement enroulés. On trouve encore des sarcophages de cette même époque aux cryptes de Moissac et de Saint-Seurin, la plus ancienne église qui soit à Bordeaux.

Il est une ville d'Italie qui résume les misères, les dernières splendeurs, toute l'histoire enfin de l'empire Romain d'Occident, à la veille de son suprême naufrage, c'est Ravenne. Ravenne dut sa fortune aux désastres de Rome. Honorius tremblant devant Alaric fut trop heureux d'y trouver un refuge ; dès lors il ne voulut plus s'en éloigner. Et cependant le poëte Sidoine Apollinaire qui visita Ravenne au cinquième siècle, c'est-à-dire au temps de sa plus grande prospérité, nous en a laissé un bien triste tableau. Il maudit son air malsain, les cloaques de ses canaux d'où s'exhale, au mouvement des rames et sous la perche des bateliers, une odeur empestée, ses maisons mal assurées sur un sol toujours détrempé, son manque absolu d'eau potable. « Pourquoi te réfugier à Ravenne, dit-il dans une « lettre à son ami Candidianus, entre les nuées de mou- « cherons qui nous percent les oreilles et les gre- « nouilles, vos concitoyennes, troupe bavarde et inso- « lente qui mêle si agréablement la danse à ses coas- « sements ? Quelle ville ou plutôt quel marais que ton « domicile ! Toutes les lois de la nature y sont perver- « ties. Des murs flottants et des eaux immobiles, des

« tours qui marchent et des vaisseaux à sec, des thermes
« à la glace et des maisons où l'on brûle, voilà Ra-
« venne. Les vivants y meurent de soif, et les morts y
« nagent dans leurs fosses. La vie qu'on y mène est
« aussi le renversement complet de ce qui se passe ail-
« leurs.... Les eunuques s'exercent aux armes et les
« Barbares fédérés aux lettres. La ville où tu as trans-
« planté tes lares domestiques a pu trouver un terri-
« toire plus aisément qu'un peu de terre.... »

Mais c'est à tous ces fléaux mêmes que Ravenne dut la
prédilection des derniers empereurs. Les marais, les
bourbiers, les moustiques, la fièvre, l'eau saumâtre,
autant d'obstacles qui pouvaient arrêter les Barbares.
Il fallait bien que ces pauvres Césars des derniers jours
se défendissent avec la fange et les mouches, puisqu'il
ne savaient plus se défendre avec des hommes.

Honorius et les siens reposent à Ravenne. On désigne
sous le nom vulgaire de S. *Nazario e Celso* le mausolée que Galla Placidia fit élever en 440. Quelle destinée
que celle de cette Placidia! Fille, sœur, femme, mère
d'empereur, et cependant longtemps errante, proscrite,
captive et partageant sa vie entre les fuites et les
triomphes, les prisons et les palais. Théodose est son
père. Elle naît au milieu du retentissement des victoires et lorsque les aigles romaines ont repris pour
quelques jours leur vol. Elle est à Rome au moment où
Alaric y pénètre; la voilà prise. Une princesse impériale est une proie précieuse. Elle épouse Ataulf, beau-
frère du vainqueur; car à l'exemple de la ville éternelle elle capitule devant l'invasion. Puis elle paie une
grosse rançon pour se débarrasser de son mari. Elle

épouse alors Constance, général qu'Honorius, associe à l'empire. Une fille naît de cette union, Honoria, puis un fils qui sera l'empereur Valentinien III. Et quelques années plus tard, après la mort d'Honorius son frère, Placidia, devenue régente pendant la minorité de son fils, gouverne ce qui reste du monde Romain. Elle mourut en 450.

Rien qui ait quelque aspect monumental n'annonce extérieurement le mausolée impérial ; il s'enferme entre de misérables murailles de brique. L'intérieur forme la croix grecque : quatre petits enfoncements rayonnent autour de l'enceinte centrale qu'une coupole surmonte. Sous l'un de ces enfoncements la porte s'ouvre, les voûtes basses des trois autres abritent trois sarcophages. En face de nous, derrière un curieux autel d'albâtre, est le sarcophage de Galla Placidia, grande cuve de marbre surmontée d'un pesant couvercle. Il était primitivement revêtu de plaques d'or et d'argent, mais qui ne restèrent pas longtemps en place. Ce n'est pas en ces jours où l'on pillait de toutes parts les provinces que l'on pouvait oublier de piller une tombe impériale. Du moins les pillards furent relativement discrets et réservés. Le corps momifié de l'impératrice était assis dans la tombe ; ils le respectèrent, et, selon une tradition que la légende peut-être enjolive, Placidia resta sur son trône jusqu'au seizième siècle. On dit que des torches imprudemment approchées mirent en feu le cadavre ; et en effet rien n'est plus aisément combustible qu'une momie.

A droite, à gauche, aux deux enfoncements qui se font pendant, deux sarcophages renferment Honorius et

Constance, mari de Placidia et père de Valentinien III.

Le sarcophage d'Honorius porte des croix à double bras, le monogramme du Christ et un agneau, tout cela mal groupé, lourdement sculpté ; le couvercle est décoré d'écailles symétriquement superposées. Le sarcophage de Constance déroule tout un troupeau de moutons non moins gauchement exécutés. Enfin près de la porte sont deux petits sarcophages où reposent les précepteurs de Valentinien III et d'Honoria, les enfants de Placidia. Noble pensée, pieuse sollicitude, les maîtres, deux hommes qui n'eurent d'autre titre que leur dévouement et leur science, ont pris place aux sépultures impériales.

Tout entières les voûtes du mausolée sont revêtues de mosaïques. Prophètes, évangélistes, s'y alignent maigres, immobiles et dressant sous l'auréole des têtes trop petites pour contenir l'ombre d'une pensée. Aux bords d'une coupe folâtrent de mignonnes colombes ; c'est là comme une imitation lointaine, mais encore charmante, de la célèbre mosaïque des colombes qui décorait la villa d'Hadrien à Tivoli. La coupole est semée d'étoiles d'or. Puis au-dessus de la porte le bon Pasteur paît ses mystiques brebis ; des rinceaux courent harmonieux et fins.

La lumière ne pénètre que par d'étroits soupiraux ; elle glisse discrète, respectueuse, dirait-on, elle caresse les ors des mosaïques et n'éveille qu'à demi le concert de leurs splendides couleurs, puis elle s'écarte des tombes impériales, leur laissant le voile d'une ombre douce, tandis qu'elle jette sur les dalles des taches plus éclatantes.

C'est là un lieu triste, calme cependant et non pas sans charme. La grandeur Romaine n'y mène pas grand tapage, elle se fait petite, elle se cache, et dans cette ville de Ravenne son refuge suprême, bientôt sa tombe, elle demande qu'on l'oublie et qu'on lui pardonne d'être encore.

En effet les jours sont comptés. Odoacre arrive avec ses Hérules; il abat un dernier fantôme qui se disait empereur Romain, Romulus Augustule, il se proclame roi et fait de Ravenne sa capitale. Mais les Goths accourent, ils veulent aussi part à la grande curée, Théodoric est avec eux. Théodoric triomphe d'Odoacre. Odoacre cependant s'enferme dans Ravenne et courageusement se défend. Enfin une convention est conclue, Théodoric entre dans Ravenne, Hérules et Goths font alliance; les deux rois régneront de concert. A quelque temps de là, Théodoric invite à un grand festin son cher collègue et le fait massacrer à table lui et tous les siens.

Quels temps et quelles mœurs ! Théodoric cependant est compté entre les meilleurs de ces rois d'aventure. « *Verbo Theodoricus tyrannus fuit*, dit Procope, *facto autem rex*. Théodoric fut un tyran, dit-on, mais aussi un roi. » Théodoric prit l'initiative de plusieurs mesures intelligentes. Ce fut par ses ordres que le patrice Décius entreprit le desséchement et la mise en culture des marais Pontins. Les travaux, bien que poussés activement, ne purent cependant triompher de ces eaux stagnantes, de ces bourbiers empestés qui déjà avaient lassé la ténacité romaine, qui devaient lasser les efforts des papes les plus énergiques et qui défient encore la puissante industrie des ingénieurs modernes.

Théodoric a laissé à Ravenne son tombeau, le plus considérable des monuments que les rois barbares aient bâtis en Italie. Le moyen âge en fit une église : aussi l'appelle-t-on encore *Santa Maria della rotonda*. Le tombeau de Théodoric fut élevé vers 550 par les ordres de sa fille Amalasunthe. Amalasunthe, Odoacre, Ataulf, Théodoric, quels noms gracieux et comme ils devaient sonner agréablement aux oreilles des pauvres Romains !

Au reste, l'architecture de toutes ces nations barbares, quand elles avaient une architecture et ne se contentaient pas de détruire, était aussi rude et grossière que leur langue.

Le monument se partage en deux étages. Le premier, de niveau avec le sol, forme un décagone et sur chacune de ses faces inscrit une baie profonde. Là reparait le plein cintre romain. Le second étage, en retraite sur le premier, est arrondi et prête au monument tout entier l'aspect d'une rotonde. Enfin sur le faite s'aplatit lourdement une coupole taillée dans un seul bloc de pierre mesurant onze mètres de diamètre. On y a laissé comme des consoles en saillie symétriquement alignées et qui sont percées d'un trou. Peut-être a-t-on là fixé les cables qui ont servi à remuer cette masse lourde, estime-t-on, de cent quarante-sept mille kilogs ; peut-être ensuite a-t-on suspendu là quelques ornements de bronze, des guirlandes qui égayaient un peu les profils austères du monument. Le bronze en effet paraît avoir été employé à la décoration. Lorsqu'on atteint par un escalier double de construction moderne la terrasse qui marque la saillie du premier étage sur le

second, on remarque à la muraille des entailles régulières et des trous de scellements. Les fouilles ont fait
découvrir quelques débris de colonnettes.

Aux deux étages nettement indiqués à l'extérieur
répondent à l'intérieur deux salles superposées. Une
porte carrée, ménagée sur l'une des faces du décagone,
donne accès dans la première. L'eau l'envahit. Aujour-
d'hui encore on pourrait faire écho aux plaintes
d'Apollinaire et appeler Ravenne une cité de grenouilles ; la ville est comme suspendue sur un marais.
Ainsi la salle basse est un lac que l'on voit mystérieu-
sement miroiter sous les jets de lumière que lui dar-
dent d'étroites ouvertures.

La seconde salle est ronde ; sans doute elle renfermait le sarcophage du prince et était inaccessible. Les
escaliers qui s'accrochent aux flancs du monument ont
dû être établis au moment où le mausolée fut trans-
formé en église.

Quelques lucarnes, taillées en forme de croix, versent
un jour abondant. Mais rien n'est là que des murs nus,
et un autel dépouillé.

Le tombeau de Théodoric ne paraît pas avoir été
longtemps inviolé. Théodoric se disait arien et favorisait
les ariens. Lorsqu'un retour de fortune eut rendu l'influence et l'autorité aux catholiques orthodoxes, la
réaction fut violente ; elle ne s'arrêta pas au seuil des
sépulcres, et les restes du royal hérétique furent jetés
hors de son monument.

Quoi qu'il en soit, ce monument en lui-même subsiste
à peu près complet. Il est lourd ; il respire une certaine
majesté, mais rude, brutale. Les détails sont mauvais,

moulures ou corniches; les lignes flottent indécises, les profils s'effacent sans harmonieuse saillie. La bâtisse est bien faite cependant; ce ne sont que de gros blocs emboîtés les uns dans les autres par des angles et des entailles savamment ménagés. Aussi ces masses robustes ont-elles traversé les siècles sans que rien ait fléchi.

La royale hôtellerie qu'habitèrent successivement les rois Goths, les exarques Grecs et les rois Lombards, fut détruite lorsque Charlemagne fit rassembler en Italie les marbres nécessaires à la construction de ses églises et de ses palais d'Aix-la-Chapelle. Un mur seul reste debout, et contre ce mur est abandonnée une cuve de porphyre. On suppose qu'elle a contenu les dépouilles de Théodoric. Peut-être n'a-t-elle jamais servi que de baignoire dans quelques thermes antiques.

A cinq kilomètres de Ravenne, au milieu de ce qui fut un quartier de la ville dit *classis Cæsarea* (la flotte de César), au temps où Ravenne avait un port, et ce qui n'est plus aujourd'hui qu'une campagne et des prés humides, une basilique s'élève très célèbre et très belle, *Sant Apollinare in classe*. A l'intérieur huit sacrophages s'alignent au long de la muraille ; les plus anciens sont du sixième siècle, les plus modernes du neuvième ; du reste, ils montrent dans leur style une étroite parenté. Ce sont des cuves de marbre fermées d'un couvercle que décorent des écailles légèrement entaillées. Les paons, le monogramme du Christ, l'A et l'Ω qui résument l'éternelle loi de la vie et de la mort, les ceps de vigne enguirlandés, l'agneau, les brebis, tels sont les symboles peu variés qui constituent l'ornementation.

Un bas-relief représente cependant saint Thomas touchant la plaie béante au flanc du Christ, sculpture barbare et niaise. Ce sont huit archevêques de Ravenne qui dorment là dans leur église, *sanctissimi ac ter beatissimi*, disent peu modestement les inscriptions. Presque toutes débutent par ces mots : « *hic tumulus clusum servat corpus...* ce tombeau garde enfermé le corps... »

Les empereurs Byzantins ont laissé à Constantinople quelques sarcophages de porphyre aujourd'hui conservés au musée de Sainte-Irène. Ils n'ont d'autre ornement que des croix entaillées.

Si les monuments funéraires qu'on éleva en Italie et dans l'Orient Byzantin entre le cinquième et le neuvième siècle manquent d'élégance, combien plus barbares encore étaient les sépultures que la Gaule et les régions environnantes peuplaient alors de leurs morts! Ce ne sont même plus à proprement parler des monuments. Les cimetières de cette époque sont nombreux ; on en a retrouvé un peu dans toute la France, surtout dans la région Nord et Nord-Est, à Paris même et tout récemment encore. Nous-même avons assisté à des fouilles entreprises près de Pierrefonds, puis près du village de Montécourt dans le département de l'Aisne, sur l'emplacement de deux cimetières contemporains des grandes invasions et des rois Mérovingiens. Les mêmes dispositions se répètent à l'infini. Le mort est déposé dans une cuve de pierre sans ornement et plus large à la tête qu'aux pieds, il garde avec lui tout son équipement de guerre : glaive de fer qu'on n'aiguisait que d'un côté, couteau, lance de fer, quelquefois hache ou francisque imitant la forme de la cognée qu'emploient nos bûcherons, colliers de verroterie, anneaux de bronze, fibules de bronze, puis entre les jambes un pot de terre grossier et parfois enfin quelques pièces de monnaie. Les femmes ne paraissent pas avoir été inhumées avec autant de soin.

En 1653 fut retrouvée près de Tournai la tombe de Childéric I, fils de Mérovée, qui fonda notre première dynastie, père de Clovis, qui l'illustra plus qu'aucun autre. Nous empruntons à l'abbé Cochet, très versé, comme on sait, dans l'étude des antiquités Gallo-Romaines et Franques, quelques détails sur cette importante trouvaille :

« Le 27 mai 1653, un ouvrier maçon sourd-muet de
« naissance, nommé Adrien Quinquin, était occupé à
« bêcher la terre pour jeter les fondements d'un édifice
« projeté. Déjà il était arrivé au tuf naturel, à une
« profondeur de sept à huit pieds, lorsqu'un heureux
« coup de pioche fit briller à ses yeux une boucle d'or
« et une masse de monnaies d'or.

« L'éclat de ces métaux précieux frappe comme un
« éclair les yeux du pauvre sourd-muet, qui sans doute
« n'avait remarqué ni la nature noire du terrain, ni les
« ossements humains, ni les restes de bois et de fer-
« rure... Voici quels furent les objets retrouvés : cent
« pièces d'or, deux cents monnaies d'argent, une foule
« de ferrements usés et corrodés par l'oxyde, des osse-
« ments humains, deux crânes, une épée en fer avec sa
« poignée, sa garde et ses garnitures de fourreau mon-
« tées d'or et de verroteries, la monture d'un coffret,
« un armement en forme de tête de bœuf, environ trois
« cents abeilles que l'on suppose avoir orné le manteau

« royal, une aiguille, des fibules, des agrafes, des bou-
« cles, des bagues dont une au sceau du prince avec
« l'inscription *Childerici regis*, le tout en or et, en
« grande partie, monté de verroteries. »

Après une odyssée qu'il serait trop long de raconter,
ce trésor est venu prendre refuge à notre bibliothèque
nationale, mais, hélas! combien diminué! Voici, après
les pertes successives et le vol de 1831 où tant d'objets
précieux disparurent, tout ce qui nous reste :

Les fragments de la poignée d'une épée, une hache
de fer, une boule de cristal, une fibule, une boule d'or,
cinq petits ornements en verre coloré montés en or,
deux abeilles d'or, deux monnaies d'or de l'empereur
Léon, enfin une dent, la plus vieille dent royale que la
France ait conservée.

Tombeau de Galla Placidia, à Ravenne.

Tombeaux des Califes au Caire.

CHAPITRE VI

ISLAMISME.

LE CAIRE. BROUSSE. CONSTANTINOPLE.
— INDE. —

Au début du septième siècle, un chamelier de l'Arabie se révèle grand prophète, c'est Mahomet. Il formule une loi, un dogme, il ouvre une ère, et bientôt ses croyants débordent hors de l'Arabie, envahissent l'Orient, inondent l'Afrique, l'Espagne, la Sicile, la France même. Le Christianisme recule. C'est un torrent, et les peuples se suivent, se poussent ainsi que des flots soulevés. Qu'une tribu, qu'une race s'épuise et succombe à sa tâche, aussitôt une autre arrive qui la remplace, croyant le même Dieu, proclamant la même loi. L'Asie, durant près de huit siècles, fut comme un volcan qui vomissait des nations, toutes tenant le Koran dans une main et le cimeterre dans l'autre.

L'Islamisme proscrivait la représentation de toute chose animée, et surtout de la figure humaine. Aussi l'Islamisme, tout en adoptant certaines formes architecturales précédemment usitées, dut-il créer un art nouveau et provoquer dans l'ornementation une révolution complète. A l'image de l'homme qui, dans les édifices païens, et dans les édifices chrétiens malgré certaines restrictions rapidement éludées, constitue le principal élément décoratif, il fallut substituer des caprices enfantés dans le rêve.

L'art musulman naquit et se développa rapidement ; ce fut une splendide fleur qui aussitôt vint égayer l'Islamisme en son berceau. La mosquée dite d'Amrou, au vieux Caire, date de l'an 21 de l'hégire, et c'est déjà un monument original et magnifique.

Nous ne parlerons ici que des tombeaux, mais quelques-uns sont des chefs-d'œuvre merveilleux et suffisent à glorifier l'art qui les a conçus. Ces tombeaux, qui proclament une foi commune et de communes espérances, ont cependant beaucoup varié leurs types selon les races, les siècles, les pays. Aussi, pour embrasser, au moins dans un ensemble sommaire, les monuments funéraires de l'art musulman, il nous faudra courir des rives du Nil aux rives du Bosphore, et jusqu'aux rives du Gange. Le Caire, Brousse, Constantinople, l'Inde, telles seront nos étapes à travers le monde de l'Islam.

Le Caire fut fondé en 969 de l'ère chrétienne, par

Gewher, général des sultans Fatimites ; et le Caire aussitôt devint la capitale de l'Égypte. Les califes Arabes, les Éyoubites, les sultans Mamelouks, y séjournèrent successivement jusqu'à la conquête de Sélim, sultan de Constantinople.

Les cimetières du Caire sont nettement partagés en deux par la montagne où trône la citadelle. Au nord s'étend le groupe des sépultures princières, dites tombeaux des califes ; au sud se trouvent les tombeaux des mamelouks et des membres de la famille vice-royale. C'est par cette partie, la seule qui reçoive encore des hôtes, que nous commencerons notre promenade funèbre.

Le sol est aride et poudreux. Pas une herbe n'y germe, pas un lichen n'y rampe. Les tombes fourmillent de toutes parts, composées uniformément presque toujours d'un petit massif en maçonnerie tout éclatant de blancheur, et qu'une stèle surmonte. Là où repose quelque personnage un peu considérable, il est souvent une enceinte carrée que perce une porte étroite. Les sentiers ondulent, incertains de leur but, chaque pas y soulève des nuages d'une poussière noirâtre. Quel interminable champ de mort et quelle désolation !

Quelques dômes d'une lourdeur infiniment disgracieuse nous annoncent de loin le sanctuaire où s'abritent les sépultures des vice-rois et de leur famille. Les sarcophages, à l'exemple de ceux des sultans de Constantinople, sont de bois et flanqués de cierges gros comme des mâts de navire. Partout éclate une horrible cacophonie d'or et de couleurs criardes. Aux tombes des femmes, des enfants, des parents, il y a encore quelque réserve, mais quelle démence de faste vulgaire aux monuments qui recouvrent Ibrahim, Abbas, Saïd! Ces laideurs brutales et sottes jurent ici d'autant plus que la mort semble commander plus de respect. Autant faudrait-il accompagner un chant de deuil sur le mirliton ou le cor de chasse. Est-ce une fatalité? Les modernes ne peuvent rien élever sur le sol de l'Égypte qui ne soit grotesque.

Des modèles, non pas sans défaut, mais recommandables encore, sont cependant à quelques pas de là. Une enceinte d'une médiocre étendue réunit les tombes des sultans Mamelouks. Les dynasties Mamelouks dominèrent l'Égypte durant deux cent soixante-sept ans, jusqu'en 1517, époque à laquelle Sélim Ier annexa à son empire l'ancien empire des Pharaons. Les monuments des Mamelouks ne remontent donc pas au delà du quinzième ou du quatorzième siècle. La disposition d'ensemble reste partout la même. Quatre colonnettes soutiennent un dais qui abrite le sarcophage. Fleurs et feuillages y courent, végétation capricieuse. Tout est de marbre blanc, non pas d'une exécution très fine, mais d'un effet heureux et d'une originalité harmonieuse.

Pour nous rendre aux tombeaux des califes, il faut contourner la citadelle et suivre extérieurement les anciens remparts de la ville. Le Caire ne s'étant pas agrandi de ce côté, l'enceinte subsiste, mais très dévastée. Les créneaux sont taillés en pointe, comme aux remparts de Séville et de Cordoue. Autour de nous abondent les contrastes, et l'aspect est curieux. A notre droite, les décombres entassés forment des collines. La

ville est à notre gauche, pressant confusément ses
tours, ses terrasses, ses innombrables mosquées. Quelques-unes adossent aux murs d'enceinte leurs minarets.
On n'a plus souci des sièges et des combats sanglants,
les brèches restent béantes et les pierres éboulées s'a-
moncellent, facilitant l'escalade. Un appentis misérable
cache une machine à vapeur qui siffle et ronfle ; un
tombeau l'avoisine, et sa coupole, cependant bien légère,
fait fléchir les murs qui la portent. Enfin, derrière nous,
la citadelle étage ses rochers, ses tours, ses sanctuaires,
ses palais.

Les poteries brisées, les fragments épars, tout ce que
rejette une grande cité, s'élève en énormes amoncellements. C'est une chaine de buttes qui sépare la ville
des vivants de la ville des morts, et celle-ci, longtemps
invisible, emprunte à cet isolement même une plus
austère majesté.

A quelques pas, le Caire fourmille et bourdonne,
mais nous ne découvrons plus que le désert : tout y fait
silence. Partout un sable fauve où le pied n'avance
qu'avec peine, des vallons, des monticules que le vent
capricieux creuse, élève, emporte, déplace, anéantit,
et plus loin, quelques montagnes rocailleuses, alignées
en un rempart farouche. Rien qui vive, pas un murmure ; la mort règne en souveraine absolue. Le ciel est
un autre désert, tout d'azur flamboyant ; pas une oasis
sur la terre désolée, pas un nuage au ciel. C'est dans
ce cadre si tristement grandiose que les tombeaux des
califes surgissent souriants. cité muette qui ne vit que
par le souvenir. bien charmante, bien coquette cependant, et parée comme pour une fête. Une grâce aimable

et douce se révèle en ces monuments funéraires. Ils inspirent une mélancolie consolante et je ne sais quelle idée de suave repos, non pas l'idée du néant, encore moins la crainte de quelque lugubre mystère.

Les tombeaux sont nombreux; ils se composent, pour la plupart, d'une mosquée et d'une salle spécialement consacrée à la sépulture royale. Coupoles mignonnes, sveltes minarets ont germé au hasard; tantôt ils se groupent, tantôt s'écartent et vont étaler leurs grâces à l'écart, jaloux de tout voisinage importun. Les coupoles, toujours de forme un peu bulbeuse et d'une grandeur médiocre, entrecroisent des losanges ingénieusement entrelacés; elles ceignent souvent une longue inscription aux jambages fantastiques, puis, sur le faîte, se dresse un croissant de bronze fermé, emblème, je crois; de souveraineté royale. Les minarets varient à l'infini leur ornementation, multipliant les galeries, les niches, les balcons tout découpés à jour, les fleurons, les colonnettes, puis se renflant parfois à leur partie supérieure. Nulle loi de rigide symétrie, nulle règle absolue que celle de la grâce. Souvent la porte s'ouvre sur le flanc du monument, elle prend pour piédestal un double perron et égaie de stalactites la haute niche qui l'encadre. Tout cela est léger, élégant, un peu débile; cependant ces constructions ne sont pas faites de platras misérable, de stucs trompeurs, mais toujours et partout de pierre habilement appareillée. Certaines coupes de blocs, certaines combinaisons de voussures et de claveaux, témoignent d'une invention ingénieuse et d'une science assez profonde pour permettre toutes les audaces.

Vus de loin, dans leur désordre pittoresque, ces mausolées ne semblent pas avoir subi de trop cruels outrages : menteuse illusion, surtout, dans les intérieurs, quel spectacle de ruine et d'abandon ! Plus d'un sanctuaire est inaccessible ; les décombres y forment barricades, et pour leur épargner sans doute la visite des chacals, on a muré portes et fenêtres. Aux ouvertures des coupoles, les vitraux ont disparu et l'azur rayonne librement. Et cependant les inscriptions célèbrent encore, en langage pompeux, la gloire des princes dont l'oubli a effacé le nom, dont le désert bientôt effacera la tombe. « Cette coupole bénie, lit-on sur la
« mosquée de Gaït-bay, a été élevée par la grâce de Dieu
« et par ses riches dons sur notre maître et roi, maître
« de nos nuques, sultan de l'Islam et des Musulmans,
« destructeur des infidèles et des polythéistes, vivifi-
« cateur de la justice du monde, le grand Iman, le roi
« des rois et des peuples, le sultan régnant Mélik El-
« Aschraf Aboul-Nassr Gaït-bây, roi des deux mers et
« des deux continents, serviteur des deux sanctuaires,
« maître des Arabes et des Persans, le sultan El-Mélik
« El-Aschraf Aboul-Nassr Gaït-bay... Que sa victoire soit
« glorieuse, dans le mois de ramaddan de l'an 887. »
(De l'hégire, 1509 de notre ère.)

Nous pénétrons au dernier logis de ce vainqueur, de ce héros que le marbre nous vante. A peine quelques fragments informes restent de la mosaïque qui recouvrait les murailles ; on dirait des tentures précieuses que les siècles ont rongées. Aux portiques de la cour, grouillent confusément des paquets de haillons qui sont des femmes, des monstres noirs et glapissants qui sont des enfants, parias misérables, rejetés de la cité et qui demandent à la mort une hospitalité plus clémente. Une dalle de marbre, flanquée de quatre boules, marque la sépulture du glorieux Gaït-bay, et le vent du désert y fait tourbillonner une poussière brûlante.

On désigne, dans les anciennes principautés barbaresques, sous le nom de marabout, un homme qui se consacre à la prière et vit en ermite. Par extension, on a donné le nom de marabout au monument élevé sur la tombe de ces saints personnages que la piété populaire honore d'un culte superstitieux. En Algérie, au Maroc, en Tunisie, que de fois l'on rencontre ces petits édifices carrés, surmontés d'une coupole et tous blanchis à la chaux. Ils forment dans les paysages un accident pittoresque. Ils enferment une salle où le sarcophage, le plus souvent fait de bois, est à demi voilé sous de pieux étendards qu'aux jours de certaines fêtes on promène pompeusement. Tlemcem, qui fut longtemps la capitale d'émirs puissants, conserve les plus remarquables de ces monuments qui soient en Algérie.

Brousse, l'ancienne Prusa, métropole de la Bithynie, que Prusias II, dit le chasseur, fonda sur les conseils d'Annibal proscrit, fut aussi la première grande conquête des Turcs et leur première capitale. En 1527, Orkhan, fils d'Osman, y pénétra après un siège de dix ans.

Brousse, par je ne sais quel charme mystérieux, attira deux fois la puissance brisée, la majesté déchue. C'est là que vint échouer et mourir Annibal enfin vaincu ; c'est là, il y a peu d'années encore, que le dernier des émirs africains, Abd-el-Kader, vint chercher le repos et l'oubli.

Osman, le fondateur de la puissance turque, était le fils d'un certain Erthogul qui batailla contre les Grecs sous les ordres de son suzerain, le sultan seldjoucide Alaeddin. « Les noms viennent du ciel », dit le Koran. Osman en turc signifie briseur de jambes ; c'était pour un conquérant un nom prédestiné. Osman ne tarda pas à s'affranchir, au moins en fait, de la suzeraineté qu'avait subie son père.

Il s'éprit follement, raconte la légende, de la belle Malkhatoun (femme trésor) ; mais le père, le sage et pieux scheik Edebali, refusait la gloire de cette royale alliance. Un soir cependant Osman vient solliciter l'hospitalité chez le scheik ; reçu comme il convient, il ne tarde pas à s'endormir. Alors il voit la belle Malkhatoun ; elle est étendue souriante. De son sein s'élève le croissant de la lune, puis un arbre énorme qui sans cesse monte, s'étend, toujours plus fort, plus touffu, plus puissant. L'ombre de sa ramure couvre la terre, les mers, les montagnes, et le Caucase et l'Atlas, et le Taurus et le Liban ; de ses racines des fleuves jaillissent, c'est le Nil, c'est l'Euphrate, le Tigre, le Danube ; des vaisseaux les encombrent, des villes florissantes germent sur leurs rives. Puis un vent violent s'élève ; les feuilles de l'arbre prodigieux se détachent, tourbillonnent, pleuvent, ces feuilles deviennent des lames de sabre. Elles tombent sur des villes inconnues, puis sur Constantinople qui brille, chaton d'une bague immense où la terre tout entière semble enfermée.

Au récit de ce songe, le vieux scheik consentit enfin à donner sa fille à Osman, et la belle Malkhatoun devint mère d'Orkhan. Brutalement secoué par le dernier tremblement de terre, le tombeau d'Orkhan a été reconstruit. C'est un pavillon arrondi. Le sarcophage du prince s'y abrite, enveloppé d'une draperie noire que des broderies d'argent relèvent, et protégé par une balustrade de nacre. Tout alentour, des sarcophages plus petits groupent la famille du maître : car il trône au milieu des siens, jusque dans la mort.

Le monument est peu remarquable, mais de l'esplanade qu'il occupe la vue s'étend librement et sur les pentes ombragées des bosquets, et sur les eaux murmurantes et sur la plaine radieuse que l'Olympe domine.

Le sultan Mahomet I repose près de la mosquée verte, la merveille de Brousse, que ses ordres firent élever entre 1413 et 1421. Le turbé (c'est le mot turc généralement employé pour désigner la tombe d'un personnage considérable), œuvre de la même époque et peut-être des mêmes artistes, a subi par malheur les plus odieuses mutilations. Pauvres Turcs! la misère aidant, leurs monuments, même les plus chers à leur orgueil, mosquées, tombeaux des grands conquérants, s'émiettent comme leur empire.

L'arc de la porte qui donne accès dans le tombeau accuse des proportions d'une extrême élégance ; mais, des carreaux de faïence émaillée qui étaient incrustés au creux des stalactites, très peu restent en place. Touristes, passants, gamins de la ville, les ont arrachés un à un, détruisant cet admirable ensemble décoratif pour faire des échantillons sans intérêt. Ce sont là des blessures cruelles et qui ne se fermeront jamais. Toutefois je ne sais quels scrupules respectueux ont arrêté les dévastateurs sur le seuil, et dans la salle octogone où

Mahomet I dort environné des cercueils de sa famille
les murs gardent leur magnifique revêtement. Feuillages fantastiques, rinceaux, fleurs que notre terre ne
connut jamais et qui semblent ravies aux bosquets d'un
paradis enchanté, inscriptions, lettres aux jambages
étranges, versets, sentences saintes, courent, s'entre-
lacent, se jouent. Les teintes bleues, surtout verdâtres,
reparaissent souvent, comme le thème fondamental sur
lequel le caprice de l'artiste brode une harmonieuse
symphonie. Cela est splendide, mais d'une splendeur
aimable, calme, sereine, et l'œil en est caressé plutôt
qu'ébloui. Dès le seizième siècle, les Turcs devaient
perdre l'habitude et bientôt le secret de ce charmant
procédé de décoration.

Non loin de la mosquée dite du sultan Murad I sont
réunies les tombes de plusieurs sultans.

Chaque prince a son turbé où il repose avec les siens.

Le sarcophage plus élevé et drapé d'étoffes plus amples, plus riches, le turban dont il est surmonté, marquent la sépulture du maître. Au reste, ces turbés présentent tous des dispositions analogues : portique qui
règne en avant de l'entrée, salle ronde quelquefois,
plus souvent octogone, où les cercueils sont déposés.

De ces monuments, le plus considérable et le plus
curieux est consacré au sultan Murad I. Deux enceintes
sont inscrites l'une dans l'autre, la première octogone, la seconde carrée. Le sarcophage s'y dresse au
milieu d'une colonnade. Ces colonnes, arrachées aux
ruines de quelque monument antique, ont double chapiteau, l'un qui les couronne, l'autre qui leur sert de
base. Les acanthes corinthiennes se déploient à l'envers ;

les bâtisseurs turcs n'y regardent pas de si près. Ce qui vaut mieux que cette architecture un peu barbare, c'est l'encadrement que la nature lui prête. Un bosquet, tranquille et doux comme sans doute étaient ceux que la piété antique consacrait, environne ce petit monument où dorment tant de grandeurs évanouies. Un cyprès jaillit, énorme ; sous son feuillage noir on entrevoit l'armature puissante de ses branches. Aussi vieux sans doute, mais plus souple, plus léger, un platane l'accompagne, son tronc atteint une grosseur invraisemblable. Le cyprès est rigide comme une colonne de bronze, le platane s'épanouit, s'étale, versant son ombre sur un espace immense. Deux fontaines ruisselantes chuchotent. Un enfant prie, évoquant peut-être les vainqueurs disparus, les grands sultans descendus dans la tombe, appelant le passé au secours du présent, tandis qu'un buisson de roses jette à la terre ses pétales, à la brise son parfum.

Les monuments remarquables que l'Islamisme inspira furent l'œuvre des races qui, sous le nom de Maures, de Sarrazins, inondèrent l'Égypte, l'ancienne Mauritanie, l'Espagne, la Syrie. Les Turcs, venus plus tard, innovèrent très peu. Ils étaient, ils sont encore plutôt soldats qu'artisans et surtout qu'artistes. Dans les monuments élevés par eux (et quelques-uns des plus importants ont été exécutés d'après les plans d'artistes grecs ou arméniens), on ne peut signaler que très peu de particularités caractéristiques. Les minarets longs, minces, pointus, qui percent le velum d'azur étendu au front de Constantinople, sont une conception essentiellement turque. Mais la plupart des mosquées

répètent ou imitent les dispositions générales des basiliques byzantines. Cependant les Turcs ont, sinon
inventé, au moins très employé, très perfectionné et
très gracieusement exécuté le kiosque. Leurs anciens
palais (non pas ceux que des artistes de France ou
d'Italie leur ont construits) ne sont rien que des
réunions de kiosques; leurs fontaines sont des kiosques
souvent charmants; leurs tombes, au moins les tombes
considérables, sont encore des kiosques. Aussi une
promenade à travers les cimetières de Constantinople
ne nous donnera pas une haute idée des aptitudes
architecturales des Turcs, mais elle nous montrera que
le goût du pittoresque et l'harmonie dans le groupe-
ment et l'aspect des choses ne leur sont pas étrangers.
Les Turcs, lorsqu'ils construisent, semblent des paysagistes plutôt que des architectes.

Les remparts de Constantinople présentent de la mer
de Marmara au fond de la Corne d'or un développement
de six kilomètres. Le fameux château des sept tours
(Jedi-Koulé) marque, au bord de la mer, leur point
de départ. Que de sinistres souvenirs rappelle ce vieux
manoir! Que de mystères, que de crimes! Sept sultans
y périrent. Quant aux ambassadeurs emprisonnés, aux
princes, vizirs, pachas mis à mort, on ne saurait les
compter. Le chemin de fer d'Andrinople a fait brèche au château des sept tours. Il le traverse, le coupe,
l'éventre: le soleil verse librement aux ruines béantes
sa lumière, et, avec elle, le pardon et l'oubli.

Un chemin défoncé, sillonné d'ornières profondes où
les chiennes fauves installent leur progéniture, s'allonge et borde les remparts. Ces remparts étagent à

notre droite leurs tours, leurs triples terrasses que les
arbres joyeusement prennent d'assaut, leurs créneaux
où sont restées ouvertes les blessures que firent les
canons de Mahomet II. Aux contrescarpes éboulées,
moutons et chèvres viennent brouter ; car la nature,
avec ses mousses, ses herbes, ses fleurs, ses arbrisseaux,
pacifiquement s'empare de ces pierres que tant d'ambitions ont convoitées, convoitent encore aujourd'hui.

A notre gauche s'étend un immense cimetière ; c'est
une seconde ville, mais celle-ci sombre, silencieuse.
Les cyprès l'enveloppent, formant une forêt ininterrompue. Le cyprès n'est pas ici un arbre chétif, malingre,
ainsi que celui qui végète dans nos cimetières. Il veut
un ciel clément, une température tiède : aussi ne pros-
père-t-il que dans les régions méditerranéennes. Les
cyprès de Constantinople l'emportent en nombre, en
force, en beauté même, sur ceux de Rome. En grandissant, ils écartent un peu du tronc leurs branches, sans
toutefois altérer sensiblement leur forme pyramidale.
Le tronc grisâtre que ni mousse, ni lichen ne souille,
jaillit avec une fierté superbe, et la ramure noire s'enlève vigoureusement sur l'azur éblouissant du ciel. Les
cyprès se touchent sans jamais s'entrelacer. Futaie grandiose et sévère, la lumière n'y peut darder que d'obli-
ques rayons. Les tombes sont là sous ce couvert, confondant au sein de la même solitude et du même silence
plusieurs siècles ensevelis. Ce sont des stèles ou plutôt
des pieux de marbre que l'on a fichés en terre, les uns
coiffés du turban vert, les autres du fez rouge, d'autres
encore couronnés d'un bouquet de fleurs, et détachant
sur un fond bleu les lettres d'or d'une inscription.

Quelques stèles décapitées marquent les sépultures des janissaires. En effet, le sultan Mahmoud poursuivit jusque dans la mort cette milice redoutable et non sans peine anéantie. Ne pouvant frapper ceux qui n'étaient plus, il infligea du moins à leurs tombes le châtiment que, vivants encore, ils auraient encouru.

Les cadavres, selon l'incurie musulmane, ne sont pas inhumés bien profondément : aussi voit-on parfois, aux talus que les pluies ravinent, apparaître des ossements. Sinistres et l'œil louche, les chiens vont les flairer. Les passants sont rares, le lieu est le plus souvent désert et d'autant plus imposant. Les colombes échangent dans les cyprès leurs roucoulements tristes et doux, car souvent l'arbre commence par une tombe et se termine par un nid. Stèles et dalles, mal assujetties dans le sol, ont fléchi et penchent hors d'aplomb. Elles se perdent, se multiplient à l'infini, lugubrement s'enfoncent sous les ombres éternelles qui les enveloppent, et l'on dirait qu'elles mènent une ronde fantastique.

Nous atteignons Eyoub. Eyoub était le compagnon, l'ami, le porte-étendard du prophète Mahomet. Il fut tué sous les murs de Constantinople, en 668, lors de la première attaque des Musulmans. Près de huit cents ans plus tard, Mahomet II, vengeant cette antique défaite et désirant associer sa propre gloire aux souvenirs les plus lointains des guerres saintes, prétendit avoir retrouvé les restes d'Eyoub au lieu même où il avait péri. On s'empressa d'y élever une mosquée; et cette mosquée reste encore aujourd'hui l'objet d'une vénération toute spéciale. Nul infidèle n'y saurait pénétrer.

Nous n'y pénétrerons pas, mais nous parcourrons l'étrange quartier qui se groupe alentour. Les morts y sont plus nombreux que les vivants. Les rues, sans poussière, sans souillures indignes, chose étrange, encadrent souvent d'herbe leurs pavés. Des sépultures les bordent, fermées de clôtures peu jalouses, car de larges ouvertures carrées y sont ménagées et les grilles n'arrêtent pas le regard. Partout des tombes, mais plus fastueuses que celles des grands cimetières, car tout ce que Constantinople, depuis quatre siècles, a vu passer de grand, de saint, de puissant, est venu chercher sa dernière demeure à l'ombre de la mosquée d'Eyoub. C'est le plus souvent au-dessus d'un édicule affectant la forme d'un sarcophage que se dressent les stèles de marbre. Les inscriptions, les fez, les grands turbans, les bouquets sculptés, se relèvent d'or ou d'enluminures éclatantes. Souvent de petits jardins accompagnent les tombes, et de fleurs en fleurs les papillons y voltigent, les abeilles y bourdonnent. Parfois le turbé de quelque prince ou de quelque sultane fait saillie sur la chaussée et soutient de sveltes colonnettes son toit hardiment projeté. Certains monuments coiffent une coupole ronde, et des fenêtres discrètement ouvertes permettent d'entrevoir les cercueils drapés de noir ou de vert que surmonte un énorme turban.

Des arbres puissants jaillissent, ce sont des pins au tronc rougeâtre, des cyprès, des ormeaux qui frémissent comme joyeux de leurs embrassements. Les ramures jettent sur la terre de grandes taches d'ombre, tandis que les murs rayonnent éblouissants de blancheur. Une petite fontaine tend ses gobelets de cuivre, et son murmure invite le passant à se désaltérer.

Les maisons sont rares. Une rue cependant traverse Eyoub, plus large et plus régulière que les autres et pleine de boutiques où l'on vend des jouets. Ainsi, c'est au milieu d'un cimetière que les enfants viennent en fête chercher poupées et pantins. Étrange rapprochement et qui caractérise bien quels sentiments la mort inspire aux Musulmans. La mort est pour eux la porte de l'immortalité; ils ne l'environnent pas de sinistres images, ils vivent familièrement avec elle. Surtout à Eyoub, le plus plaisant cimetière que l'on puisse voir, la mort n'apparaît pas avec un cortège lamentable de craintes, de regrets, de terreurs, telle que la rêvait notre sombre moyen âge; elle apparaît comme un port suprême où n'atteint nulle tempête. Les marbres sont blancs et purs, pur l'azur du ciel, et l'on respire au parfum des fleurs je ne sais quelle radieuse confiance dans le mystère de l'au delà. Aussi verra-t-on des hommes assis sur une stèle, devisant ou savourant leur café à quelques pas des grands cyprès dont les tombes s'ombragent. Ce n'est pas cynisme sacrilège, ni même irrespectueuse insouciance, mais communauté amicale avec ceux qui ne sont plus. On ne songe pas à écarter des morts les rires de l'enfance, pas plus que les chants de l'oiseau ; ce n'est rien qu'un gazouillement de plus.

Vers l'an 1000 de l'ère chrétienne, l'islamisme pénétra dans l'Inde. Il y fit des conquêtes rapides et dans les royaumes ennemis qui se partageaient la vaste péninsule, et dans les âmes des nations si nombreuses qui les peuplent. Sur une population de plus de deux cents millions d'habitants, l'Inde enferme environ quarante millions de croyants qui suivent la loi de Mahomet.

Des dynasties musulmanes s'établirent et s'élevèrent au plus haut degré de puissance. Puis des monuments furent construits, dignes par leur magnificence des princes qui les créaient, mosquées, palais, tombeaux enfin, que l'on cite parmi les plus étonnantes merveilles d'un pays où tant de merveilles ont été entassées d'âge en âge.

A Delhi, le plus ancien monument funéraire de quelque importance que les Musulmans aient bâti dans l'Inde (1255) consacre le souvenir de l'empereur Altamsch. Les siècles lui pèsent lourdement, et la coupole qui sans doute le couronnait a disparu, laissant béant, ouvert à tous les vents, le sanctuaire où le prince repose. Son sarcophage trône sur un piédestal qui forme plusieurs degrés. Tout est couvert de rinceaux délicats, de feuillages fantastiques; les inscriptions courent dans les frises, aux chambranles des portes, répétant partout les préceptes saints et le nom sacré d'Allah. Les jambages de l'écriture arabe, non pas rigides comme ceux des lettres latines, mais contournés, capricieux, bizarres, se prêtent à l'ornementation, et partout, de Grenade à Delhi, les artistes musulmans en ont su tirer parti très habilement : murailles qui enferment la salle funéraire, ogives sarrazines qui encadrent l'entrée, tout enfin est couvert de broderies qu'une main délicate et fine a ciselées sur la pierre. Très peu de saillies et rien qui arrête brutalement le regard. Il y a de la grâce, de la sveltesse, je dirais presque de la gaieté, et bien qu'un espace énorme s'étende entre l'Inde et l'Andalousie, on reconnaît aussitôt, entre ce tombeau et les radieuses splendeurs de l'Alhambra, une étroite parenté. La même foi inspira et conçut ces merveilles, comme une brise fécondante qui emporterait à travers la terre les mêmes parfums.

Akber, qui fut un prince très puissant et voulut imposer son nom à une ère nouvelle, est inhumé à Secundra dans un magnifique mausolée. Ce monument, qui remonte aux premières années du dix-septième siècle (Akber mourut en 1605), forme une masse carrée que surmontent quatre minarets placés aux angles, mais aujourd'hui décapités. La porte s'encadre dans une large ogive. Sa courbe, son ornementation, rappellent le goût persan.

Mahomed Ghose fut ministre d'Akber, et son mausolée, élevé à Gwalior, entreprend, semble-t-il, par une magnificence royale, d'égaler le serviteur au maître. Les dispositions générales du monument ne sont pas cependant les mêmes, et ce tombeau, très plaisant, très gracieux, avec ses tourelles toutes à jour, ses portiques en ogive, ses petites logettes, sa grande coupole et ses dômes mignons, ses toits enfin faisant forte saillie, répète les aspects pittoresques des kiosques où les Turcs de Constantinople abritent l'eau de leurs fontaines.

Mais entre tout ce qu'a créé l'art musulman dans l'Inde, entre tous les monuments si divers qui ont germé en ce vaste pays, le prodige suprême, c'est le Tadji Mahal d'Agra.

Shāh Jehan, qui mourut en 1666, le fit élever, et nous remarquerons qu'à cette date relativement si prochaine de nous l'Islamisme en Europe, en Afrique, en Asie Mineure, s'affaissait de toutes parts en une irrémédiable décadence. Plus d'art, si ce n'est dans quelques objets d'industrie populaire, plus de hautes traditions : la stérilité, la mort. Et tout au contraire, aux régions

lointaines de l'Inde, un art musulman de foi confondant,
harmonisant certaines traditions sarrazines ou arabes,
perses aussi et même indoues, enfantait au même moment ses plus beaux chefs-d'œuvre.

Aux bords de la Jumna un splendide jardin verdoie,
il lance dans le ciel ses palmiers au panache vacillant,
il épaissit ses ombrages profonds. Puis un monument
jaillit, avec des minarets hardis, sveltes comme les palmiers, avec un dôme majestueux comme la ramure
puissante qu'étale un sycomore centenaire. Le jardin est
sombre, presque noir ; le monument est blanc et rayonne. Les minarets sont ronds comme ceux de Constantinople, mais plus forts, la coupole est bulbeuse comme
celle que coiffent les tombeaux des califes au Caire. Le
monument affecte la forme d'un carré aux angles cou-
pés ; il est fait de marbre blanc. On y travailla durant
vingt-deux ans. L'entrée s'enferme dans une ogive
triomphale et jamais la mort n'annonça sa retraite plus
magnifiquement. Puis à droite, à gauche, sont deux
rangs de baies ogivales ; l'ombre douce qui les remplit
fait une tache harmonieuse au milieu de l'éblouissante
splendeur du marbre. Le monument repose sur une terrasse très vaste ; il a une enceinte bistrée de marbre et
de grès rose, qui complète heureusement le décor de ce
palais de fées.

La salle octogonale qui règne au centre de l'édifice
est surmontée d'une coupole. Une balustrade, taillée
tout à jour et avec une adresse singulière dans le marbre le plus fin, limite une enceinte sacrée. Là s'élève
le sarcophage de Momtaz Zémanie, et dans le marbre
dont il est fait s'incrustent de précieuses mosaïques.

Le Tadji Mahal d'Agra.

Porphyres, agates, cornalines, bien d'autres pierres encore allient leurs couleurs et composent des fleurs. Cette tombe est un bijou joyeusement épanoui.

Un second sarcophage non moins splendide et surmonté d'un petit dé de marbre renferme le corps de l'empereur Shâh Jehan ; mais ce sarcophage, dans la pensée du défunt, ne devait pas être déposé là, et ce n'était qu'à une seule personne qu'était destiné le Tadji-Mahal, à la belle Momtaz Zémanie, aussi nommée Arzou-mund Bânou, la femme désirée, que Shâh Jehan avait follement aimée.

Artémise inconsolée éleva à son époux Mausole le fastueux mausolée que l'on comptait au nombre des sept merveilles du monde ; Shâh Jehan éleva aux cendres de sa femme une non moins étonnante merveille. Shâh Jehan était musulman, et l'on dit la loi musulmane peu favorable aux femmes. Cependant Mahomet lui-même, a dit : « Dieu n'a fait que deux choses par-« faites : la femme et la rose. »

Cimetière Turc à Constantinople.

Campo Santo à Pise.

CHAPITRE VII

CHRISTIANISME

MOYEN AGE

Le christianisme s'est étendu sur tout ce qui fut le monde romain, et, bien que déjà en guerre avec lui-même et livré en proie aux sectes, aux hérésies, aux dissensions intestines, il a une force d'expansion qui semble longtemps irrésistible. Les invasions ne lui font pas obstacle ; il conquiert les conquérants, les vainqueurs adoptent la foi des vaincus. Les rois se font chrétiens, et chrétiennes se font les hordes qu'ils commandent. Conversion rapide et sans doute peu raisonnée ; mais que tous ces barbares, ainsi que le dit un

auteur du temps, fussent conduits au baptême comme
les troupeaux à l'abreuvoir, qu'importe, ce sont toujours
des recrues nouvelles, innombrables, terribles, et qui
assurent dans toute l'Europe la prédominance de la foi
de Jésus.

Le Christianisme est autant une révolution sociale
qu'une révolution religieuse. Tout change et d'esprit et
d'aspect. L'empire des Césars, qui si longtemps avait
maintenu sa majestueuse unité, se brise, se partage,
s'émiette. Pour faire des bâtisses nouvelles on renverse
les anciens temples, on pille les marbres, on emporte
les colonnes; de même ces passants sanguinaires qu'on
appelle des conquérants taillent, découpent les provinces pour se faire des royaumes, des duchés, des
seigneuries. La féodalité triomphe et s'organise, si toutefois on peut honorer du mot d'organisation un état
d'anarchie où les divers éléments de la société n'ont
entre eux d'autres liens que ceux de la suzeraineté souvent despotique et du vasselage souvent séditieux. L'autorité même du roi, dès qu'elle tombe entre des mains
débiles, est aussitôt méconnue, et un duc de Normandie
peut impunément prendre le roi de France par le pied et
le jeter à bas du fauteuil qu'il appelle son trône. Si après
trois siècles Ahasvérus revint en Europe, il ne dut rien
reconnaître, ni les mœurs, ni les lois, ni la foi, ni les
hommes, ni les cités.

La cité antique telle que la civilisation gréco-romaine
l'avait conçue et réalisée s'étalait librement, souvent
sans remparts, jusqu'au jour où les invasions grondantes
en firent élever. Le goût délicat des Grecs s'y révélait
dans la magnificence des temples, dans la décoration

élégante des habitations ; l'esprit pratique des Romains apparaissait dans les percements réguliers des grandes voies, dans les forums encadrés de portiques, dans le dallage partout bien établi et bien entretenu, les égouts, les trottoirs, les aqueducs souvent de proportions colossales, enfin dans tout ce qui intéressait l'ordre, la sécurité, l'hygiène publique.

La cité, telle que la fait le moyen âge chrétien, étouffe dans ses murailles crénelées, ses hautes tours, ceinture qu'elle n'ose jamais dépouiller ; elle a des rues étroites, elle a non pas des arcs triomphaux qui s'ouvrent aux fastueux cortèges, mais des poternes où la herse, toujours prête à tomber, menace la tête des passants ; elle a des maisons serrées côte à côte, sans cour, sans jardin, sans air, sans lumière ; elle ne connaît ni les pavés, ni les trottoirs, ni les égouts ; elle est sombre, noire, fétide, pittoresque cependant, et au-dessus de ses toits pointus, trois masses de pierre souvent jaillissent : la tour de la cathédrale où le bronze chante la prière, le donjon où vit le prince, puis quelquefois le beffroi. Ces trois géants qui se regardent et dominent la ville résument trois puissances : le clergé, la noblesse, la bourgeoisie ; la paix règne rarement entre eux.

Les tombeaux ne diffèrent pas moins de ceux qu'élevait l'antiquité païenne. En Egypte, à Athènes, à Rome, partout dans le monde ancien, selon une loi qui ne souffrit que bien peu d'exceptions, la tombe est établie en dehors de la ville. C'est encore en dehors de Rome qu'il nous a fallu chercher les sépultures des princesses parentes de Constantin. Mais ces coutumes païennes sont bientôt et de toutes parts abandonnées. Dans une société que préoccupe la destinée de l'âme, que touche très peu la santé du corps, qu'importe l'hygiène publique? Les morts s'emparent de l'église, au moins les morts privilégiés ; et qui pourrait dénombrer ce qu'il était alors de privilégiés ! L'homme d'église, prêtre, moine, évêque, trouve sa tombe là où il a vécu ; l'homme d'épée a pour demeure dernière la chapelle de son manoir ou quelque église que ses largesses ont enrichie ; le bourgeois opulent réussit parfois à introduire subtilement sa cendre dans l'église, sa paroisse : le manant, l'artisan, celui qui rampe au plus bas va encombrer les cimetières dont les églises partout s'environnent. Ainsi l'église, comme elle est le centre principal de la vie, devient le centre de la mort. Quelles furent les conséquences de ces inhumations au milieu même des villes, dans les temples, les châteaux, les monastères : les épidémies, les pestes le montrèrent bien des fois cruellement. Les morts firent rude guerre aux vivants. Inutile leçon ; l'usage se maintint durant bien des siècles et toute autre considération était sacrifiée au bonheur de reposer dans une terre entre toutes bénie.

Le manant est donc à la porte de l'église et aussi près de son Dieu que l'on voulait bien le tolérer. De sa tombe nous ne dirons rien ; l'histoire est aristocrate et ne prend guère souci que de ce qui s'est imposé aux yeux ou par la grandeur ou par la magnificence. Au reste les cimetières, encore très nombreux, qui entourent les églises de nos villages, avec leurs croix de bois, leurs tertres gazonnés, leurs petits murs croulants, nous laissent sans doute une idée assez juste de ce que furent les cimetières des pauvres au moyen âge.

La forme la plus simple et la plus fréquente que présentent les tombes enfermées dans les églises est celle d'une dalle posée sur le sol ou plus rarement fixée au mur. On pourrait signaler des dalles funéraires de tous les âges depuis le huitième siècle jusqu'au dix-huitième siècle. Une grande dalle noire avec ces deux mots : *Karolo Magno*, recouvre, sous le dôme d'Aix-la-Chapelle, le caveau où Charlemagne trônait pompeusement. Une dalle plus riche, incrustée de mosaïque qui simule une figure couchée, fermait la tombe de Frédégonde. Cette reine peu recommandable ouvre les annales royales que la mort rassemble à Saint-Denis. Nous devons dire toutefois que ce monument a peut-être été refait au cours du douzième siècle. Au reste, la plupart des monuments funéraires consacrés à la mémoire des rois des deux premières races, et le tombeau de Chilpéric Ier, et le tombeau de Childebert, tous les deux représentés sceptre en main, couronne en tête, sont des œuvres du douzième ou même du treizième siècle. Saint Louis tout particulièrement mit un soin pieux à restaurer et à reconstruire les monuments sépulcraux des rois ses prédécesseurs.

Souvent les dalles funéraires portent gravée en traits légers la représentation du défunt. Est-ce un évêque, il a la mitre au front, l'anneau au doigt, la crosse posée près de lui. Est-ce un abbé, il a aussi sa crosse moins ornée toutefois et son froc aux larges plis. Est-ce un chevalier, il est armé de pied en cap ; il a la cotte de mailles, les éperons aux pieds, la lourde épée, le poignard à la ceinture, puis l'écu où s'étale l'énigme compliquée de ses armoiries. Est-ce une religieuse, elle est

chastement enveloppée dans sa longue robe et sa tête
est à demi voilée. Est-ce un architecte, il tient dans sa
main un petit modèle de l'église que son génie enfanta.
Mais, à l'exception de quelques rois qui même dans la
tombe n'ont pas voulu quitter le sceptre, tous et toutes
le plus souvent ont les mains jointes pieusement ; la
pierre immortalise leur prière. Puis tout alentour, formant encadrement, court l'inscription énumérant les
titres pompeux. Tout cela fait le pavé de l'église,
bizarre alliance d'orgueil et d'humilité, sceptres, écus,
épées, crosses, titres de gloire sont à terre ; le pied des
manants les foule et les efface.

Quelques-unes de ces dalles sont incrustées de marbre
ou de cuivre. Le marbre est réservé au visage et aux
mains.

Le moyen âge a multiplié à l'infini les dalles funéraires. Pas une église gothique qui n'en ait enchâssé
quelques-unes dans son pavé. Dans les plus humbles
villages même on en trouve très souvent. Près de
Versailles, dans l'église de Magny-les-Hameaux, on en
peut voir un grand nombre, et de fort belles, que la
colère fanatique de Louis XIV fit arracher aux ruines
de Port-Royal des Champs. Pauvres vieux abbés d'un
autre âge, pauvres chevaliers qui n'avaient pu connaître
même le nom de Jansénius, il fallut déserter l'asile
qu'ils s'étaient choisi, il fallut que s'exilassent leurs
cendres ; peut-être avaient-elles dans leurs tombes res-
piré je ne sais quel miasme d'hérésie, et le grand roi
ne dédaignait pas de faire la guerre aux morts pour la
gloire de la foi catholique.

Changer de climat n'est pas toujours pour un homme

changer de mœurs, de coutumes, d'esprit. Les chevaliers venus de France, d'Espagne, d'Allemagne, et jetés au loin par le tourbillon des croisades, emportèrent aux rives lointaines de l'Orient leurs habitudes religieuses et féodales. Les dalles funéraires que les pieds des infidèles foulent maintenant aux ruines des couvents chrétiens de Cypre, celles que l'explosion d'une poudrière secouait rudement il y a peu de temps, dans ce qui fut l'église des chevaliers de Rhodes, ne diffèrent pas des dalles que nos églises d'Europe conservent. Au monastère que les gorges de Daphni si majestueusement encadrent, près de la voie sacrée d'Athènes à Eleusis, il est dés dalles encore avec des blasons et des inscriptions. Là dorment des chevaliers latins qui s'étaient taillé dans l'Attique le duché d'Athènes. Ils y ont trouvé la mort, ils y trouvent l'oubli.

A Jérusalem, au seuil même de l'église du Saint-Sépulcre, une dalle porte le blason et l'épitaphe d'un chevalier français. Il était venu de bien loin, sans doute accompagné des vœux de tout ce qu'il aimait, mais il ne devait plus revoir ni son château ni les siens. Il eut du moins la joie de trouver une tombe auprès de la tombe de son Dieu. Ainsi il donne encore un exemple de courage, de foi, de dévouement, aux pèlerins qui passent et foulent sa poussière.

Quelquefois la représentation du défunt faite au trait ne parut pas suffisante. Le ciseau plus hardi sculpta la dalle en bas-relief. Combien de marbres dans les églises d'Italie étalent ainsi des chevaliers cuirasse sur la poitrine, mains jointes, tête nue ! Parfois leur femme est couchée auprès d'eux, elle aussi priant dévotement. Sur

les saillies de la sculpture le pied trébuche désagréa-
blement ; mais le moyen âge chrétien se souciait aussi
peu du confortable que de l'hygiène. Nous citerons, entre
les monuments conçus selon ce type, deux tombeaux
d'évêques placés dans la nef de la cathédrale d'Amiens.
Ce sont deux dalles de pierre noirâtre. Les prélats y
sont étendus sculptés en haut-relief. L'un d'eux tient
la main levée et bénit d'un geste noble et grand. Tout
alentour de lui de petits anges se groupent et l'encen-
sent. Le travail est fin, délicat, large cependant, et l'on
peut compter ces monuments au nombre des plus
parfaits.

Enfin on tailla pour les placer au-dessus des tombes
de véritables statues, elles aussi presque toujours couchées et sommeillant les mains jointes. Un sommeil,
une prière, c'est ainsi que le moyen âge chrétien paraît
avoir compris le plus souvent la mort.

Lesquelles de ces statues aujourd'hui encore dispersées dans toute l'Europe faut-il citer ici? Celles des
princes et princesses Plantagenets dans l'Anjou, à Fontevrault, ont eu la plus orageuse destinée. Exécutées au
treizième siècle et placées dans cette riche abbaye de
Fontevrault qu'on appela le cimetière des rois, elles
furent respectées jusqu'aux premières années de ce
siècle. Mais en 1817 le prince régent d'Angleterre les
demande au gouvernement français ; vainement. Toutefois sous Louis-Philippe on les enlève et les transporte
à Versailles d'abord, puis au Louvre. La république
de 1848 les restitue à leur abbaye. Ce n'est pas tout
encore. La reine d'Angleterre renouvelle les demandes
du prince régent ; étourdiment le gouvernement de

l'empereur Napoléon III accorde ce que le gouvernement de Louis XVIII, en proie cependant à l'invasion étrangère, s'était obstiné à refuser. Par bonheur, l'opinion s'émeut; les résistances des autorités locales s'accentuent. La reine d'Angleterre juge de bon goût de ne pas insister. Ainsi les statues du terrible Cœur de Lion, le roi Richard, d'Henri II, d'Éléonore de Guyenne (celle-ci en bois, les autres en pierre), d'Isabelle d'Angoulême, nous sont enfin restées. Les deux rois sont représentés sans armes, couronne en tête et le corps entièrement enveloppé d'un manteau fastueux. Mais, s'ils dorment sous les mêmes voûtes qu'ils s'étaient choisies pour demeure dernière, comme tout a changé autour d'eux! L'abbaye de Fontevrault reste debout, mais dépouillée de ses splendeurs, déchue, déshonorée; ce sont les tribunaux qui se chargent maintenant de la peupler. Fontevrault est une maison centrale et des condamnés composent la cour des Plantagenets. Pauvre roi Richard! nous avons vu aux bords du Danube le repaire féodal où la félonie de son hôte le retint prisonnier; voici que sa tombe, elle aussi, est enfermée dans une prison.

Plusieurs des monuments funéraires de nos rois ne se composent que d'une statue posée à plat sur une dalle. Ainsi voyons-nous à Saint-Denis Philippe III le Hardi, le sceptre dans la main droite, les pieds sur un lion, la couronne au front et majestueusement drapé dans son manteau royal. La tête, d'un beau travail, accuse une certaine individualité. C'est la première fois peut-être que, dans la longue série de nos tombes royales, l'artiste se soit préoccupé de préciser les

traits réels du prince dont il avait mission d'éterniser
la mémoire. Toutes les statues royales antérieures sont
des créations de pure fantaisie.

A compter du treizième siècle peu de princes manquent à la glorieuse nécropole de Saint-Denis. Philippe IV
est là et le petit Jean Ier; sous ses pieds d'enfant, qui ne
savaient pas marcher encore quand ils glissèrent dans
la tombe, on a placé un lion. Puis voilà Charles IV,
Philippe VI, Jean II, qui mourut en Angleterre au milieu
des « *festoiements et bombances* », nous dit-on : car le
souvenir de Poitiers ne pesait pas lourdement à son
âme frivole. Charles V a fait au milieu des siens une
place à son connétable Du Guesclin, jaloux, semble-t-il,
de sentir encore dans la tombe cette vaillante épée
auprès de lui.

On a prodigué à la statue sépulcrale de Charles VI les
attributs de la souveraineté : le sceptre, la main de
justice, la couronne, toutes choses que le pauvre fou ne
savait guère porter. Sa femme, Isabeau de Bavière, a
sous les pieds deux chiens, emblème d'une vertu qu'elle
connaissait peu. Ce n'est pas l'unique fois que nous sur-
prendrons le marbre en flagrant délit de mensonge
impudent.

Toutes ces statues sont de marbre et trahissent le
plus souvent une extrême maladresse de ciseau. Des
fautes grossières prêtent à sourire. Ainsi ces figures
couchées portent des draperies qui exigeraient, pour
motiver leurs plis, la position debout.

Louis XI manque à Saint-Denis; plein de dévotion
pour Notre-Dame de Cléry dans l'Orléanais, il y avait
fait lui-même construire sa tombe dans l'église réédifiée

par ses soins, assurant ainsi à son cadavre une protection qu'il croyait toute-puissante.

Les monuments royaux que nous venons d'énumérer ne sont rien que des statues. De même ceux d'Olivier de Clisson à Josselin, de Dammartin à Dammartin près de Paris, de Tanneguy du Châtel, de mille autres encore moins fameux. Quelle abbaye n'a pas sous les ogives de son cloître quelque abbé gravement couché, quelque preux chevalier se reposant enfin de ses rudes travaux? Combien en avons-nous vu aux monastères, aux églises de l'Aragon, du Portugal, de la Castille! Ce sont les vaillants batailleurs qui allaient reconquérir pied à pied sur le Maure la terre d'Espagne.

Il faut remarquer que les statues de comtes, de barons, de seigneurs, sont le plus souvent armées de toutes pièces, la tête seule exceptée, et les mains jointes, tandis que les statues royales, sans autres armes que le sceptre, s'enveloppent d'un ample manteau. Ces rois ne prient pas, ne dorment pas; ils commandent encore, et leur orgueil, semble-t-il, se refuse à croire qu'ils aient quelque chose à se faire pardonner de Dieu.

Nous avons dit que dans ces monuments funéraires souvent la statue de l'épouse prend place à côté de la statue de l'époux. A Limoges, sous le nom vulgaire de monument du Bon Mariage, on voit un couple taillé au même bloc de pierre. La tradition qui s'y rattache est touchante et curieuse. Deux jeunes époux du diocèse de Poitiers avaient entrepris le pèlerinage de Saint-Jacques de Compostelle. La femme meurt à Limoges; elle y est ensevelie. Le mari continue seul son pieux voyage, seul accomplit le vœu fait en commun, et seul revient en

France. Arrivé à Limoges il meurt à son tour. La tombe de sa femme est ouverte, et le cadavre de celle-ci se réveille et recule pour faire place au cadavre de l'époux. Les statues reproduisent naïvement ce prodige. La femme, la main droite posée sur son cœur, comme pour attester à jamais le même amour et les mêmes serments, se retourne un peu, tandis que l'homme, les mains croisées sur la poitrine, s'endort, heureux d'avoir retrouvé, fût-ce dans la tombe, sa place d'époux.

Combien nous pourrions citer de monuments plus importants, plus illustres, et non pas exclusivement composés d'une ou de deux statues! A Saint-Denis c'est le tombeau refait au temps de saint Louis, qui, sous une ogive flanquée de pinacles et surmontée d'un riche fleuron, abrite la statue de Dagobert et le naïf bas-relief d'un jugement dernier. Au cimetière du Père-Lachaise, c'est un monument composé de deux statues d'origine incertaine et d'arcades ogivales formant encadrement, où la crédulité publique salue pieusement la tombe d'Héloïse et d'Abélard. A Loches, Agnès Sorel, la dame de beauté, est étendue les mains jointes; deux agneaux, gracieux emblème de douceur, sont accroupis à ses pieds; deux anges agenouillés, ailes pendantes, s'apprêtent à soulever cette tête charmante et qui fut tant aimée.

Les papes ont laissé à Avignon un château armé de murailles énormes, sinistre, formidable, et qui témoigne de leurs craintes plus encore que de leur puissance. Ils ont laissé aussi quelques tombes, et la plus belle, décorée, comme une châsse, de niches, d'ogives, de fleurons, de pinacles, encadre pompeusement la statue couchée de Jean XXII. Ce Jean XXII était de Cahors; on le disait savant en médecine autant qu'on pouvait l'être au quatorzième siècle; il se piquait de philosophie. Un traité composé par lui, et dit *Élixir des philosophes*, témoigne de ce goût.

A Souvigny, dans le département de l'Allier, Charles duc de Bourbonnais et sa femme Agnès de Bourgogne occupent un magnifique tombeau. Le duc Charles, qui fut, nous dit le chroniqueur, plaisant et mondain entre tous les princes et chevaliers de France, revit dans le marbre et sommeille étendu. Il cache à demi son armure de guerre sous un riche manteau; le collier d'un ordre tombe sur sa poitrine, il a une couronne au front, un lion sous les pieds. Sa femme est non moins somptueusement vêtue. Les têtes reposent sur un oreiller et un double dais les abrite. Le piédestal, très ornementé, se partage en dix petites niches symétriqnement alignées, cinq de chaque côté. Là sont agenouillées les statuettes des dix enfants du duc et de la duchesse. Chaque prince a près de lui le patron qui le protège.

A l'égal de la France, les autres pays de l'Europe occidentale sont riches en monuments funéraires du moyen âge. Près de Burgos, la Chartreuse de Miraflorès montre trônant majestueusement, au milieu du chœur de sa chapelle, le tombeau en albâtre de Juan II et de sa seconde femme Isabelle. Les statues couchées disparaissent au milieu des écussons, des chiens, des lions, des enfants. Sur la base, sur le piédestal grimacent des griffons, courent des inscriptions, s'enroulent des rinceaux. Les ornements surabondants, diffus, se confondent, grimpent les uns sur les autres; c'est un fouillis où l'œil ne sait où se reposer.

La même chapelle, sous une large niche pratiquée dans la muraille, enferme le tombeau d'Alphonse, frère de la reine Isabelle. Le prince prie, dévotement agenouillé. Encore des rinceaux, des feuillages découpés à jour et des enfants, essaim joyeux, qui se jouent dans cette luxuriante végétation de pierre; mais un peu plus de goût et d'harmonie fait accepter cette folle profusion.

A Burgos encore, le couvent dit *Huelgas reales*, plaisirs royaux, un nom bien aimable pour une chose aussi austère, confond, dans des sarcophages barbares, mais pittoresques, quelques poussières de princes et de rois.

Alcobaça, en Portugal, doit toute sa célébrité à son monastère, aujourd'hui vide et à demi ruiné, autrefois peuplé de plus de mille religieux, prospère, vénéré, opulent entre tous. On y compte encore six cloîtres, et les bâtiments, les jardins, les dépendances de toutes sortes, couvrent un espace immense.

Au bras droit du transept de l'église, une chapelle renferme les sépultures royales. Deux faisceaux de fines colonnettes se partagent en trois nefs d'inégale largeur. Les voûtes courbent, tendent leurs nervures sans s'élancer toutefois d'un jet hardi, et sur la muraille des consoles blasonnées reçoivent leur retombée. Tout cela est petit, discret, plein de grâce plus encore que de majesté. Deux sarcophages somptueux immortalisent le souvenir d'Inès de Castro et de Pèdre le Justicier, qui si follement l'aima. Cette histoire, et d'amour et de

sang, est restée populaire; les poètes l'ont chantée,
quelques-uns même, entre autres notre Houdart de La-
motte, l'ont transportée sur le théâtre. Nous la rappel-
lerons en quelques mots. Pèdre, fils d'Alphonse VI,
étant encore seulement infant royal, s'éprend d'Inès et
résiste obstinément au projet de mariage que la politique paternelle avait négocié pour lui avec une princesse de Navarre. Alphonse furieux fait emprisonner son
fils et tuer Inès. Les meurtriers sont deux seigneurs de
la cour; les rois alors trouvaient sans peine dans leurs
familiers de complaisants bourreaux. Alphonse meurt
et Pèdre devient roi. Les assassins d'Inès se sauvent en
Castille; mais là règne un autre Pèdre, lui aussi surnommé le Justicier, et très âpre lui aussi en ses vengeances. Les réfugiés sont livrés; le roi, ou pour mieux
dire l'amant, leur fait arracher le cœur. Puis le corps
d'Inès est exhumé; on l'habille, on l'enveloppe du manteau royal, on le couronne, sinistre apothéose, et pompeusement on le transporte au monastère d'Alcobaça.
Telles étaient les mœurs des grands dans la Péninsule
au quatorzième siècle.

Le sarcophage du roi repose sur quatre lions; il a
sur ses faces de petites niches où s'abritent de mignonnes statuettes. Pèdre lui-même apparaît couché sur
sa tombe ainsi que sur un lit de parade; il porte la
couronne, et des anges s'agenouillent pieusement autour
de lui.

Le sarcophage d'Inès répète les mêmes dispositions;
mais pour le soutenir des anges en prière remplacent
les lions. Elle sommeille étendue, elle aussi, entourée
de l'essaim charmant des anges et des chérubins; il

semble que leurs ailes vont caresser ce beau visage doucement endormi. L'ombre, autour de ces fantômes de
marbre, fait flotter une incertitude mystérieuse. Les
deux amants sont placés pied contre pied, afin qu'au
jour où ils se lèveront du sépulcre leurs yeux puissent
se rencontrer dans le premier regard.

Dans la même chapelle reposent Alphonse II, Alphonse III, et leurs femmes; mais les sarcophages, en
forme de coffre, ne présentent ni la même richesse, ni
le même intérêt.

Palerme, dans sa cathédrale, a des tombeaux de rois.
Roger II, prince normand, le premier qui fut roi de
Sicile (son père, Roger Ier, n'avait que le titre de comte),
est là, et non loin de lui sont sa fille Constance, son
gendre Henri VI et Frédéric II, qui fut empereur d'Allemagne. Voilà des noms fameux, le dernier surtout.
Roger introduisit en Sicile le mûrier et la canne à sucre.
Frédéric II, au milieu des ténèbres du treizième siècle,
apparaît comme un roi dégagé des préjugés vulgaires
et du fanatisme grossier, souvent féroce, qui dominait
les nations. C'est un savant, un curieux, il sait écrire,
mérite rare pour un prince; il sait parler les langues
des peuples si divers qu'il s'efforce de maintenir sous
son unique autorité; il compose des lettres en latin, des
traités sur des sujets variés, et tout cela au même temps
où les preux sont incapables même de signer leur
nom. C'est un sceptique enfin, un tolérant; et cependant des hordes affolées se ruent sur l'Orient, c'est l'âge
des croisades; Frédéric lui-même est contraint d'y
prendre part. Sa politique, plus habile que l'épée des
chevaliers, lui ouvre Jérusalem, mais les deux cultes

rivaux, l'Islamisme, le Christianisme, y doivent être librement exercés. On sait quelles protestations farouches, quelles fureurs ce compromis sacrilège souleva dans le camp chrétien. Ce n'était pas alors le siècle de la justice, ni de la tolérance, ni de la raison; Frédéric II se trompait d'époque, et par des haines inexpiables, des complots, des révoltes où entraient jusqu'à ses fils, on le lui fit cruellement voir.

Ces monuments, exécutés au cours du douzième et du treizième siècle, présentent le contraste le plus frappant avec les monuments funéraires de la même époque que les autres pays de l'Europe nous ont montrés. Le style dit roman, le style dit gothique, ne prospérèrent jamais dans l'Italie, et moins encore, s'il est possible, en Sicile. A peine furent-ils adoptés, et non sans altérations, dans quelques monuments qu'élevèrent les villes du nord. Entre les causes très diverses qui s'opposèrent dans la péninsule au développement d'un art que l'Allemagne, la France, l'Angleterre, l'Espagne, acceptaient avec enthousiasme, il faut signaler les matériaux mis en œuvre. Dans tous les pays que nous venons de citer on construisait, créant des bâtisses nouvelles et faites de matériaux nouveaux; en Italie, durant les premiers siècles qui suivirent le triomphe du Christianisme, on reconstruisait; pour élever des temples chrétiens les temples païens livraient leurs colonnes et les blocs de leurs robustes murailles. Quand les architectes trouvaient sur leurs chantiers des monolithes de granit et de marbre, des fûts symétriques, comment en auraient-ils pu faire, sans ravage et sans un travail énorme, les faisceaux de colonnettes chers aux artistes gothiques? comment avec

de lourdes architraves, des entablements, des frises
somptueuses, auraient-ils pu projeter des nervures, ai-
guiser des corniches, découper des trèfles et des rosaces? La pierre même, païenne obstinée, imposait le
plan et les dispositions générales du monument.

Les tombeaux des rois à Palerme paraissent, eux aussi,
avoir été faits d'épaves antiques. Les sarcophages de
porphyre, avant de s'ouvrir pour des princes chrétiens,
ont dû contenir des cendres païennes. Des baldaquins
de porphyre abritent les sarcophages, et les quatre colonnes qui les portent parent leurs chapiteaux d'un
lourd feuillage, descendance dégénérée de l'acanthe
corinthienne.

Que de tombes le moyen âge a laissées à Naples! A
Santa Chiara, dont les restaurations modernes ont fait
une sorte de salle de bal toute pimpante, tout éclatante
d'or et de peintures, on est très surpris de découvrir,
derrière le fastueux décor du maître autel, des tombes
royales d'un tout autre style et d'un tout autre temps.
La plus riche est consacrée au roi Robert le Sage, qui
mourut en 1340; c'est l'œuvre de Masuccio. On dirait
une alcôve faite de marbre; de petits anges écartent les
rideaux, et nous voyons le roi étendu sur un sarcophage
que soutiennent des saints au visage austère. Puis à
droite, à gauche, montent des colonnes luxueusement
fouillées et un grand trèfle gothique s'épanouit au baldaquin qu'elles portent.

Un chef-d'œuvre exquis est la tombe d'un prince qui
mourut à quatorze jours. Ce n'est rien qu'une petite
plaque de marbre scellée au mur. L'enfant emmaillotté
monte au ciel; deux anges doucement l'emportent.

L'exécution n'est pas bien délicate, les draperies sont lourdes, mais que de grâce, de sentiment et de naïveté !

La célèbre cathédrale de Saint-Janvier réunit dans ses tombeaux des papes, des princes, des chevaliers. Ceux-ci sont souvent représentés deux fois, en habit de guerre, en habit de moine, pour rappeler sans doute qu'ils expièrent sous le froc les péchés commis sous l'armure. Le pape Innocent IV, qui mourut à Naples en 1254, dort la tiare au front. Enfin certaines chapelles ombreuses sont comme des dortoirs où les archevêques, taillés dans le marbre, viennent tour à tour reposer.

Venise a ses doges non moins magnifiquement inhumés que des rois. Deux églises, à l'exclusion presque absolue de toute autre, se sont partagé ces illustres dépouilles : les *Frari*, *S. Giovanni e Paolo*. Deux doges, Franç. Foscari, Nicolas Tron, l'un mort en 1457, l'autre en 1473, encadrent aux Frari une chapelle entre leurs monuments, ouvrages l'un et l'autre de Rizzo. Ils s'adossent à la muraille. Celui de Foscari se partage en plusieurs étages. En bas, à l'ombre de niches richement ornementées, le doge apparaît et deux figures allégoriques se tiennent debout à ses côtés. Plus haut le sarcophage repose porté par des consoles. Puis viennent cinq niches peuplées de statues. Enfin, au fronton circulaire qui termine le monument, des anges s'enlèvent, comme pour aller préparer au ciel la suprême demeure du héros.

Le tombeau du doge Tron ne descend pas jusqu'à terre ; il est porté sur des consoles et forme baldaquin au-dessus du sarcophage. L'influence aimable de la Renaissance se fait déjà sentir dans ces deux monuments.

Les tombeaux plus nombreux encore de l'église
S. Giovanni e Paolo sont pour la plupart du seizième,
du dix-septième siècle, plus modernes même; nous en
parlerons postérieurement.

A Pistoja nous signalerons un remarquable tombeau
du quatorzième siècle. Cino da Pistoja, jurisconsulte
éminent, y est représenté une première fois dans un
petit bas-relief, environné de ses élèves, une seconde
fois en de plus grandes proportions, assis encore et pro-
fessant, tandis qu'une ogive, portée sur des colonnettes
légères, lui prête un gracieux encadrement.

Plus ancien, plus barbare, mais non moins curieux
est le tombeau d'un évêque, Berardus Madius, dans la cathédrale de Brescia. C'est un ouvrage des premières années du quatorzième siècle. Entièrement fait de marbre
rouge, il représente le prélat couché et entouré d'un
cortège d'hommes en de beaucoup plus petites proportions.

La cathédrale de Cracovie est la sépulture commune
de la plupart des rois de Pologne. Quelques-uns reposent dans des monuments du moyen âge. Ainsi Vladislas
le Bref, mort en 1333; le globe du monde dans la main,
il dort sur sa tombe, que d'élégants bas-reliefs décorent. Ainsi Casimir le Grand, qui mourut en 1370; il a
un lion sous les pieds, et lui aussi le globe du monde
dans la main. Un baldaquin ogival encadre cette figure
royale.

En exceptant les pays du Nord qui se dégagèrent plus
lentement de la barbarie, presque tous les pays de l'Europe gardent des monuments funéraires qui montrent
le goût des arts développé et florissant au moyen âge.

En Suisse même, pays de montagnards rudes et qui ne connurent guère les raffinements du luxe, le monument des comtes de Neuchâtel, en l'église de Neuchâtel, réunit les comtes, revivant dans la pierre, leurs femmes, leurs enfants; ceux-là armés de toutes pièces, celles-ci chastement enveloppées dans leur longue robe, tous et toutes debout dans des niches et les mains jointes.

L'Angleterre est plus riche. Warwick, environné de quelques-uns des siens, trône dans la chapelle de Beauchamp. Ce terrible faiseur de rois, ainsi qu'il fut surnommé, s'immortalise dans le bronze et pose ses pieds sur un griffon et un ours. Au marbre qui lui fait piédestal se groupent des statuettes éplorées.

Le style dit Tudor fleurit en Angleterre entre les dernières années du quinzième siècle et les premières années du seizième. Ce style procède directement du style gothique; il en est le suprême épanouissement : aussi peut-on rattacher aux monuments du moyen âge le tombeau du prince Arthur, fils d'Henri VII. Ce tombeau, qui décore le transept de la cathédrale de Worcester, affecte la forme d'une châsse. La statue disparaît à demi cachée sous son enveloppe splendide. La pierre jaillit, monte, se découpe. Ce sont des baies ogivales, des statuettes superposées, des pinacles, des fleurons, des créneaux délicatement ciselés; et les emblèmes héraldiques racontent à qui sait pénétrer leurs mystérieuses énigmes l'histoire des Tudors et de leurs alliances. C'est la rose rouge des Tudors et la rose blanche que portait Élisabeth d'York, roses rivales et qui s'armèrent longtemps l'une contre l'autre d'épines cruelles: c'est la herse de la famille de Beaufort ; c'est le carquois de la

maison d'Aragon : car le prince Arthur avait épousé Catherine d'Aragon. On sait que celle-ci, devenue veuve
après quelques mois de mariage, épousa en secondes
noces le frère de son mari, le roi Henri VIII, un terrible
épouseur et qui, après la joie de s'unir à une femme
nouvelle, n'en connaissait pas de plus grande que de
s'en débarrasser par le divorce ou la hache. Henri VIII
est un Barbe-Bleue historique.

Le moyen âge a laissé en quelques lieux de France
des constructions bizarres et dont l'usage reste incertain. Ce sont les lanternes dites des morts. Montmorillon
en possède une ruinée, et Sarlat une autre mieux conservée et qui s'élève au faîte du cimetière. C'est une
tour ronde contenant à l'intérieur une salle voûtée et
coiffée d'un couronnement très allongé et conique. La
place que ces monuments occupent, les caveaux qu'ils
surmontent, leur apparence sévère et sombre, semblent
indiquer une destination funéraire. Peut-être aussi, on
l'a supposé, ont-ils servi de fanal.

L'ossuaire est encore une invention du moyen âge
chrétien, et non pas des plus joyeuses. Lorsque le cimetière, regorgeant de morts, refusait toute place à des
fosses nouvelles, on reprenait ce qui lui avait été confié;
la pioche défonçait, retournait les tombes. Les ossements étaient recueillis et entassés dans un ossuaire.
Souvent ce n'était qu'un hangar misérable établi dans
quelque coin du cimetière; quelquefois cependant c'était
un édicule de pierre construit avec soin et non sans une
certaine recherche décorative. La plupart des ossuaires
ont disparu, et pour retrouver les derniers qui subsistent il faut aller jusqu'aux villages perdus dans les

landes bretonnes. Là, entre les cimetières que les règle-
ments administratifs n'ont pas encore déplacés, quelques-uns gardent leur ossuaire, abandonné, croulant,
poudreux. Le fossoyeur y dépose ses outils, et les crânes
roulent entre les brouettes, les pelles et les pioches.

Les idées d'égalité avaient peu de crédit aux siècles
du moyen âge; du haut en bas de la société le privilège
régnait. Cependant les masses populaires, dans leur
rancune inconsciente, se firent souvent de la mort je ne
sais quelle sinistre déesse qui devait les venger de leur
abaissement. Là était la revanche suprême. Ce rêve, cette
rébellion timide trouva sa plus éloquente expression
dans les danses macabres que les vers des conteurs, que
le pinceau et le ciseau des artistes devaient bientôt po-
pulariser. Sanglante ironie, lugubre bouffonnerie! La
mort, fantôme décharné, au ventre desséché et vide d'entrailles, mène le branle. Elle enlève la couronne d'un
roi, elle jette bas la tiare d'un pape, elle tue celui qui
commande, elle tue celui qui allait tuer, elle tue celui
qui aime et, pour frapper l'amant aux bras de l'amante,
grotesquement elle s'affuble des ailes de Cupidon; mais,
clémente parfois, elle pousse à la fosse béante le malheureux qui pleure, l'aveugle qui mendie. La ronde in-
fernale entraîne tout; elle roule, tourbillonne, les os
craquent, de sinistres violons faits de peau humaine
grincent, gémissent, et les diables frappent en ricanant
sur des crânes comme sur des tambours.

En aucun temps l'humanité ne se fit une plus lugubre
image de la mort qu'au temps du moyen âge chrétien.
Et autour de ce mystère redoutable que de contes fantastiques volant comme un essaim d'oiseaux funèbres!

Que de légendes horribles! Quel affreux cauchemar dont les pauvres têtes humaines s'affolaient! C'est alors qu'on inventa le vampire, mystérieux fantôme qui violait les sépultures; et jamais tout ce monde grouillant qui hante les ténèbres, spectres et revenants, gnomes et succubes, ne menèrent un semblable sabbat.

Cimetières, cloîtres, ossuaires, églises même, avaient souvent, peintes ou sculptées, leurs danses macabres. Presque toutes ont complètement disparu. Le dix-septième siècle dut les proscrire; aux jours où la monarchie planait dans l'empirée de sa gloire suprême, ces farouches avertissements sur la vanité de toutes choses humaines ne pouvaient être qu'importuns. La danse macabre que l'on voyait à Bâle, une des plus remarquables, dit-on, et que la tradition attribuait au glorieux pinceau d'Holbein, n'a laissé que des fragments peu nombreux et très incomplets.

Rouen, dans ce qu'on appelle l'aire Saint-Maclou, conserve une danse macabre. C'est là un monument du seizième siècle, c'est-à-dire conçu sous l'aimable et radieuse influence de la Renaissance. Si nous en parlons ici, c'est que toute danse macabre est une chose essentiellement empreinte de l'esprit du moyen âge.

L'aire Saint-Maclou est une enceinte carrée qui semble le préau d'un cloître et qui, à l'exemple de tous les préaux, servit de cimetière. Une grande croix étend encore ses bras cléments sur cette terre faite de poussière humaine. Tout alentour s'alignent des constructions symétriques qui forment encadrement. L'étage supérieur est de bois et sur les poutres des attributs funèbres sont sculptés: crânes, ossements entre-croisés,

bières, croix, pioches, pelles, seaux où l'on porte l'eau
bénite. Tout cela repose sur des colonnes de pierre, et
des personnages accouplés, en saillie sur le fût, déroulent le poème sinistre de la danse des morts. Par malheur, le marteau révolutionnaire a passé là, et pas une
figure n'a échappé à la mutilation. Combien sotte et
atroce était cette manie de couper la tête à tout, hommes et choses ! Un contraste étrange, inattendu, s'ac-
centue entre la pensée première de l'œuvre et le style
adopté, l'exécution même. La Renaissance française a
presque toujours quelque chose d'élégant, de fin, d'aimable ; elle se plait aux galantes légendes de la mythologie plus qu'aux sombres rêveries dont s'épouvantait
le moyen âge : aussi cette danse macabre de Rouen,
portée sur de sveltes colonnes, couronnée de chapiteaux
délicatement ciselés, tempère ses terreurs, et le drame
y tourne à l'élégie.

Nous avons énuméré bien des monuments que le
moyen âge chrétien a dispersés sur l'Europe presque
entière. Nous en avons omis beaucoup plus encore
Trois cependant ne sauraient être passés sous silence :
car il faut les compter au nombre des conceptions les
plus originales et des chefs-d'œuvre accomplis. Ce sont
aussi des types très différents. Vérone, Dijon, Pise, telles
seront nos trois dernières étapes ; les tombeaux des
Scalinger, les tombeaux des ducs de Bourgogne, le Campo
Santo, telles sont les créations qui peuvent, au moins
en ce qui touche les monuments funéraires, résumer
dignement l'art du moyen âge.

Tout près de la place *dei Signori*, en avant de la
petite église dite *Santa Maria l'Antica*, s'élèvent les

tombeaux de la famille des Scala ou Scalinger. De 1259
jusqu'aux premières années du quinzième siècle, époque
à laquelle Vérone perdit son indépendance, les Scalinger
furent toujours au nombre des citoyens les plus illustres et les plus puissants de la ville, souvent aussi ses
maîtres incontestés. Leurs tombeaux sont de fastueux
monuments et comme le moyen âge n'en érigea jamais
en France, même à la gloire des rois. Les ambitions,
les rivalités, les haines des Scalinger, encombrent l'histoire de Vérone ; leurs tombeaux encombrent tout un
carrefour. La mort prend ici des airs d'apothéose. Scala
dit Can Signorio était un grand prince ; il égorgea en
pleine rue son prédécesseur Can Grande II, qui prolon-
geait sa vie et son pouvoir contre toute discrétion ; plus
tard, il fit tuer son plus jeune frère. Au reste, Can
Signorio aimait les arts, la poésie ; il s'environnait d'une
cour brillante où le Dante séjourna quelque temps.
Lui-même, de son vivant, se fit élever son tombeau ; six
colonnes trapues en forment la base ; six colonnes d'un
jet plus hardi s'y superposent, celles-ci tordant leurs
nervures en spirale. Au-dessus du sarcophage où s'étend
la statue du défunt, elles suspendent un dais magnifique
et dont les arcades ogivales découpent une dentelure
pittoresque. Puis ce sont des pinacles, des niches richement sculptées, où s'abritent des statues de saints ; car
les élus du paradis ne dédaignent pas de faire cortège
au prince fratricide. Caïn aurait été roi au moyen âge
féodal, et non pas entre les pires. Aux angles du monument, six pilastres carrés soutiennent six grandes statues de pierre qui, elles aussi, ont leur dais. Au faîte
de cette pyramide triomphale, fièrement campé sur

Tombeau de Scala Can Signorio à Vérone.

un cheval de bataille, la lance au poing, enfin trône le héros.

Un second tombeau, voisin du premier, renferme les restes de Can Ier ; avec moins de splendeur il répète, dans le même style, les mêmes dispositions générales. Il n'est que quatre colonnes pour porter le sarcophage, où la statue du prince s'endort sous l'aile des anges mignons ; il n'est aussi que quatre colonnes pour porter le dais énorme qui couronne le monument. Can Ier, comme Can Signorio, chevauche au plus haut de sa tombe, lance au poing et casque en tête. Combien magnifiques sont ces tyrans qui de leurs tombeaux se font un piédestal de gloire ! Ils semblent fouler encore aux pieds la cité qu'ils avaient asservie. Ils semblent jeter un regard dédaigneux et sur nous et sur ce temps présent qui ne connaît plus ni seigneurs ni paladins.

La ville de Genève aura bientôt son tombeau des Scalinger. On sait que le dernier duc de Brunswick a institué Genève sa légataire universelle, mais, par une clause formelle du testament, Genève est tenue d'élever à son fastueux bienfaiteur un tombeau exactement copié sur le plus beau des monuments des Scalinger. On répétera jusqu'aux grilles qui limitent tout alentour comme une enceinte sacrée.

En 1404, Philippe le Hardi, duc de Bourgogne, mourut dans le Hainaut. Il avait des seigneuries innombrables, des États plus vastes que ceux de bien des rois, et cependant, en mourant, il fit banqueroute à ses créanciers. Marguerite, sa femme, déposa sur le cercueil ceinture, bourse, clefs. C'était ainsi qu'alors une épouse renonçait à la succession d'un époux devenu insolvable.

Mais, si l'on ne trouva pas d'argent pour payer les dettes, on en trouva pour construire, dans l'église de la Chartreuse de Dijon, que le feu duc avait fondée, un tombeau digne de sa puissance et de sa renommée. Ce monument, tout de marbre, est l'œuvre collective de Jacques de la Barse, Claux Sluter, Claux de Vouzonne, son neveu, valet de chambre du duc et son *tailleur d'imaiges*. Ce que l'on peut appeler le dé du tombeau représente, découpé à jour, comme un cloître avec ses galeries. Sous les ogives finement dentelées, des moines chartreux errent en proie à la douleur, et dessinant sous les lourds plis du froc les attitudes les plus variées. Ce sont des statuettes pleines de vie et d'une étonnante vérité. Une grande dalle de marbre noir, hardiment profilée, porte la statue couchée du duc. Il est richement vêtu, et des couleurs accentuent la magnificence du manteau et de l'armure que l'on aperçoit au-dessous. Les mains sont jointes dévotement. Au chevet, des anges agenouillés dressent leurs longues ailes dorées et tiennent le heaume que le duc coiffait aux jours de bataille. Les pieds de Philippe reposent sur un lion couché.

En 1419, au pont de Montereau, le duc Jean sans Peur expira sous la hache de Tanneguy du Châtel et les épées des gens du dauphin Charles. Quelques années plus tard lui fut élevé, dans la Chartreuse de Dijon et près du tombeau de son père, un monument non moins remarquable. Les artistes Jean de la Versa, sculpteur aragonais, Jean de Drogués et Antoine le Monturier, que les anciennes chartes qualifient *le meilleur ouvrier d'i-*

maigeries de France, eurent la préoccupation évidente
d'imiter le tombeau de Philippe le Hardi, mais en ren-
chérissant sur sa magnificence. Là encore la base du
monument simule un cloître où circulent éplorés et
priant les moines chartreux ; mais les arcades qui encadrent et abritent ces figurines sont ornementées avec
une recherche et un luxe inouïs. Les statues du duc et
de sa femme, Marguerite de Bavière, sont étendues les
mains jointes, un riche bandeau autour du front ; les
pieds sont appuyés sur la croupe de deux lions, et la
tête mollement posée sur des coussins. Quatre anges
formant deux groupes s'agenouillent au chevet ; les
uns soutiennent le heaume du duc, les autres, l'écusson
de la duchesse. L'or et les enluminures ajoutent à la
splendeur des marbres. L'exécution est fine, délicate,
sans gaucherie, sans naïveté enfantine. L'art qui a créé
ces chefs-d'œuvre est un art savant, sûr de lui-même
et glorieusement parvenu à sa suprême floraison.

Parmi les détails du tombeau du duc Jean, on remarque un rabot ; on sait que le prince adopta cet emblème lorsque son parent et irréconciliable ennemi, le
duc d'Orléans, eut lui-même placé dans ses armoiries
un bâton noueux. Le rabot devait triompher du bâton.
C'est ainsi qu'en attendant le jour où l'on en appellerait
au poignard on se lançait de menaçants rébus.

Les tombeaux des deux grands ducs de Bourgogne
furent ouverts en présence de François Ier. Un chartreux
était présent, il dit au roi en lui montrant la blessure
visible encore que la hache de Tanneguy du Châtel avait
laissée au crâne du duc : « Voilà la brèche par laquelle
« les Anglais pénétrèrent en France. » En effet, après le

meurtre de Montereau, Philippe le Bon, fils et successeur du duc Jean, se rapprocha des Anglais, et par cette alliance faillit consommer la conquête et la ruine du royaume.

Les tombeaux des ducs jetés hors de la Chartreuse, que la Révolution ruinait, ont trouvé refuge dans le musée de Dijon. La salle qu'ils occupent est l'ancienne salle des gardes du palais ducal. Morts, les ducs sont retournés au lieu où, vivants, ils avaient passé bien souvent.

En 1225, cinquante galères de la république de Pise (Pise était alors une puissance maritime) rentrèrent au port chargées de terre qui avait été prise à Jérusalem et aux lieux que la dévotion chrétienne vénère tout particulièrement en Judée. Enlever de la terre à l'aride et rocailleuse Palestine, y pensait-on? Il eût été plus sage de lui en apporter. Les galères furent joyeusement accueillies des Pisans : ils allaient donc avoir le privilège de reposer dans une terre sainte entre toutes. Le cimetière, ou *campo santo*, ainsi créé, reçut des hôtes nombreux ; il avait, en outre de sa sainteté, la propriété de consumer, disait-on, les corps en vingt-quatre heures. Bientôt on songea à lui faire un digne encadrement. Giovanni Pisano fut chargé des travaux, qu'il termina en 1285. L'enceinte sacrée fut par lui enfermée dans un vaste cloître de 152 mètres de longueur sur 45 mètres de largeur. A l'extérieur, ce n'est qu'un mur de marbre sans ornement et percé seulement de deux portes. Mais à l'intérieur soixante-deux baies à plein cintre donnent sur le préau central. Des meneaux s'y dressent soutenant des trèfles, de petites rosaces découpées à jour, d'un goût exquis. Ce ne sont pas des voûtes qui couvrent les galeries, mais une charpente laissée tout apparente.

Au cours du quatorzième et du quinzième siècle, les murs reçurent des fresques devenues célèbres et qui résument l'histoire de la peinture toscane dans sa floraison première, avant le triomphe éclatant de la Renaissance. Orgagna, Pietro Lorenzotti, Andrea di Firenze, Benozzo Gozzoli, d'autres encore, sont venus là immortaliser leur souvenir dans de vastes compositions.

Ce sont les vendanges et l'ivresse de Noé de Gozzoli, fresque fameuse qui, selon l'usage assez fréquent des peintres primitifs, réunit dans un même cadre les scènes diverses du même poème. A gauche, les raisins ont mûri sur une charmante treille ; deux hommes ont apporté des échelles et commencent la récolte. Une jeune femme, la tête rejetée en arrière, prend un panier déjà plein jusqu'au bord, tandis que sa compagne, la main gauche sur la hanche et soutenant de l'autre la corbeille que sa tête supporte, s'éloigne d'un pas gracieusement rhythmé ; admirables figures, bien réelles, bien simples et d'une élégance extrême. Un homme foule aux pieds le raisin qu'une troisième femme verse au cuvier. Puis à droite, près d'une charmante colonnade telle que Florence en connaissait au quatorzième siècle, telle que les premiers hommes n'en imaginèrent jamais, Noé est étendu, nu, honteusement gisant. L'un de ses fils, beau jeune homme florentin, raille et sourit en le regardant ; un autre, visage fin et d'une douceur angélique, détourne tristement les yeux, et la femme de

Noé, chastement drapée, lève la main, s'étonne et semble prête à pleurer.

Orgagna, mort en 1389, a rassemblé dans une seule page toutes les épouvantes, toutes les cruelles leçons que les artistes du moyen âge en France, en Allemagne, déroulaient dans leurs danses macabres. C'est le triomphe de la mort. Là, une compagnie joyeuse est réunie sous un bosquet ; les visages sourient, les lèvres murmurent des paroles d'amour, les fleurs s'épanouissent aux baisers du printemps ; tout rit, tout chante, tout est en fête, et cependant un fantôme affreux plane, accourt et va faucher toutes ces tendresses, tous ces rêves fragiles, toutes ces menteuses félicités. Puis un seigneur environné de ses femmes, de ses écuyers, de ses pages tenant en laisse de hardis lévriers, part pour quelque chasse. Tout à coup on s'arrête, les chevaux reniflent. Trois cercueils sont béants sur la route, et trois cadavres y enveloppent encore de vêtements somptueux leur hideuse pourriture.

Le jugement dernier du même Orgagna ajoute peu à toutes ces terreurs. Le geste du Christ maudissant est d'une ampleur souveraine, et Michel-Ange n'a pas dédaigné de l'imiter.

Le Campo Santo de Pise ne reçoit plus de morts, mais quelquefois encore des monuments élevés à la mémoire de quelques illustres citoyens. C'est maintenant tout à la fois un musée et un panthéon, car toutes les épaves que tant de siècles écoulés ont laissées à Pise y ont été pieusement recueillies. Statues, sarcophages antiques, dalles chargées de blasons et d'orgueilleuses devises, bas-reliefs glorieux, ébauches informes, fragments sans

âge et sans nom, cuves de porphyre, chaînes qui fermaient le port de Pise, que Florence, rivale implacable,
ravit autrefois et dressa en trophée, que Florence abdi-
quant ses vieilles haines dans l'harmonieuse unité d'une
patrie commune a librement restituées, marbres païens,
marbres chrétiens, se rapprochent, s'alignent récon-
ciliés, confondus, et disent jusque dans la mort la gloire
de la cité et du grand nom pisan.

Tombeau de Jean sans Peur à Dijon.

Tombeau de Philibert le Beau, à Brou.

CHAPITRE VIII

CHRISTIANISME

RENAISSANCE

La nécessité des transitions s'impose aux choses de la
nature comme aux choses humaines. Ainsi l'art n'abandonne pas un style pour un autre brusquement, sans
tâtonnements, sans regrets, pourrait-on dire. Entre le
style gothique et le style qu'adopta la Renaissance, il
semble qu'il soit un abîme. Quelques monuments
cependant marquent le passage de l'un à l'autre.
Parmi ces créations hybrides, où deux âges se ren-
contrent, deux influences se combattent, où s'éteint
le crépuscule de l'idéal ancien, où se lève l'aurore de

l'idéal nouveau, il faut citer l'église de Brou, en Bresse.

Bien que Marguerite de Bourbon, dès le quinzième siècle, eût au même lieu projeté et commencé un édifice religieux, la véritable créatrice de Brou est Marguerite d'Autriche, tante de Charles-Quint. Sa vie fut traversée d'événements cruels. Fiancée au dauphin Charles, fils de Louis XI, elle fut dédaignée ; la politique habile de la régente Anne de Beaujeu voulait unir à Charles une héritière plus opulente, Anne de Bretagne. Le duché que celle-ci apportait en dot valait bien un manquement de parole. De nouvelles fiançailles avec l'infant d'Espagne furent rompues par un second refus. Enfin, la pauvre princesse trouva dans Philibert II, prince de Savoie, l'époux tant cherché. Elle l'aima follement. Mais après quelques courtes années de mariage Philibert mourut, à peine âgé de vingt-quatre ans. Sa veuve fut inconsolable, et comme Artémise, une autre veuve illustre, elle voulut laisser un monument de sa douleur que l'on pût, à non moins juste titre que le mausolée, proclamer une merveille. On travailla durant vingt-cinq ans, et les artistes les plus fameux d'alors furent appelés des pays les plus divers : un Allemand, Louis Wamboghn ; un Bourguignon, André Colomban ; un Suisse, Conrad Meyt ; un Français, Philippe de Chartres. On dépensa deux millions deux cent mille francs, ce qui ferait environ vingt-deux millions de nos jours. Certes, le veuvage de la princesse Marguerite et son deuil inconsolé coûtèrent cher à ses vassaux. Il eût mieux valu pour eux payer les fêtes d'un second mariage.

A Brou, une seule pensée domine, inspire tout, l'amour. L'église tout entière est une châsse élevée sur des reliques aimées. Un prince est là, jeune, beau, toujours adoré, semble-t-il, on l'a placé au milieu même du chœur; on le voit, on le salue, on l'invoque avant que l'on puisse voir et atteindre l'autel. Dieu n'occupe que le second rang, et longtemps le culte de la triste veuve ne monta pas si haut.

Deux femmes, l'épouse, la mère (Marguerite de Bourbon), entourent Philibert; elles l'accompagnent dans la mort et amoureusement le gardent. Un jubé ferme le chœur, des stalles magnifiquement sculptées l'encadrent, mais les tombeaux l'emportent sur tout par la richesse et l'élégance de leur ornementation. Celui de la mère, celui de l'épouse, s'appuient aux piliers qui portent les ogives; ils répètent, au moins quant à l'ensemble, les mêmes dispositions. La pierre assouplie se découpe tout à jour; ce sont des festons, des ogives légères, des fleurons, des pinacles, de petites niches où s'étagent et s'abritent de mignonnes statuettes : le ciseau a fait une dentelle. Marguerite d'Autriche apparaît deux fois : couchée, pieds nus, triste cadavre au plus bas de son tombeau et à demi cachée dans l'ombre : puis, sur une dalle de marbre noir, étendue et sommeillant les mains jointes, tandis que des anges, ou plutôt des amours, soutiennent son écusson. Cette devise mystérieuse est plusieurs fois répétée : *fortune, infortune.*

Marguerite de Bourbon n'est représentée qu'une fois. Elle a la couronne en tête, elle prie appuyée sur de riches coussins.

Mais ces monuments si somptueux se réduisent au rôle d'encadrement et par un dessein prémédité. Le mausolée chéri, béni, qui motive tout, qui doit concen-

trer tous les regards, comme celui qui y repose concen-
trait toutes les pensées, trône isolé. Le beau Philibert
y est deux fois représenté : contre terre, dans une sorte
de petite crypte ombreuse ; là ce n'est qu'un cadavre,
et cependant, autour de lui, de fines statuettes se groupent et sourient, douces et clémentes saintes, éprises
elles-mêmes, dirait-on, de ce charmant vainqueur. Puis,
au-dessus, c'est Philibert encore, mais armé de toutes
pièces, prêt à se lever et à combattre en l'honneur de
sa belle dans quelque brillant tournoi. Il porte la couronne ducale ; son casque est auprès de lui, un lion
est à ses pieds. Six anges, nus, tout aimables comme
des amours païens, l'entourent ; deux tiennent le car-
touche de l'inscription, deux autres l'écusson du prince,
deux autres enfin son sceptre et sa hache d'armes.

Quelle tombe gracieuse, plaisante ainsi qu'une couche
nuptiale ! Avec quelle tendresse le ciseau a caressé ces
marbres que les larmes de Marguerite ont sans doute
plus d'une fois mouillés !

L'église de Brou montre une parfaite unité, sinon dans
son style, où des éléments très divers s'allient, du moins
dans l'impression qui s'en dégage. Tout est élégant, non
pas sans recherche ni sans afféterie ; le gothique prêt à
expirer y multiplie ses caprices, contournant ses nervures, ses rosaces, ses trèfles ; tout s'harmonise cependant, et non sans bonheur. Ces élégances raffinées ont
une saveur charmante, et que l'austère moyen âge n'a
pas souvent connue.

Une même chapelle de la cathédrale de Rouen réunit
deux monuments funéraires qui montrent l'une vis-à-vis
de l'autre deux influences, le goût gothique inspirant

encore les artistes même épris des nouveautés de la
Renaissance, et le goût classique, les réminiscences de
l'art païen prenant enfin une irrésistible prépondérance.

Le tombeau des cardinaux d'Amboise, oncle et neveu,
abrite, sous un baldaquin fastueux, les statues agenouillées des deux prélats. Un bas-relief occupe le fond représentant le duel fameux de saint Georges et du dragon.
Des statuettes l'environnent, d'autres statuettes encore,
celles-ci, assises, occupent dans la partie inférieure du
monument six niches que de petits pilastres séparent.
Tout est fouillé, ciselé avec une recherche extrême. Il
y a profusion d'ornements, non pas lourdeur cependant.
Tout est de marbre et d'albâtre. L'auteur fut Rouland
Leroux, maître maçon de la cathédrale. Si la décoration
trahit le goût nouveau et des grâces coquettes que le
gothique ne soupçonnait pas, on peut signaler encore
dans les fleurons et les pinacles un souvenir de l'art et
des formes chers au moyen âge.

Tout au contraire, le monument qui fait face à celui
des cardinaux d'Amboise, plus moderne cependant à
peine de quelques années, n'a plus rien de gothique. Là
dort, dit l'inscription, « Loys de Breszé, en son vivant
« chevalier de l'ordre, premier chambellan du roy,
« grand sénéschal, lieutenant général et gouverneur
« pour le dict sieur, en ses pays et duché de Norman-
« die, capitaine des cent gentilz hommes de la maison
« du dict sieur, » etc., etc. Nous ajouterons, ce qui était
moins honorable peut-être, mais certainement plus pro-
fitable, mari de Diane de Poitiers.

Ici encore le défunt reparaît deux fois (c'était au
seizième siècle un usage assez commun). Couché sur un

sarcophage de marbre noir, il est nu, décharné et tel
que le fit la mort. Sa veuve éplorée s'agenouille au chevet, et la belle Diane a eu l'impudence de se donner
pour pendant la Vierge tenant l'enfant Jésus. Quatre
colonnes corinthiennes flanquent et encadrent cette première composition. Puis se dressent quatre cariatides
élégamment drapées, et entre elles, dans une arche
triomphale, Louis de Brézé chevauche, l'épée en main,
le casque en tête; son cheval richement caparaçonné
porte le chanfrein. Enfin, deux écussons, une figure de
la Justice assise dans une niche, occupent le faîte et
complètent le monument. Tout est fait de marbre blanc,
de marbre noir et d'albâtre.

La Renaissance fut, en tout ce qui touche aux arts et
aux lettres, une époque féconde entre toutes. Alors un
goût charmant se plaisait à embellir les objets les plus
vulgaires, et les artistes ne voyaient rien qui fût indigne
d'occuper leur main. Pour ne parler que des tombeaux,
combien on en peut citer qui sont des chefs-d'œuvre d'é-
légance ou de magnificence !

A Nantes, dans les premières années du seizième siècle,
Anne de Bretagne, qui fut toujours obstinément une
princesse bretonne plutôt qu'une reine française, fit
élever à ses père et mère, le dernier duc et la dernière
duchesse, un monument d'une rare splendeur. Michel
Columb, ou Colombe, Coulombe même (l'orthographe
est incertaine), dirigea les travaux. Il était de Tours, ou
du moins il y résida la plus grande partie du temps au
cours de sa très longue vie. Il naquit vers 1430, c'est-à-
dire à un moment où l'art du moyen âge restait encore en
honneur, au moins en France; il mourut en 1512, à la

veille du triomphe suprême de la Renaissance. Aussi ses œuvres portent-elles l'empreinte d'une double influence. Le sculpteur s'y révèle original, puissant, mais sans dépouiller les traditions et les naïvetés de l'*imaigier*. Michel Columb mérita une réputation très grande ; nous voyons en effet Marguerite d'Autriche, en quête de tous les artistes fameux, s'efforcer de l'attirer à Brou. Le grand âge de Columb fut sans doute la seule raison qui fit échouer ce projet.

Le duc François II, sa femme Marguerite de Foix, sont couchés côte à côte et splendidement vêtus. Trois anges veillent à leur chevet, trois anges naïfs, doux, chastement drapés, et qui reflètent en l'épurant le type de certains petits paysans bretons, non pas des anges nus, un peu folâtres et très païens, comme ceux de Brou. La levrette et le lion sont couchés aux pieds du couple ducal. Sur le massif qui forme comme le piédestal du monument, des statuettes de saintes et de saints se groupent, et des pleureuses très réelles, très naïves. Quatre grandes figures occupent les angles ; ce sont les vertus cardinales : la Justice, la Tempérance, la Prudence et la Force. La Justice, que l'on suppose reproduire les traits de la reine Anne, tient un livre et un glaive. La Tempérance tient un mors et une horloge. La Prudence porte deux visages, l'un de vieillard, l'autre de jeune femme, et cette allégorie, nous semble-t-il, manque un peu de clarté ; la prudence doit-elle donc s'armer du mensonge? La Force, et c'est peut-être la plus admirable de ces figures, d'une main porte une tour, et de l'autre, sans effort, mais d'une irrésistible puissance, elle en arrache un dragon grimaçant. L'ajustement est

pittoresque, harmonieux. Le casque qui coiffe la tête
affecte la forme d'un gros coquillage ; la cuirasse qui
enferme et dessine le torse a des rinceaux, des écailles
qui font songer aux armures antiques ; la robe et les
draperies qui couvrent à demi les bras ont la souplesse
chère à la Renaissance, et la chasteté que voulait l'art
du moyen âge.

Ce tombeau, tout de marbre, l'un des plus remarquables de cette époque, contient non pas seulement les
derniers princes de Bretagne, mais la Bretagne indé-
pendante elle-même : car en épousant successivement la
duchesse Anne, Charles VIII et Louis XII firent épouser
enfin à la France cette Armorique, vassale souvent
ennemie et souvent rebelle.

Ce tombeau, autrefois placé dans un couvent de
Carmes, maintenant dans la cathédrale de Nantes, va
recevoir un digne pendant, le monument du général de
Lamoricière, par M. Paul Dubois.

Un tombeau, joli, plaisant, délicatement décoré de
rinceaux et de statuettes, est consacré, dans la cathédrale de Tours, au souvenir de deux des enfants issus
de Charles VIII et d'Anne de Bretagne.

Le tombeau de Guillaume Langey du Bellay, au Mans,
respire tout entier l'influence des traditions antiques.
La statue du défunt, à demi couchée, porte une cuirasse,
accusant les pectoraux et les saillies du torse comme les
cuirasses romaines. Le sarcophage déroule une mêlée
ardente d'hommes nus et de monstres marins ; on dirait
une copie, admirable du reste et pleine de mouvement,
de quelque bas-relief antique. Deux sphinx portent le
sarcophage ; deux termes cariatides, nus et sans bras,

terminés par une gaîne, encadrent le monument. Les trophées sculptés sur le piédestal sont complètement dans le goût païen.

Le couvent des Célestins, dont un quai de Paris marque l'emplacement et garde le nom, réunissait dans sa chapelle plusieurs monuments funéraires très somptueux et consacrés à d'illustres mémoires. Là était le très gracieux tombeau des princes et princesses d'Orléans que le roi Louis XII leur descendant fit élever. Les statues, formant groupe et environnées d'apôtres et de saints, sont maintenant à Saint-Denis. Aux Célestins était encore le groupe charmant où Germain Pilon voulut représenter les trois vertus théologales, où la postérité plus justement reconnaît et salue les trois Grâces. On connaît cette œuvre exquise, et les petits pieds nus que le ciseau si finement a caressés, et les bras d'un contour si pur et les mains qui s'enlacent, coquettes, délicates, et les draperies si élégamment chiffonnées, et les trois têtes souriantes. Jamais ne s'épanouit dans le marbre plus radieuse fleur de jeunesse. L'urne que soutiennent ces aimables cariatides et qu'elles semblent prêtes à emporter dans une ronde joyeuse renfermait, contraste étrange, le cœur de Henri II, celui de Catherine de Médicis, celui de Charles IX, trois cœurs royaux, trois cœurs tragiques.

Jean Cousin, qui fut tout à la fois sculpteur et peintre (les artistes de cette époque ardente ne s'enfermaient pas toujours dans une exclusive spécialité), avait immortalisé au même lieu, dans une très belle statue de marbre, Philippe de Chabot, qui fut, sous François Ier, grand amiral de France.

Ponzio, maître Ponce, un sculpteur florentin que
François Ier avait appelé près de lui, avait modelé la
dalle funéraire de bronze qui représente nu, et fièrement musclé comme un athlète, le sire de Rocquencourt.
C'est à lui aussi qu'est due la statue calme, majestueuse, très simple, de Charles de Maigny, qui fut capitaine des gardes de Henri II. Il est assis, armé de toutes
pièces, et le bras accoudé soutient la tête que fait fléchir un sommeil profond.

Ces monuments sont maintenant au Louvre. Au
Louvre aussi sont deux très remarquables ouvrages de
Germain Pilon : la statue agenouillée du chancelier de
Birague ; les longs plis de sa robe l'enveloppent majestueusement, et la statue de Valentine Balbia, femme du
chancelier. Revivant dans le marbre, la noble dame est
à demi couchée, somptueusement coiffée et vêtue ; son
corsage est étroit, allongé, les manches sont bouffantes
selon la mode de la seconde moitié du seizième siècle.
Elle lit, attentive et calme ; sa main lentement tourne
les feuillets, tandis que sur la jupe traînante un petit
épagneul au poil long et soyeux se joue et semble prêt
à aboyer. Un amour nu s'accroupit aux pieds de la dame.
Certes, voilà une composition plaisante, et en même
temps pleine de souplesse, d'originalité, de vie ; la
pose a de l'abandon et du charme. Les sculptures, dont
sont décorés la plupart des monuments funéraires du
moyen âge et de la Renaissance, gardent un caractère
plus sombre. La mort, la prière, le sommeil, toutes
choses qui n'inspirent que de graves pensées, y sont
presque toujours représentés. Ici c'est une femme, dans
ses plus beaux atours, qui lit et médite. Mais sur le

piédestal, l'artiste, dans un bas-relief fait de marbre comme la statue (celle du chancelier est de bronze), nous montre la même femme, nue, échevelée, décharnée hideusement et laissant tomber les mains qu'une suprème prière a cependant croisées. On dirait un fantôme échappé à quelque sabbat mystérieux. C'est du réalisme, mais puissant et d'une habileté singulière.

On avait élevé dans l'église de Montmorency un monument considérable à la mémoire du connétable de Montmorency et de sa femme. Les deux statues couchées seules subsistent et sont au Louvre. Barthélemy Prieur les a sculptées. Le connétable est étendu les mains jointes, armé de pied en cap ; sa femme plus modeste a dépouillé tous les riches vêtements, toutes les parures que son haut rang lui pouvait permettre ; elle est enveloppée tout entière du long froc d'une religieuse.

Une très belle colonne torse, autrefois au couvent des Célestins, maintenant au Louvre, portait une urne qui contenait le cœur du connétable.

C'est à la Renaissance que la basilique de Saint-Denis doit ses plus admirables monuments, les tombeaux de Louis XII, de François Ier, de Henri II. Celui de Louis XII, œuvre, suppose-t-on, de Jean Juste de Tours et de son frère Antoine, présente douze arcades à plein ceintre que d'élégants pilastres séparent. Dans la frise court l'inscription et sur le faîte sont agenouillés en manteau royal le roi et sa seconde femme Anne de Bretagne. Les arcades font niche et les douze apôtres y sont assis. Puis l'on aperçoit un sarcophage où le roi et la reine sont demi-nus. La base déroule les campagnes victorieuses de Louis XII en Italie. Enfin aux quatre angles du monument les quatre vertus cardinales se tiennent assises. Bien que toutes ces sculptures soient intéressantes, bien que dans les draperies dont elles se couvrent on devine un parti pris d'imiter les toges et les peplums aux plis majestueux, on peut signaler, surtout dans le dessin et le modelé des nus, certaines gaucheries, certaines incertitudes, des vulgarités, des laideurs même qui rappellent l'âge précédent.

Le moyen âge se délectait souvent aux plus cyniques grivoiseries, mais il craignait le nu au moins dans l'art, il le réprouvait, ne le comprenait pas, et, lorsque la Renaissance vint le réhabiliter glorieusement, ce ne fut pas sans efforts et sans tâtonnements que les artistes habituèrent leurs yeux à voir, à détailler l'harmonieuse beauté du corps humain, et leurs mains à la reproduire.

Le tombeau de François Ier marque une étape nouvelle dans la voie qu'ouvrait la Renaissance. Philibert Delorme, qui en fut l'architecte, lui a donné l'aspect général d'un arc de triomphe romain. Cette réminiscence classique est évidente. On retrouve les trois arcades flanquées de colonnes, ici d'ordre ionique, que les architectes romains aimaient à grouper. Sous l'arcade centrale deux sacorphages semblables portent les cadavres de François Ier et de sa première femme Claude de France, fille de Louis XII. La voûte est richement découpée en caissons, et des figures d'un très faible relief, mais de la plus grandiose tournure, s'y étalent. Les deux autres arcades restent libres, comme pour le passage de quelque pompeux cortège. Sur le faîte où l'on pourrait supposer un quadrige triomphant, le roi est agenouillé, agenouillés aussi sa femme et ses trois fils. Les bas reliefs qui courent sur le soubassement sont justement célèbres. Le ciseau de Pierre Bontemps et de quelques autres sculpteurs y raconte l'épopée rapide mais sans lendemain des victoires d'Italie. Ce sont des bas-reliefs de très petite proportion, représentation élégante très réelle et très amusante de la vie de guerre et de camp au seizième siècle.

Le tombeau qui réunit Henri II et Catherine est une œuvre exquise, d'une parfaite unité, et qui suffirait à immortaliser l'artiste dont il est la création, Germain Pilon. Là encore, sur le faîte, le roi et la reine apparaissent agenouillés, et de riches prie-Dieu sont placés devant eux. Ces statues sont de bronze, de bronze aussi les vertus cardinales debout et faisant sentinelle aux angles du monument. Douze colonnes de marbre bleu turquin, coiffées de chapiteaux composites, enferment, selon la disposition que nous avons vue adoptée aux tombeaux de Louis XII et de François Ier, une sorte de sanctuaire où, couchés sur leur sarcophage, demi-nus, flétris et immobilisés par la mort, reparaissent Catherine et Henri. Ces cadavres que la Renaissance s'est quelquefois complue à représenter, sont très réels, effrayants même, sans laideur vulgaire cependant et le goût charmant qu'en ces temps de brillante floraison on respirait partout, a commandé aux artistes une certaine réserve; jamais n'apparaissent ces vérités trop hideuses que le moyen âge n'aurait pas manquer d'accentuer. Sur la base du monument, entre des mascarons pittoresques, quatre bas-reliefs paraissent personnifier des vertus, la foi, la charité, semble-t-il, l'espérance peut-être aussi et je ne sais quelle autre. Ces allégories manquent parfois de clarté, mais jamais de grâce et d'élégance. Il y a là des draperies, rares du reste, mais pleines d'aisance et d'un jet harmonieux, des musculatures d'une fermeté, d'une force qui rappellent les plus fières inspirations de l'école florentine. Tout est très nu, et cette particularité témoigne de l'esprit large, libéral, éminemment intelligent aux choses de l'art, qui régnait au temps de la Renaissance. Une pruderie très sotte et au fond peu morale peut-être, proscrirait certainement aujourd'hui sur une tombe et particulièrement dans une église, ce libre étalage des nobles et beaux contours humains.

Parmi les monuments funéraires de l'époque de la Renaissance que la France possède, nous en signalerons deux encore, moins remarquables par leur beauté que par l'illustration des noms qu'ils consacrent. Ce sont les tombeaux du connétable duc de Lesdiguières et de Montaigne. Le premier, fait de marbre, décorait la chapelle du château de Tallard, l'une des très nombreuses seigneuries que le riche duc possédait. Il a été transporté à l'hôtel de la préfecture à Gap et occupe l'extrémité de la salle à manger. C'est chose assez bizarre de voir auprès de la salle des banquets officiels, un connétable de marbre blanc étendu sur un sarcophage de marbre noir et glorieusement environné de scènes de victoires. On pourrait croire que c'est le farouche commandeur. Don Juan serait-il en passe de devenir préfet?

Le tombeau de Montaigne, dans la chapelle du lycée de Bordeaux, porte la statue couchée du défunt. Comme un preux, il est revêtu d'une armure, ce grand railleur qui ne bataillait que de la plume ; comme un dévot repentant, il joint les mains, il prie, cet incorrigible sceptique qui, sur les ruines de toute croyance et de toute philosophie, écrivait ces mots : que sais-je ?

Ces deux monuments élevés aux dernières années du seizième siècle n'ont pas les grâces délicates qui, si joyeusement, s'épanouissent aux œuvres enfantées quelques années plus tôt. Le souffle de la Renaissance semble se ralentir ; ce doux génie s'altère et s'alourdit.

La Renaissance, du quinzième siècle aux premières années du dix-septième siècle, étendit rapidement son influence sur tout ce qui était alors l'Europe à peu près civilisée. Conquérante saluée avec empressement, elle passa les frontières. Nous allons la trouver au delà des Pyrénées. La cathédrale de Burgos, dans sa chapelle dite du connétable, réunit les monuments du connétable Pedro Hermandez de Velasco, mort en 1495, et de sa femme, Mencia de Mendoza, décédée quelques années plus tard. Les deux tombeaux sont isolés au milieu même de la chapelle ; ils répètent les formes gothiques, mais déjà certains détails trahissent la Renaissance. Tolède aussi, dans sa merveilleuse cathédrale, renferme une chapelle tout spécialement réservée aux sépultures princières de D. Alvaro de Luna et de sa famille. Les deux tombeaux, séparés seulement par un très étroit espace, portent l'un la statue couchée d'Alvaro, l'autre, la statue de sa femme. La base est somptueusement décorée de bas-reliefs et de statuettes. Enfin, la face tournée vers le monument, dévotement agenouillés sur les degrés qui le portent, quatre moines murmurent une éternelle prière.

Mais c'est en Andalousie, à Grenade, qu'il faut chercher les tombeaux les plus remarquables que la Renaissance ait laissés en Espagne. Une porte ogivale, surmontée d'un grand écusson que deux massiers encadrent, marque l'entrée de la chapelle royale. Les murs
confondent gracieusement les chiffres d'Isabelle et de
Ferdinand. Deux mausolées de marbre apparaissent ;
l'un portant les statues couchées de Ferdinand et d'Isabelle, l'autre les statues couchées de Philippe le Beau
et de Jeanne la Folle. Ce sont des monuments fastueux
et qui consacrent dignement la mémoire des premiers
princes chrétiens que Grenade vit dans ses murs. Ils
furent élevés par les ordres et sous le règne de Charles-Quint. Le même style s'y révèle, les mêmes dispositions s'y répètent.

Le tombeau d'Isabelle et de Ferdinand, en montant
au-dessus du sol, se rétrécit un peu. Quatre griffons aux
ailes festonnées de rinceaux occupent les angles. Puis
sur une corniche qui partage le monument en deux
parties inégales, quatre statuettes de prélats sont assises ; elles se superposent aux griffons. Chacune des
faces les plus longues présente un médaillon arrondi
et sculpté en bas-relief. Ces médaillons s'encadrent
de niches groupées deux par deux où de saints personnages sont assis. Puis vient un blason surmonté
d'une couronne et qui rassemble les lions d'Aragon,
les tours de Castille, enfin la grenade, emblème du
royaume récemment conquis. Deux anges, les ailes
déployées, enguirlandent de fleurs ces armoiries qui
résument les alliances heureuses, les guerres triom-
phantes, l'unification des Espagnes. Le couple royal

occupe le faîte, étendu côte à côte, et se fait comme une couche de tous ces marbres glorieux. Isabelle, enveloppée aux plis d'une chaste robe, incline sur un coussin sa tête douce et charmante. Le front ceint une couronne ; quelques boucles de cheveux s'échappent et caressent les joues. Les yeux ont clos leurs paupières. Les mains, placées l'une sur l'autre, mollement reposent. C'est le sommeil sans rêve et tout plein, semble-t-il, de la sereine promesse de l'immortalité. Ferdinand aussi dort, mais en costume de guerre et les mains sur son épée.

Le second tombeau renchérit encore, s'il est possible, sur la splendeur du premier ; il trahit plus de recherche et de coquetterie. Sur le soubassement, les médaillons arrondis reparaissent et les quatre niches qui les accompagnent ; mais les statuettes se tiennent debout. Ce sont de jeunes femmes très élégantes et qui prétendent personnifier je ne sais quelles aimables vertus. L'un des bas-reliefs représente le Christ au jardin des Oliviers recevant le calice, tandis que sommeillent ses disciples. Aux angles, deux cariatides de femmes, deux cariatides d'hommes remplacent les griffons. Les jambes disparaissent sous des feuilles d'acanthe. Les torses sont nus et certaine maladresse d'exécution s'y trahit. Au-dessus d'un second ensemble décoratif où reparaissent les blasons environnés d'anges et les mignonnes statuettes, un sarcophage se dresse soutenu par deux magnifiques consoles. Là sont couchées les figures du prince et de la princesse. Un lion veille à leurs pieds ; ils ont la couronne en tête et le sceptre à la main. Jeanne a laissé fléchir sa belle tête comme une plante laisse fléchir sa fleur fatiguée; sous le diadème, sous les colliers qui la parent, elle respire une candeur toute virginale.

Certes ces monuments sont beaux, riches surtout; mais il n'y a pas là cette mesure exquise jusque dans la splendeur, cette aisance, cette sveltesse qui prête un charme suprême aux monuments de tous genres que le seizième siècle enfanta en France. Ici on surprend dans quelques détails de la lourdeur, une recherche prétentieuse. L'œuvre n'a pas jailli tout d'un élan, avec ses grâces, ses élégances et comme au souvenir d'une radieuse vision. Une laborieuse méditation l'a conçue, lentement enfantée et non sans défaillance péniblement perfectionnée.

Le style dit Manoëlin, du roi don Manoël le fortuné, qui mourut en 1521, triomphe dans les plus admirables édifices du Portugal. Bien qu'il ait un caractère particulier, national, bien qu'il ne s'inspire en aucune façon des traditions de l'art antique, on peut le rattacher à la Renaissance. C'est un rameau extrême, quelque peu indépendant, vivant d'une vie toute personnelle, plein de sève toutefois, exubérant et magnifique.

Nous citerons, dans l'église du couvent de Santa Cruz, à Coïmbre, deux tombes fastueuses, conçues dans ce style, et que le roi don Manoël fit élever en l'honneur des deux premiers rois de Portugal, Alfonso Henriquez et Sanche. Les deux princes se font pendant. Leurs tombes, placées vis-à-vis l'une de l'autre, symétriquement adossées à la muraille, répètent, en variant quelques détails, le même sarcophage, les mêmes niches, statuettes, fleurons, pinacles, les mêmes feuillages opu-

lents qui festonnent la pierre, le même blason royal
qui couronne le monument. Les deux princes apparaissent couchés et armés de toutes pièces. Leurs statues sont faites de marbres divers et empruntent, autant
à l'opposition des couleurs qu'à la perfection du travail,
un caractère saisissant. La vie semble couver encore
dans ces fantômes immobiles.

Charles, le dernier duc de Bourgogne, le rival malheureux de Louis XI, par le siècle où il vécut et plus
encore par ses folies sanglantes, ses témérités chevale-
resques, appartient au moyen âge. Son tombeau, dont
Philippe II ordonna l'érection, appartient au contraire à
la Renaissance; il est placé aujourd'hui dans l'une des
chapelles de la cathédrale de Bruges. Selon l'usage, le
duc est représenté couché, armé, couronne en tête, un
lion sous les pieds. Le sépulcre porte, finement
sculptées, de très nombreuses figurines qui soutiennent
dans leurs petites mains les écussons des très nombreuses seigneuries que le Téméraire possédait et qu'il
ne sut pas conserver.

Le seizième siècle est le siècle de la Renaissance.
mais aussi de la Réforme. Il remue les marbres, les
débris antiques, il remue aussi les esprits et provoque
une révolution profonde. La Réforme inaugura bientôt,
au moins dans une très grande partie de l'Europe, des
habitudes nouvelles. Elle proscrivait des temples statues, fresques, vitraux, et ne voulait rien autour de Dieu
que des âmes en prière. Elle toléra cependant les sépultures dans le saint lieu. Tout ce que la Hollande enfanta
d'illustre repose dans des édifices qui, pour la plupart.

furent des églises catholiques avant de devenir des temples protestants.

Le plus grand des héros de l'indépendance nationale et de l'affranchissement religieux, Guillaume dit le Taciturne, est à Delf, et tous les princes, tous les rois qui jusqu'à nos jours se sont succédé en Hollande, ont pris place auprès de lui. Leurs cendres ambitionnent cette auguste protection.

Guillaume fut tué d'un coup de pistolet à Delf même en 1584. Son assassin était un catholique français nommé Gérard qu'avait soudoyé l'or de Philippe II et que les prédications, les encouragements fanatiques de certains moines avaient enflammé jusqu'au délire. Déjà deux ans auparavant, un marchand espagnol avait tenté de tuer Guillaume et n'avait réussi qu'à le blesser légèrement. Cet assassinat était toute une entreprise depuis longtemps mûrie. Quatre-vingt mille ducats avaient été promis au nom du roi d'Espagne à qui frapperait Guillaume. Granvelle, un cardinal. Alexandre Farnèse de Parme, un prince vaillant cependant, s'entremettaient activement en ces odieux complots et se faisaient les instruments des vengeances royales. On a regret à trouver ces grands noms au milieu de toutes ces infamies. Quant à Philippe II, enfermé dans ce sinistre palais de l'Escurial qu'il fit à son image, il avait coutume de combattre partout par l'intrigue et le meurtre ; rien ne surprend venant de lui. Lorsque Gérard porta à Guillaume le coup mortel, quatre hommes de nations différentes, inconnus les uns aux autres, étaient à Delf poursuivant la même sanglante mission. Gérard, hypocritement, s'était dit calviniste et fils d'un calviniste martyr de sa foi ; il simulait une piété ardente dans le nouveau culte, fréquentait les temples et, sous le prétexte d'aumônes à recevoir, il avait réussi à se ménager accès au logis de Guillaume. Le mensonge préparait le meurtre ; mais tout n'est-il pas permis, jusqu'au crime, au fanatique qui combat et tue pour sa foi? La mort de Guillaume coûta beaucoup d'argent au roi Philippe II et lui servit fort peu. Supprimer un homme est chose facile ; mais non pas supprimer une cause. C'est l'éternelle erreur de ceux qui tuent dans un but politique ou religieux. Ils font œuvre odieuse et vaine. Brutus tue César, quelques années après César renaît dans Auguste et la liberté romaine n'en est pas moins supprimée ; Charlotte Corday, bravement, glorieusement, pourrait-on dire si un meurtre était jamais glorieux, tue Marat, le régime de la terreur n'est ni détruit ni suspendu ; Philippe II fait tuer Guillaume, la Réforme religieuse, l'affranchissement de la Hollande ne s'en accomplissent pas moins.

Le tombeau de Guillaume le Taciturne est un monument considérable, mais non pas très beau. Le protestantisme, par ses austères pruderies, sa haine des images, ne pouvait être un inspirateur heureux des beaux-arts. Tout est fait de bronze, de marbre blanc, de marbre noir. L'Italie de la Renaissance envoyait un peu dans toute l'Europe non pas seulement ses artistes, mais ses matériaux. Le moyen âge se contentait le plus souvent des pierres que l'on prenait aux carrières prochaines.

Nous retrouvons dans ce mausolée de Delf, certaines dispositions que présentent les monuments élevés à

Saint-Denis, au temps de la Renaissance. Ces colonnes, ces portiques qui forment un abri où s'étend sur son sarcophage la statue du défunt, rappellent un peu, ce nous semble, les lits carrés, enfermés de colonnes, surmontés d'un vaste baldaquin, dont le seizième siècle faisait un usage fréquent. La tombe est comme une dernière couche où l'homme doit trouver un éternel repos.

Les colonnes du tombeau de Guillaume portent des frontons tronqués. Quatre statues de bronze occupent les quatre angles. Ce sont des vertus, l'une porte sur son chapeau ces mots : « *aurea libertas* » la liberté d'or. Selon un usage que nous avons déjà signalé, le prince est représenté deux fois : assis en costume de guerre, puis couché sur son sarcophage tandis qu'à ses pieds se blottit un chien. Ce chien n'est pas un être imaginaire, emblématique, mais réel : Guillaume en effet avait un chien qui l'aimait passionnément et qui ne voulut pas lui survivre. On a voulu qu'il partageât avec son maître l'immortalité du marbre.

Quatre obélisques reposant sur des têtes de morts se dressent au faîte du monument, et un groupe d'enfants soutient la table où se lit en latin l'inscription que nous traduisons : « A l'éternelle mémoire de Guillaume de « Nassau que Philippe II, roi d'Espagne, la terreur de « l'Europe, craignit, ne dompta pas, n'effraya pas, mais « qu'il fit disparaître par un complot infâme en sou- « doyant un assassin. »

A Bréda en Hollande comme à Delf, le monument le plus curieux est un tombeau. Celui-ci est aussi une œuvre du seizième siècle, plus ancienne toutefois que le tombeau de Guillaume, presque aussi importante, mais non pas d'un goût beaucoup plus pur.

Sur un massif carré très peu élevé, Engelbert, comte de Nassau, qui fut un des très rares serviteurs dont les violences de Charles le Téméraire ne lassèrent pas la fidélité, dort couché auprès de sa femme Marie de Bade. Ce sont des statues d'albâtre. Quatre hommes de grande proportion sont agenouillés aux angles du monument : l'un est nu, les autres bizarrement armés de cimeterres ou de masses et vêtus de costumes, de cuirasses où les souvenirs gothiques se mêlent aux réminiscences antiques. Ces figures font l'office de cariatides et sur leurs épaules portent une longue dalle ou plutôt un pavois où l'armure, le blason du duc sont confusément dispersés. L'ensemble de cette décoration funéraire est pittoresque, curieux et non sans majesté.

Le tombeau de la reine Élisabeth est au nombre des plus beaux que renferme l'abbaye de Westminster. Dix colonnes corinthiennes soutiennent un dais splendide où s'entassent les inscriptions, les armoiries. C'est sous cet abri que la reine apparaît couchée et magnifiquement enveloppée du manteau royal. Ce tombeau, bien qu'élevé au dix-septième siècle, appartient, quant à son style, à la Renaissance.

On trouve des monuments qu'inspire le génie de la Renaissance jusque parmi les sépultures des rois de Pologne, dans la cathédrale de Cracovie. Casimir Jagellonde qui mourut en 1492, abrite sa statue couchée sous un élégant portique aux arcades en plein cintre, aux sveltes colonnes et qui respire le goût nouveau.

Étienne Basari mourut en 1586. Son tombeau s'adosse à la muraille. Sous une arche flanquée de deux colonnes et que des trophées, des écussons surmontent, le roi est à demi étendu, accoudé, sceptre en main, et deux figures allégoriques enfermées dans des niches somptueuses, veillent à ses côtés.

Nous avons dit que l'art ogival, la véritable création, l'expression la plus fidèle du moyen âge chrétien, ne trouva pas en Italie une faveur unanime ni bien durable. Les monuments antiques encore nombreux, glorieusement debout, imposaient aux yeux d'autres exemples, donnaient d'autres leçons. Ces leçons, jamais complètement abandonnées, furent de nouveau dès le quinzième siècle avidement écoutées. La Renaissance naquit en Italie ; l'art païen y avait préparé son berceau. Les guerres qui conduisirent Charles VIII jusqu'à Naples, Louis XII jusqu'à Gênes, permirent aux Français de contempler des modèles nouveaux ; la Renaissance rentra en France avec nos soldats. On pourrait toutefois dans quelques monuments nationaux, signaler dès la fin du quinzième siècle, certaines altérations du style gothique, certaines aspirations qui font présager une transformation prochaine.

Quoiqu'il en soit, dans la révolution artistique de la Renaissance, l'Italie se montre en avance sur la France de près d'un siècle. Que de monuments funéraires (pour ne parler que de ceux-ci) nous pourrions citer datés du quinzième siècle et qui déjà reproduisent, plus ou moins ingénieusement interprétés, les ordres, les formes antiques! Les églises de toute la péninsule en sont encombrées. Les types varient peu. Le plus souvent le monu-

ment s'adosse à la muraille. C'est une arcade à plein
cintre flanquée de pilastres ou de colonnes, surmontée
d'un fronton, dans le tympan quelque bas-relief retrace
un sujet pieux, de préférence une madone placide. Puis
plus bas, et sous la protection du regard de la sainte,
le défunt, prélat, savant, guerrier, il n'importe, s'étend,
vêtu du costume qui fut le sien, sur un sarcophage
imitant très souvent l'ornementation des sarcophages
antiques. L'inscription, toujours rédigée en latin, quelquefois en vers, répète aussi certaines formules, certaines
expressions qu'affectionnait l'antiquité classique. Rinceaux, figurines, petits détails sont ciselés dans le marbre
avec une finesse extrême.

Venise possède beaucoup de tombeaux conçus d'après
ce modèle. Nous en trouvons quelques-uns dans l'église
S. Giovanni et Paolo. Cette église, mieux encore que les
Frari, peut être appelée le panthéon de Venise; c'est ici le
lieu d'en parler, car bien que les monuments funéraires
qu'elle abrite, remontent les uns jusqu'au moyen âge, les
autres seulement au dix-septième et au dix-huitième siècle,
la Renaissance y garde la première place. Doges, prélats,
princes, guerriers y tiennent leurs assises solennelles
et semblent encore majestueusement délibérer sur les
destinées de la République.

Au mur d'entrée s'adosse le tombeau de Pierre
Mocenigo, mort doge en 1476. C'est une œuvre de P. Lom-
bardo. Trois figures d'hommes, de demi-grandeur naturelle, soutiennent sous un grand arc le sarcophage où
trône Mocenigo; des draperies l'enveloppent, deux
figures plus petites se dressent à ses côtés. Six niches,
où s'abritent autant de gracieuses statuettes, forment

l'encadrement. Enfin trois dernières figures veillent au faîte du monument.

Voilà un obélisque de marbre noir que décore un médaillon; sous les flots ondoyants de sa fastueuse perruque, le peintre Lanza, mort en 1674, y est représenté. Une femme, la patrie peut-être, pleure pompeusement au pied du mausolée.

Bragadin était un vaillant serviteur de Venise; il fut au seizième siècle pris par les Turcs et écorché vif. Un buste qu'une barbe épaisse ombrage, reproduit les traits du martyr.

Au bras droit du transept, sur son sarcophage accroché à la muraille, Nicolas Orsini chevauche casque en tête. Il mourut en 1509; et sa statue, ouvrage de la Renaissance, est de bronze doré et de grandeur naturelle.

Le tombeau du doge Lorédan est une œuvre du quinzième siècle. Lorédan est assis entre deux figures d'hommes. Quatre colonnes corinthiennes forment encadrement; et deux figures de femmes font sentinelle à droite et à gauche.

Un chef-d'œuvre d'harmonie et d'élégance est le tombeau du doge Vendramin, qui décéda en 1478. Alexandre Léopardo, l'heureux auteur du monument, a placé, sous une baie à plein cintre, le sarcophage où sommeille le doge revêtu d'habillements somptueux. Il est des figurines sur le sarcophage, et des figures de guerriers qui se dressent de chaque côté, deux niches enferment Adam et Ève représentés dans leur primitive nudité. Il y a certaine gaucherie dans ces corps de marbre, mais de la grâce cependant et aussi de la fermeté, de l'ampleur.

Le doge Marc Corner, et par la date de son gouvernement et par l'âge de son monument, nous reporte au quatorzième siècle. Ce monument se compose d'une arcade
ogivale surmontée de pinacles gothiques et de statues.

Au bras gauche du transept, dans un groupe de
marbre qui respire le goût du quinzième siècle, Antoine
Dentone montre sainte Hélène remettant à Victor Ca-
pello le bâton de commandement. Antoine Venier, qui
fut doge et mourut en 1400, suspend son sarcophage
au-dessus de la porte de la chapelle dite du Rosaire.
Cette chapelle était un sanctuaire renommé moins pour
sa sainteté que pour ses richesses artistiques. Là se
trouvait l'un des plus admirables chefs-d'œuvre du
Titien, le martyre de saint Pierre le Dominicain. Tableau
et chapelle, un incendie a tout détruit au cours de
l'année 1867.

Encore des tombes, il en est partout. Voici le doge
Malipiero, des rinceaux délicatement sculptés dans le
goût de la Renaissance s'épanouissent sur son sarcophage. Voici le sénateur Renzio, mort en 1501 ; quatre
niches peuplées de mignonnes statuettes se creusent au
marbre de son sarcophage. Le doge Steno sommeille les
mains jointes, ses traits anguleux, son menton effilé,
son nez allongé, courbé comme le nez du Dante, et le
suaire qui enveloppe le corps, tout rappelle le moyen
âge et ses sombres austérités. Les marbres conservent
quelques traces de peinture.

Moins grave, plus charmante, Aloïse Trevisan repose
sous la garde d'un petit génie, tandis que le général
Pompée Giustiniani se hisse sur son cheval de bataille
et se fait de sa tombe un glorieux piédestal. Voici en-

core un Mocénigo qui fut doge et décéda en 1425. Un riche baldaquin de marbre abrite son sarcophage égayé de figurines. Le doge Marcello, qui lui aussi régna au quinzième siècle, occupe une tombe plus somptueuse encore. La baie cintrée qui enferme le sarcophage, est flanquée de deux fines colonnettes dont les cannelures gracieusement serpentent. Horace Baglioni enfourche son coursier et, sabre au poing, se lance en quête de quelque furieuse mêlée.

Le plus moderne de tous ces tombeaux est aussi le plus laid. Le marquis de Chasteler qui fut l'un des chefs les plus ardents de l'insurrection du Tyrol sous Napoléon Ier, y repose. Quel triste monument et qui accuse un art épuisé! Plus rien qui rappelle cette richesse d'invention qui prêtait dans l'âge précédent un certain charme, un certain effet même aux œuvres de goût le plus contestable. Tout s'est stérilisé. Un socle aux profils durs et secs, un buste froid comme le marbre dont il est fait, voilà tout ce que l'imagination de l'artiste a pu trouver.

En pénétrant dans l'église nous avons salué le nom de Mocénigo, au moment de sortir par une autre porte, nous le retrouvons encore. Il semble commencer et finir l'histoire de Venise, et Venise en effet en a peu connu d'aussi illustres.

Une personnalité triomphante domine en Italie les hommes et les œuvres de la Renaissance, ou pour mieux dire l'art moderne, car Michel-Ange se hausse au-dessus de tous, et les créations sorties de sa main puissante règnent au-dessus de tout. Michel-Ange a fait des tombeaux, et jamais gloire humaine, descendue dans la

tombe, ne trouva pour éterniser son souvenir des
marbres plus fameux.

A Florence, dans l'église de *San Lorenzo*, une enceinte retirée, tranquille, ne laisse pénétrer qu'un jour
adouci. Un respect inconscient y fait aussitôt modérer le
pas, baisser la voix. Est-ce la majesté de la mort? Non,
la mort est chose commune et que l'on rencontre partout, sa présence émeut sans doute, mais non pas aussi
profondément. Est-ce vénération pour les hommes qui
ont fait de cette chapelle leur demeure dernière? Non,
ces hommes étaient des personnages très médiocres,
très peu aimés ; Laurent II, Julien, tous deux fils de
Laurent Ier le Magnifique n'auraient jamais illustré le
nom de Médicis si leurs aïeux n'eussent pas pris ce
soin. Est-ce piété enfin et Dieu se révèle-t-il dans
quelque autel entre tous révéré? Non, l'autel n'est rien,
on le voit à peine, on l'oublie aussitôt. Il n'est là qu'un
homme, mais qui remplit tout, efface tout, Michel-
Ange. Il a fait pénétrer dans ces marbres sa pensée, et
l'on ne saurait subir sans trouble ce tête-à-tête formidable.

Comme la foi, l'art a ses sanctuaires renommés,
chéris, respectés ; et à travers les générations, tout ce
qui aime le beau, le grand, y fait pèlerinage. Peu nombreux sont ces sanctuaires, car peu nombreuses sont
les œuvres exquises, parfaites, qui caractérisent une
évolution de l'art, qui marquent une étape de l'esprit
humain. Michel-Ange en a créé deux : la chapelle
Sixtine où il fait planer toutes les grandeurs et toutes
les épouvantes de la Bible, la chapelle des Médicis
où son génie s'environne de mystère et ajoute à l'é-

nigme de la mort je ne sais quelle énigme nouvelle.

Deux tombeaux se dressent, l'un vis à vis de l'autre. Ils sont semblables quant à leurs dispositions architecturales. Dans une niche carrée la statue du prince est assise; à ses pieds, au-dessus d'un fronton semi-circulaire, deux figures sont étendues.

Julien est tête nue; il porte une armure antique qui dessine librement la musculature de la poitrine, il tient négligemment dans ses mains un bâton de commandement. Julien de Médicis, avons-nous dit, est-ce lui? Est-ce un portrait fidèle? Non certes, le visage, pas plus que le costume, n'a de réalité. Michel-Ange ne fit jamais de portrait et sa pensée entrevoyait toujours au delà de l'homme, une vision plus haute. Ce Julien est un fils de Michel-Ange; il a toute la majesté, tout le calme, toute la grandeur que le vrai Julien n'eut sans doute jamais. A Michel-Ange seul il a été donné de trouver en dehors de la nature vraie, au-dessus d'elle, des voies où le génie marche sans s'égarer. Ses rêves devenus marbre, vivent et d'une vie sublime; ce sont là des êtres étranges et qui appartiennent à une autre humanité. Michel-Ange parle la langué des Titans et des dieux.

Les figures de la nuit et du jour s'étendent au sarcophage de Julien; dans cette femme nue qui s'accoude sur un masque antique et qui soutient de sa main droite sa tête appesantie, on peut sans peine reconnaître une personnification de la nuit; une chouette blottie à ses pieds précise l'allégorie. Quelle femme formidable et faite pour porter des héros dans ses flancs! Quels enfants de dieux pourraient tarir ses mamelles énor-

mes? Les muscles sillonnent le ventre de plis profonds.

Mais comment reconnaître le jour dans cet homme
qui se retourne sur le côté, et derrière son épaule mon-
tueuse, montre à demi sa tête brutalement ébauchée?
C'est là une œuvre inachevée et la jambe droite reste
prise dans la gangue du marbre. Ainsi beaucoup de
morceaux sortis de l'atelier de Michel-Ange, sont de-
meurés incomplets, avec intention peut-être ; le maître
ne craignait-il pas d'affaiblir sa pensée première en l'accentuant? Ne craignait-il pas en les polissant d'amollir
un peu les blessures frémissantes que son ciseau faisait
au marbre ? Cet inachèvement ne déplaît pas ; il montre
qu'aussi haut que puisse monter la pensée humaine,
jamais elle ne remporte un absolu triomphe ; il est toujours un au delà irréalisable.

Laurent II, tel que l'enfante Michel-Ange, est un personnage aussi peu réel que Julien. On ne le connaît que
sous le surnom vulgaire du penseur (*pensieroso*). Il est
assis et revêt une armure antique. Sa main droite s'appuie nonchalante et fière sur le genou ; la main gauche
soutient la tête. Le casque, librement imité des casques
romains, projette sur le front une large tache d'ombre.
Le visage respire une sombre rêverie. Cet étrange héros
médite et semble contempler lui-même non sans effroi
l'abîme de sa pensée. La pensée orageuse, profonde,
inquiète, puissante cependant, voilà ce que les anciens
entreprirent bien rarement de traduire dans une œuvre
d'art. La plupart de leurs statues sont calmes, sereines.
La douleur même alors qu'il faut l'exprimer, reste le
plus souvent discrète, toujours harmonieuse. Les an-

ciens sont des heureux; Michel-Ange n'est pas un heureux. Il emporte partout avec lui la tourmente de ses ambitions sublimes; notre humanité n'est pas à sa taille, il l'élève, il l'agrandit, jamais assez pour qu'elle puisse contenir tout ce qu'il a rêvé. Au contraire, l'antiquité païenne aimait l'homme et n'imaginait rien qui pût être plus beau.

Un homme nu, une femme nue personnifient, dit-on, le crépuscule et l'aurore. Allégorie peu transparente. Cet homme armé d'une musculature surhumaine qui s'accoude et baisse les yeux, qui croise sa jambe droite sur sa cuisse gauche, qui repose, mais énorme, formidable, menaçant; cette femme musclée presque aussi puissamment que l'homme, et cependant fatiguée, dirait-on, par je ne sais quel effort prodigieux, la tête fléchissante, la main défaillante, est-ce là le crépuscule? Est-ce là l'aurore? Il n'importe; c'est mieux encore, des créations qu'on ne saurait oublier, bien différentes des œuvres antiques, aussi puissantes cependant, et l'esprit, s'efforçant de suivre dans son vol la pensée du maître, aperçoit, au travers de ces marbres émus, comme des horizons mystérieux.

Un examen détaillé et que l'impression première ne saurait permettre, révèle certaines bizarreries ou pour mieux dire, certaines témérités. Les bras de Laurent semblent bien gros en proportion des jambes, les mains bien petites. Michel-Ange savait profondément et mieux que personne de son temps, le corps humain. Son ciseau ne s'est pas trompé, mais son ciseau, sans doute pour ménager quelque développement harmonieux dans les lignes, quelque équilibre heureux, une ombre peut-

Tombeau de Laurent II de Médicis à Florence.

être, n'a pas craint de trahir la vulgaire vérité. Michel-
Ange ose tout, parce qu'il peut tout.

Michel-Ange, Jules II nourrissaient l'un pour l'autre
une amitié tempêtueuse. Jules II avait le goût de l'énorme dans ses conceptions. La basilique de Saint-Pierre
dont il poursuivit la reconstruction, devait dépasser en
grandeur et en magnificence tous les monuments des
âges modernes. Il voulut aussi préparer à son cadavre
un mausolée sans rival (la modestie n'était pas la qualité
dominante de Jules II). Le mausolée que Michel-Ange
devait construire aurait réuni, dit Vasari, plus de quarante figures sans compter les enfants et les autres ornements. Victoires, prisonniers, vaincus renversés, vertus, prophètes, saints, que sais-je encore, auraient
environné le fier pontife d'une héroïque phalange. Le
monument isolé se serait dressé dans la basilique de
Saint-Pierre et peut-être aurait-on douté si cette fastueuse basilique était élevée à la gloire du prince des
apôtres ou seulement pour prêter un digne cadre au
tombeau de Jules II.

Ces orgueilleux projets ne furent pas accomplis.
Michel-Ange, sur les instances, les ordres même de
Paul III qui projetait d'employer le génie du grand artiste
à d'autres travaux, dut définitivement abandonner cette
tâche démesurée. Déjà les héritiers de Jules II, ses successeurs Léon X, Clément VII avaient entravé les travaux, marchandé les dépenses. Toutefois de ce monument qui ne fut jamais réalisé, des débris nous restent,
épaves glorieuses, créations sublimes. Ce sont, conservés
maintenant au Louvre, deux captifs ; l'un le corps bos-
selé de muscles que tend un pénible effort, les mains

attachées par derrière, redressant sa tête pleine de douleur, et malgré sa force prodigieuse, prêt, dirait-on, à succomber sous une invisible étreinte ; l'autre jeune, beau, sommeillant et la tête inclinée mollement en arrière, marbre admirable plein de souplesse et de force, triste cependant et qu'une pensée de deuil profondément pénètre ; l'un et l'autre, le premier surtout, sont inachevés. A Florence, car ces débris ont été dispersés un peu au hasard, ce sont quatre statues qui décorent maintenant une grotte rustique des jardins Boboli, c'est au Palais Vieux une victoire, terrible virago qui terrasse un prisonnier. L'œuvre est aussi inachevée. A Rome enfin, c'est le fameux Moïse.

A *S. Pietro in vincoli*, petite église voisine des ruines des Thermes de Titus, et de l'un des très rares palmiers qui aient consenti à pousser à Rome, une décoration de marbre monte et s'adosse à la muraille de droite. La statue couchée de Jules II occupe la partie supérieure ; contre le sol, sans piédestal, entre deux statues, la vie contemplative, la vie active dont Michel-Ange fit les dessins, le Moïse apparaît. Il est le gardien superbe de ce tombeau où repose enfin le fougueux pontife. De tous les personnages de la fable et de l'histoire dont Jules rêvait de s'entourer, celui-là seul lui reste, mais le partage est glorieux encore, et mieux que le nom d'un pape qui cependant fut grand, le Moïse de Michel-Ange suffit à immortaliser cette tombe.

Le Moïse est assis. Le vêtement étrange qui l'enveloppe rappelle, par quelques plis majestueux, la toge antique, mais les jambes portent les braies que les sculpteurs romains donnaient aux statues des chefs barbares. Les bras sont nus ; le bras droit se relève et s'appuie sur les tables de la loi, la main gauche retient les draperies prêtes à tomber. La barbe, torrent impétueux, déroule ses flots du visage jusqu'au bas du ventre. La main droite pénètre dans cette lourde toison et la relève un peu. La tête se détourne et se présente presque de profil, les yeux allument dans l'ombre des orbites un profond regard. Cette tête est-elle belle ? Non, si par ce mot de beauté on entend une harmonie souriante, une fleur doucement épanouie. Elle n'est pas belle, mais elle est grande et je ne sais quelle puissance titanesque lui fait une sublime auréole. Les traits sont rudes, les cheveux s'enroulent, se tordent comme les serpents au front d'une Gorgone ; le nez s'accuse durement, les joues ont des creux, le front se plisse et se sillonne de rides que peut-être la foudre a faites, mais non l'âge, car l'âge aurait peu de prise sur ce colosse. Les cornes qui jaillissent, donnent au prophète une farouche parenté avec les démons.

Il médite, il agite de redoutables pensées. Il est fort dans son corps et ses muscles pourraient broyer un taureau sous leur étreinte ; il est fort dans son âme, car c'est la destinée du monde qu'il semble couver. Va-t-il se dresser formidable entre l'homme et Dieu, celui qui fit du Sinaï un trône à sa grandeur ? Va-t-il dicter des lois terribles comme lui-même ? Va-t-il lancer la malédiction, et, brisant sur le roc les tables divines, épouvanter la terre de ses anathèmes furieux ?

Comme Michel-Ange a compris et traduit la sombre poésie des chants bibliques ! Raphaël devait tout au contraire, dans les formes païennes, faire pénétrer une

sérénité chrétienne. Raphaël, Michel-Ange cherchent
Dieu ; mais Raphaël le fait aimer, Michel-Ange le fait
craindre.

Tombeau de Henri II à Saint-Denis.

Tombeau du Cardinal de Richelieu à la Sorbonne.

CHAPITRE IX

CHRISTIANISME

DIX-SEPTIÈME ET DIX-HUITIÈME SIÈCLES

Quand s'ouvre le dix-septième siècle, le mouvement de la Renaissance a pris fin. L'art demande encore aux monuments antiques des enseignements et des exemples; mais la traduction trahit souvent l'original. On ne cherche plus seulement le beau, l'élégant, on veut le faste : les marbres se font orgueilleux.

Parmi les tombeaux qui marquent la transition entre le goût du seizième siècle et la mode du dix-septième siècle, on peut citer le tombeau de Sully et de sa femme à l'Hôtel-Dieu de Nogent-le-Rotrou que leurs

largesses bienfaisantes avaient enrichi. Les deux époux
sont représentés magnifiquement vêtus et agenouillés
devant des coussins qui portent, l'un la couronne ducale et deux bâtons de commandement, l'autre seulement un livre de prières. Ces marbres imposants, bien
qu'un peu lourds, sont signés de Boudin. Il faut citer
encore au Louvre le monument considérable qui recouvrait, dans l'église des Célestins à Paris, les restes
de Henri de Longueville. C'est une œuvre de F. Anguier.
Un obélisque chargé de trophées, quatre figures gracieuses, bien qu'un peu maniérées, qui l'encadrent, deux
bas-reliefs de cuivre déroulant des scènes guerrières
où les armes et les costumes antiques font une amusante mascarade, tels sont les éléments dont l'artiste a
composé un ensemble qui ne manque pas de magnificence.

Ce même F. Anguier collabora, avec d'autres artistes
moins connus, au somptueux mausolée que la princesse
Orsini, veuve du dernier Montmorency, éleva dans l'église
du couvent de la Visitation à Moulins, à la mémoire de
son mari. On sait que ce prince, amiral et maréchal de
France, fut gravement compromis dans les criminelles
intrigues et rébellions de Gaston d'Orléans. Vaincu et
pris à Castelnaudary, il eut la tête tranchée peu de
temps après à Toulouse. Il fallait bien que Richelieu
usât de l'argument terrible de la hache pour persuader
enfin à cette turbulente et avide noblesse que si elle
était au-dessus de bien des choses et de bien des hommes, elle n'était pas cependant au-dessus de la patrie et
du roi.

Le monument de Montmorency faillit périr dans la

tourmente révolutionnaire. A Moulins, comme un peu dans toute la France, on proscrivait les marbres qu'illustrait quelque bruyant souvenir. Déjà on avait envahi la chapelle, la foule entourait le tombeau, les marteaux étaient levés, et le duc à demi étendu en costume romain sur son sarcophage, et les trophées qui l'environnent, et les statues qui lui composent une cour, sa veuve éplorée, quatre vertus, la noblesse, la piété, la valeur, la libéralité, tout ce fastueux dithyrambe de marbre allait voler en éclats. Mais une voix s'élève : « Qu'allez-« vous faire? Profaner la tombe d'un homme que les « tyrans mirent à mort! d'un bon républicain, d'un mar-« tyr de la liberté! » Ces paroles arrêtent les bras prêts à frapper; et grâce à ce brevet de civisme posthume étrangement décerné au dernier descendant d'une orgueilleuse maison qui se disait en noblesse l'égale des rois de France, la tombe est sauvée de toute injure.

Quelques années après Henri de Montmorency, mourait l'homme qui avait poursuivi sa perte, le cardinal de Richelieu. Sa tombe est dans l'église de la Sorbonne, au milieu de ces bâtiments austères, tout imprégnés, dirait-on, de science et de souvenirs, qu'il avait fait réédifier. Jusqu'aux jours de la Révolution, nous ne trouverons pas un seul tombeau de quelque importance qui ne soit placé dans une église ou une chapelle. Le seizième, le dix-septième, le dix-huitième siècles suivirent à cet égard docilement la tradition du moyen âge.

Le tombeau de Richelieu, œuvre de Girardon, est au nombre des tombeaux les plus remarquables que le dix-septième siècle ait élevés. Nous n'en connaissons pas qui soit d'un ensemble plus harmonieux. C'est là dans le genre et le style de l'époque un véritable chef-d'œuvre. De la magnificence, mais pas de faste théâtral, une pensée douloureuse, dramatique même, puissamment exprimée dans le marbre, mais pas de vain et prétentieux étalage de deuil et de désespoir. Cela est éloquent et non sans grandeur. La tombe simule une sorte de lit de repos très peu élevé au-dessus du sol. Richelieu fléchit, s'affaisse, prêt à rendre le dernier soupir ; il est calme cependant, et, posant une main défaillante sur sa poitrine, il semble attester une fois encore son loyal dévouement à la couronne de France. Une femme, la Religion, est agenouillée derrière lui et le reçoit dans ses bras. Une autre femme, la France sans doute, assise aux pieds du ministre fameux, cache dans ses mains son visage éploré.

Le jour où il visita ce monument, le tzar Pierre, prenant dans ses bras le Richelieu de marbre, s'écria : « Grand homme, je t'aurais donné la moitié de mes « États à la seule condition que tu voulusses m'apprendre « à gouverner l'autre moitié. » Exclamation peu sincère sans doute, Pierre n'était pas de ceux qui ont besoin d'un maître pour savoir gouverner.

Comme tant d'autres, la tombe de Richelieu ne put échapper aux visites sacrilèges des hommes de 93. Elle fut violée ; on mutila le cadavre. La tête, momifiée et reconnaissable encore, cette tête qui avait agité tant de pensées, conçu et poursuivi tant de desseins, fut emportée et vendue. Ce n'est qu'il y a peu d'années, sous Napoléon III, *gloriosissime regnante*, dit l'inscription latine relatant le fait, que ce triste débris a pu retrouver sa place. Ainsi Richelieu subit, au moins dans la mort, ce supplice de la décapitation dont vivant il avait plus d'une fois usé.

Moins heureux encore que Richelieu, son habile élève Mazarin a vu sa tombe enlevée du collège des Quatre-Nations, aujourd'hui l'Institut, où elle se trouvait. Elle décore maintenant une des salles basses du Louvre.

C'est un monument non sans mérite, et qui fait honneur à son auteur Coysevox, inférieur cependant à celui de Richelieu. Trois vertus de bronze élégamment drapées environnent le sarcophage, où la statue de marbre du cardinal s'agenouille dévotement. Un petit ange nu, tout aimable, lui tient compagnie.

Après Mazarin, Colbert, Turenne, Louvois. Colbert, agenouillé sur un haut sarcophage, voit deux statues de femmes assises à ses pieds ; c'est une œuvre de Coysevox encore, et qui a conservé dans l'église Saint-Eustache sa place primitive. Turenne reposait à Saint-Denis ; il est dans l'église des Invalides, faisant pendant à Vauban (le tombeau de ce dernier est moderne). L'un et l'autre encadrent dignement la somptueuse crypte où trône Napoléon. Louvois était aussi primitivement inhumé aux Invalides, et certes plus que personne il avait droit à l'honneur de cette sépulture ; car ce fut sous son ministère et par son influence directe que l'hôtel des Invalides fut créé. Mais Louis XIV n'aimait pas qu'en aucun lieu quelque autre souvenir vînt éclipser le sien. Sa gloire était jalouse jusqu'à l'injustice et la petitesse. Il fit enlever des Invalides la tombe de Louvois et l'exila à Tonnerre, dans le silence et l'oubli d'une petite ville de province.

Nous citerons après ces noms fameux le tombeau d'un personnage beaucoup plus obscur, le chanoine Guillain Lucas, fondateur d'une école d'orphelins. Ce tombeau, érigé dans la cathédrale d'Amiens par un sculpteur picard, Blasset, en 1628, porte une figure devenue célèbre, l'ange pleureur. Le mignon enfant, assis et nu, s'accoude à un crâne, tandis que sa main gauche repose sur un sablier. La tête s'incline et les yeux semblent répandre des larmes.

Les monuments que nous venons d'énumérer sont au nombre des plus remarquables. Une certaine recherche du faste s'y trahit déjà, mais avec une discrétion relative. L'aspect d'ensemble est imposant, magnifique, harmonieux. L'excès ne devait pas tarder à paraître.

Il semble bientôt que l'on prenne une invincible horreur de la simplicité. L'artiste se met l'esprit à la torture pour composer des formes nouvelles, pour trouver des effets inattendus, et cet effort pénible prête aux monuments quelque chose de lourd, de prétentieux. On a voulu dire beaucoup, mais cette éloquence n'est plus souvent qu'un verbiage pompeux. Faire du bruit, mener grand tapage ce n'est pas parler, encore moins penser sagement, grandement, noblement. Bientôt on tombe dans les plus étranges bizarreries. Le marbre est tourmenté, violenté sous un ciseau impitoyable; on veut qu'il réunisse les effets de la peinture à ceux de la sculpture et de l'architecture. Nous voyons des sarcophages, mais c'est trop peu. Un fantôme en soulève le couvercle de ses mains décharnées, et le cadavre, la tête fléchissante, lugubrement s'y enfonce. Il y a des trophées, des amours qui pleurent, des femmes qui se lamentent, des vertus échevelées, des génies chargés d'écussons, d'interminables inscriptions. Au tombeau de la mère du peintre Lebrún, qui fut exécuté d'après les dessins du fils, un ange tourbillonne, fait sonner sa trompette; la pauvre femme se réveille, entr'ouvre son cercueil, murmurant une prière et cherchant au ciel le Dieu qui va tout juger. La petite église de Saint-Nicolas du Chardonnet, à Paris, renferme ce monument plus curieux que beau. A Notre-Dame, sous l'abri discret des chapelles gothiques, ont pris place quelques monuments de cette époque et de ce style. Les marbres encombrants s'entassent et grimpent jusqu'aux voûtes; l'étroitesse du cadre les agrandit encore, et ce n'est pas sans un vague malaise que l'on voit, à demi-perdus dans l'ombre, ces fantômes aux flottantes draperies, ces squelettes découpés tout à jour et brandissant une faux, ces guerriers en perruque, toute cette funèbre mythologie que les vitraux tachent de leurs reflets mystérieux. Quelle manie de chérubins, d'anges, d'ailes, de crânes qui grimacent, de guirlandes, de drapeaux, d'armes, de suaires! Et tout cela remue, s'agite, gesticule, pleure, crie. Si par hasard le personnage défunt est représenté étendu sur sa tombe, nous le voyons se redresser à demi, secouer les flots abondants de sa perruque, lever la main, commençant je ne sais quel geste oratoire, comme s'il voulait haranguer l'Éternel. La mort elle-même leur commande en vain le repos.

Et cependant la France, au milieu de cette débauche de fastueuses rêveries, garde toujours une certaine mesure. C'est surtout lorsque l'on passe la frontière et que l'on va étudier les monuments funéraires de la même époque élevés dans les autres pays de l'Europe, que l'on apprécie ce goût français qui tempère un peu même les excès, qui règle les plus téméraires fantaisies.

A Vienne, dans la très vilaine cave de l'église des Capucins, les empereurs d'Autriche ont leur sépulture. On compte très peu de monuments, on ne rencontre guère que des cercueils de métal posés directement sur le sol et qui ressemblent vaguement à des malles alignées. Le tombeau de Marie-Thérèse et de son époux l'empereur François Ier affecte plus de prétention. Il est de bronze, environné de figures allégoriques, surmonté de couronnes ; et l'on ne saurait rêver chose plus ridicule. Balthazar Moll l'exécuta en 1755. A Munich, dans la cathédrale, le duc Maximilien Ier, qui fut surnommé le Salomon de l'Allemagne et régna cinquante-six ans, fit élever, au cours du dix-septième siècle, un monument à la mémoire de Louis V, mort, il y avait trois siècles, empereur d'Allemagne. C'est un monument considérable, isolé en avant du chœur. Sur deux degrés de marbre rouge formant socle, une enceinte est limitée par une balustrade. Puis vient un catafalque qui, par des ouvertures étroites, laisse voir les statues couchées de l'empereur, de sa femme Marie Béatrice de Glogau et de leur fils Étienne. Posée sur un coussin, la couronne impériale occupe le faîte. Des ossements entrecroisés forment frise tout alentour. Quelques enfants demi-nus soutiennent des écussons. Deux figures sont assises : une femme, la Sagesse qui tient un sceptre ; un homme, le Courage, qui tient une épée. Un sceptre, une épée, deux choses pointues ; pointues sont encore

les lances ornées de panonceaux que quatre hommes
d'armes agenouillés dressent aux quatre angles du tombeau ; rien n'est moins harmonieux que toutes ces pointes en arrêt et qui menacent le passant. Deux hommes,
vêtus pompeusement en chevaliers de la Toison d'Or,
Albert et Guillaume, princes de la maison de Wittels-
bach, se tiennent un peu en dehors de l'ensemble du
monument et semblent avoir été ajoutés postérieurement. Tout est de bronze.

A Nancy, la chapelle qu'éleva le duc de Lorraine,
Charles III, au cours du dix-septième siècle, réunit sept
sarcophages de marbre enfermant les restes des ducs de
Lorraine et de leur famille. Au-dessus de la corniche
seize médaillons sont séparés par des trophées de
guerre. Les colonnes, d'ordre composite, sont de marbre
noir et surmontées de chapiteaux de marbre blanc. L'ensemble est noble, grandiose, sans cette recherche théâtrale qui fait si souvent ressembler les tombes de cet
âge à des apothéoses d'opéra.

Le dix-huitième siècle continue les traditions du siècle
précédent. Il innove peu, se contentant de renchérir
encore sur les folies et les magnificences à la mode. A
Saint-Pierre de Rome on peut suivre ce mouvement.

Les plus anciens monuments funéraires de la basilique papale appartiennent à la Renaissance ; ainsi l'admirable tombeau de Sixte IV dont Pallajolo cisela le
bronze. L'influence impérieuse de Michel-Ange paraît
avoir inspiré Guillaume de la Porte lorsqu'il conçut le
tombeau de Paul III mort en 1549. Le monument, enchâssé dans la muraille, porte sur le faîte la statue assise du pape, bronze puissant et d'une tournure superbe.

La Justice et la Prudence, à demi étendues sur le sarcophage, étaient nues ou presque nues ; leurs formes héroïques, leurs contours opulents qui n'effarouchaient pas les hommes du seizième siècle, fussent-ils d'église, firent scandale par la suite. Une ridicule pruderie a fait envelopper ces téméraires déesses de draperies de fer blanc.

En pendant à ce mausolée et pour compléter symétriquement l'encadrement du grotesque et fastueux décor de bronze doré qu'on appelle la chaire de saint Pierre, le Bernin a dressé le monument d'Urbain VIII. Les mêmes dispositions générales sont répétées. Le pape représenté assis a pour compagnes la Justice et la Charité. Le ciseau, moins audacieux, a laissé à ces déesses de plus amples draperies, mais d'une transparence complaisante. Charité et Justice semblent les arrières-cousines des grasses et plantureuses flamandes que Rubens et son élève Jordaens se plaisaient tant à déshabiller. Il y a de la lourdeur et de la recherche. Entre Guillaume de la Porte et le Bernin un siècle s'est écoulé, et si les radieux triomphes de la chair qu'aimait tant la Renaissance ne sont plus en si grand honneur, si les scrupules timorés et hypocrites de la dévotion vont grandissant, le mauvais goût, l'amour du faste, de la pompe vont aussi grandissant tous les jours.

Le Bernin, architecte, sculpteur, apparaît au dix-septième siècle à Rome, comme le grand maître, la suprême lumière dans le monde des arts. Les papes le protègent et l'enrichissent, les rois le flattent et le désirent, Louis XIV songe à lui alors qu'il se résout à terminer le Louvre, il lui envoie une véritable ambassade comme à un souverain. Le Bernin est environné d'élèves nombreux, tous pleins de sa pensée et qui s'en font les dociles collaborateurs. Le Bernin est un homme habile, inventif; il a du feu, de l'audace, de l'imagination, une facilité qui devient souvent banale, quelquefois de grandes idées et toujours des idées pompeuses. Parfois c'est un maître qui s'impose par une personnalité puissante; plus souvent c'est un improvisateur ingénieux qui rabâche mêmes choses ou compose d'amusantes variations sur des thèmes connus.

La colonnade de Saint-Pierre, magnifique encadrement du monument, expédient habile pour dissimuler les différences de niveaux du quartier environnant et le débouché irrégulier des rues, est une création d'architecte et de décorateur. Au contraire, la chaire de Saint-Pierre semble le rêve d'un tapissier en délire.

Le Bernin agite le marbre furieusement; papes, prélats, dieux, anges, saints, prophètes, rien de ce qui est sorti de ses mains, ne peut garder un peu de calme. Ce sont de véhémentes gesticulations. Une bourrasque perpétuelle remue, soulève les draperies et les fait ressembler à des nuages orageux.

La basilique de Saint-Pierre était, quant à sa masse, à peu près terminée, lorsque parut le Bernin. La décoration était inachevée; elle fut en très grande partie l'œuvre du nouveau-venu. Lui et ses élèves ont peuplé les niches, dressé le baldaquin, décor de bronze qui témoigne que l'énorme n'est pas toujours le grand, incrusté, ciselé les marbres, élevé quelques-uns des plus somptueux tombeaux.

Nous avons cité celui d'Urbain VIII; nous pouvons y

joindre celui de la comtesse Mathilde et celui de Christine de Suède. La comtesse Mathilde, qui vivait au onzième siècle, fut durant tout le cours de sa vie, la très fidèle amie des papes. Vivante, elle les protégea obstinément ; morte, elle les enrichit par un testament qui, du reste, fut l'origine des plus furieuses querelles. La papauté ne fut pas ingrate. Au cours du dix-septième siècle et par ordre d'Urbain VIII, les restes de la célèbre comtesse furent enlevés du monastère de San Benedetto, près Mantoue, où ils reposaient, et transférés à Saint-Pierre. Le Bernin dessina le monument et sculpta la statue de la princesse. Elle est représentée debout, coquettement drapée, et familièrement elle porte sous son bras la tiare papale et les clefs de saint Pierre. Deux enfants nus encadrent l'inscription.

Le monument de la reine Christine, étroit, disposé tout en hauteur comme le précédent (cette disposition était imposée par les proportions du pilier où l'un et l'autre tombeaux s'adossent), est l'œuvre de Fontana, mais imite un peu le tombeau de la comtesse Mathilde. Un bas-relief raconte sur le sarcophage la conversion de la reine. Des anges, ou plutôt des amours nus, tout mignons, se jouent avec le sceptre, l'épée et la couronne, piquante allégorie et qui semble faire allusion aux humaines faiblesses de Christine. Ces faiblesses cependant pouvaient avoir de tragiques dénouements ; le pauvre Monaldeschi en sut quelque chose. La reine apparaît de profil dans un grand médaillon.

Léon XI ne fut pape que vingt-sept jours, assez cependant pour recevoir par ambassadeur l'abjuration de Henri IV. Un bas-relief retrace ce mémorable événement.

On a fait percher Alexandre VII au-dessus d'une porte. Un grand squelette de bronze soulève la draperie de marbre qui enveloppe sa tombe. Cette invention ridicule et théâtrale rappelle aussitôt le Bernin.

Aux dernières années du dix-huitième siècle, Canova éleva le tombeau de Clément XIII. C'est une œuvre d'un goût nouveau, mais, s'il est possible, plus malheureux encore. Au moins les caprices du Bernin sont amusants, décoratifs, les écarts les plus étranges de sa riche imagination produisent quelquefois des effets inattendus. Canova est aussi prétentieux et plus froid.

Ce monument de Clément XIII présente une porte basse que deux lions très peu réels gardent symétriquement. Un génie est à droite, nu, efféminé. A gauche une grande femme se dresse, des rayons sur la tête ; elle s'est coiffée d'un soleil, une croix énorme dans la main, c'est la Religion. Il est difficile de l'incarner en une figure plus banale et plus maussade. Le pontife agenouillé prie sur son sarcophage. C'est le meilleur morceau de cette trop vaste composition.

Ainsi ce tombeau marque une mode nouvelle, un style pauvre, fastidieux, que Canova, Thorwaldsen après lui devaient suivre. Nous n'en parlerons pas davantage pour le moment, car il prit tout son développement, obtint toute sa faveur après la Révolution Française et dans les premières années du siècle présent.

En dépit de tous ces défauts qui sont plutôt ceux de l'époque, le Bernin, avons-nous dit, avait un grand talent, et c'est encore un artiste d'un ordre peu commun. Mais sur ses pas se traînèrent des imitateurs, des copistes qui exagérèrent encore ses bizarreries et son mauvais

goût sans y mettre la verve qui les faisait quelquefois
pardonner.

La chapelle San Severo, à Naples, est un modèle
heureusement inimitable de cette pitoyable décadence ;
elle présente l'expression suprême des pompeuses ex-
travagances où s'égara l'imagination des artistes ita-
liens au dix-septième et plus encore, s'il est possible, au
dix-huitième siècle.

San Severo n'est pas une chapelle publique, mais un
oratoire privé dont la famille de Sangri s'est fait une
sépulture commune.

Le seuil franchi, aussitôt deux anges nous présentent
l'eau bénite, et d'un air si poli, si aimable, qu'en vérité
un impie même ne saurait refuser. A droite, à gauche
s'alignent sur deux files de somptueux tombeaux. Puis
autour de l'autel, d'autres anges, demi-nus, le front
caressé des boucles soyeuses de leurs cheveux, mignons,
coquets, voluptueux, composent un groupe souriant. La
tombe devient un boudoir.

Deux tombeaux encadrent l'autel. A gauche, Cecilia
Gaetani, femme d'Antonio di Sangro, se dresse ; et cette
statue est communément nommée la Pudeur. Pudeur
étrange en vérité : la dame, il est vrai, est complètement
et jusqu'au visage même, enveloppée d'un voile ; mais
ce voile a des complaisances très peu pudiques. Tout le
corps est dessiné, accentué, précisé. On dirait que la
noble Cecilia est tombée dans l'eau, qu'heureusement
on l'a recueillie et que, ses vêtements mouillés encore
et collant aux membres, elle est venue poser devant le
sculpteur. Quel jeu ridicule ! Ce marbre est sans style,
sans dessin, sans vérité. Ce n'est qu'un tour de force,

qu'un chef-d'œuvre d'adresse, l'amusement d'un vir-
tuose du ciseau, non pas la création d'un sculpteur.

Même observation et même condamnation sont moti-
vées par la statue de l'homme s'efforçant de se délivrer
des filets du péché qui fait pendant. La première est
l'œuvre de Corradini, la seconde l'œuvre du Guccirolo,
disent les uns de Francesco Querioli, disent les autres;
tout cela cependant ne mérite guère qu'on se dispute
l'honneur de la paternité.

On appelle aussi la seconde statue le désenchante-
ment; car des doutes subsistent sur le sens exact de
ces rébus mystérieux.

Un homme nu est debout; un filet le tient prisonnier,
il s'efforce de s'en dépouiller. Un ange ailé, la raison,
dit-on, s'avance vers lui, vole, mais comme le marbre
ne saurait rester suspendu en l'air, une disgracieuse
draperie tombe jusqu'à la plinthe et fait l'office de
support. Le moindre défaut de cette composition est
l'obscurité. La sculpture n'aime pas les métaphores, et
cette allégorie théologique, traduite en marbre, prête
à rire.

L'habileté de main indiscrètement s'étale. L'artiste,
ou pour mieux dire, le tailleur de marbre y cherche sa
gloire. Il a taillé, fouillé, refouillé, très fier sans doute
d'avoir imaginé de montrer dans le même bloc un
homme et les mailles d'un filet découpées tout à jour.
Quel triomphe! a-t-il pensé. Quelle niaiserie! dirons-
nous. Un torse bien étudié (celui qui apparaît ici est
mou et plat), une tête puissante et vraie éveillerait
moins d'étonnement peut-être, mais plus d'admiration.

Le bizarre est du reste chose plus facile à réaliser que
le beau.

La France, avons-nous dit, conseillée par un bon
sens instinctif, évita ces suprêmes folies et les hontes
de cette complète décadence. Le dix huitième siècle,
en exagérant même les pompes et les afféteries du siècle
précédent, enfanta encore chez nous des monuments
funéraires qui méritent certaines critiques, mais aussi
de réels éloges. Le premier monument que nous rencontrons au début du dix-huitième siècle, est simple
d'aspect et d'une harmonie heureuse. L'église Saint-
Roch à Paris le possède. Dubois y repose, Dubois qui fut
archevêque de Cambrai comme Fénelon, cardinal, premier ministre et que le Régent, son compère et son
élève, appelait familièrement un drôle. Le marbre
l'immortalise. Il est représenté agenouillé, amplement
enveloppé de sa robe de prélat. Il prie, souriant, un
peu railleur; lui-même s'amuse des bons contes qui
égaient sa confession. Il priera longtemps encore s'il
doit expier tous ses péchés. Une pruderie ecclésiastique
un peu tardive a fait disparaître l'inscription qui sans
doute célébrait dignement les vertus que le défunt
aurait pu avoir.

Un monument funéraire résume dans un ensemble
très remarquable, les qualités et les défauts de l'art au
dix-huitième siècle en France, c'est le tombeau du
maréchal de Saxe à Strasbourg. Le maréchal mourut à
Chambord et l'on peut s'étonner de le voir inhumé en
Alsace, dans une ville à la quelle ni sa naissance, ni sa
mort, ni un séjour prolongé, ni le souvenir de quelque
action d'éclat, rien enfin ne le rattachait. Mais le maré-

Tombeau du maréchal de Saxe à Strasbourg.

chal était protestant et mourut protestant; l'Alsace, depuis la révocation de l'édit de Nantes, restait la seule province où le culte réformé fût toléré. C'était donc le seul lieu où pût reposer le maréchal, si l'on voulait qu'il reposât en terre française.

Pigalle, que ses camarades d'atelier appelaient : « la tête de bœuf, le mulet de la sculpture », car il manqua longtemps de facilité et n'arriva au talent, à la gloire que par un effort pénible et obstiné, Pigalle sculpta le tombeau de Maurice de Saxe. C'est son œuvre la plus considérable et l'une des plus considérables qu'ait entreprises le dix-huitième siècle.

En avant d'une pyramide qui s'adosse à la muraille du temple Saint-Thomas, un décor pompeux, et dont les marbres de couleurs variées relèvent encore la magnificence, réunit les objets les plus divers. A gauche un aigle blessé gît, les ailes fléchissantes, près d'un ours et d'un lion; cette ménagerie énigmatique rappelle sans doute les emblèmes héraldiques des nations vaincues. A droite un faisceau de drapeaux précise avec plus de clarté ies souvenirs de victoire. Un génie ou plutôt un amour pleure éteignant son flambeau. Pigalle ne laisse pas ignorer à la postérité que son héros cherchait les triomphes aimés de Vénus non moins que ceux chéris de Mars.

Une femme éplorée, échevelée, les vêtements en désordre, les seins à demi-nus, comme une belle dame qu'on aurait surprise dans le désordre de son petit lever, s'efforce d'arrêter la Mort, c'est la France qui fait ainsi parade d'un désespoir de théâtre. Mais la Mort, fantôme décharné qu'un long suaire enveloppe, n'écoute rien, elle tient d'une main le sablier qui marque l'heure fatale et de l'autre main soulève le pesant couvercle du cercueil, tandis qu'appuyée sur sa massue, la Force, Hercule puissamment musclé, demi-nu, abaisse son front attristé. Mais Maurice est prêt ; il ne se fait pas attendre, il connaît la mort, l'ayant bravée cent fois, et ne saurait la craindre. Revêtu de son armure, décoré de ses ordres, le bâton de maréchal dans la main, la tête haute, calme, sereine, il descend d'un pas assuré les degrés qui conduisent à la tombe. C'est là le personnage principal qui motive et domine ce drame: il a de la grandeur. L'âme d'un vaillant anime ce marbre héroïque.

Le goût des compositions compliquées, théâtrales, des allégories sentimentales et dramatiques hante les meilleurs esprits. Lorsque mourut le Dauphin, fils de Louis XV, Diderot, fort expert aux choses de l'art et très aimé, très écouté au monde des artistes, fut consulté par Cochin sur les dispositions les meilleures que l'on pourrait donner au tombeau projeté. Voici en quels termes Diderot, dans sa prose brûlante, esquisse les monuments qu'il rêvait de voir exécuter :

« J'ouvre un caveau. La Maladie sort de ce caveau
« dont elle soulève la pierre sur son épaule. Elle ordonne
« au Prince de descendre. Le prince, debout sur le
« bord du caveau, ne la regarde ni ne l'écoute. Il con-
« sole sa femme qui veut le suivre. Il lui montre ses
« enfants que la Sagesse, accroupie, lui présente. Cette
« figure tient les deux plus jeunes entre ses bras.
« L'aîné est derrière elle, le visage penché sur son
« épaule. Derrière ce groupe, la France lève les bras

« vers les autels. Elle implore, elle espère encore. »

Autre projet, l'imagination de Diderot est prodigue d'idées :

« Voici ce que j'appelle mon monument, parce que
« c'est un tableau du plus grand pathétique, et non
« le leur, parce qu'ils n'ont pas le goût qu'il faut pour
« le préférer.

« Au haut du mausolée je suppose un tombeau creux
« ou cénotaphe, d'où l'on n'aperçoit guère d'en bas que le
« sommet de la tête d'une grande figure couverte d'un
« linceul, avec un grand bras tout nu, qui s'échappe
« de dessous le linceul, et qui pend en dehors du céno-
« taphe.

« L'épouse a déjà franchi les premiers degrés qui
« conduisent au haut du cénotaphe, et elle est prête à
« saisir ce bras. La Religion l'arrête, en lui montrant
« le ciel du doigt. Un des enfants s'est saisi d'un des
« pans de sa robe et pousse des cris. L'épouse, la tête
« tournée vers le ciel, éplorée, ne sait si elle ira à son
« époux qui lui tend les bras, ou si elle obéira à la
« Religion qui lui parle, et cédera aux cris de son fils
« qui la retient. »

Aucun de ces projets ne fut réalisé. Mais celui qu'exécuta Guillaume Coustou et qui décore la cathédrale de
Sens, est une conception du même genre. On y voit deux
urnes liées ensemble par une guirlande, l'Immortalité
formant un faisceau des attributs qui symbolisent les
vertus du prince mort, le génie des sciences et des arts,
la Religion caractérisée par la croix qu'elle tient, enfin
l'Amour conjugal éteignant son flambeau et regardant

tristement un enfant qui rompt une chaine de fleurs, emblème de l'hymen.

C'est un madrigal taillé dans le marbre.

Tombeau de Clément XIII à Rome.

Campo Santo à Gênes.

CHAPITRE X

CHRISTIANISME

DIX-NEUVIÈME SIÈCLE

La Révolution éclate ; l'Europe, violemment remuée jusqu'en ses assises premières, va prendre une face nouvelle. La Révolution étend ses réformes et sur les vivants et sur les morts. Il n'est désormais qu'une loi pour ceux-là ; il ne sera pour ceux-ci qu'une enceinte commune. Plus de sanctuaires, de chapelles où quelques familles privilégiées usurpent comme une part des prières adressées à Dieu. Les traditions constamment obéies depuis douze siècles sont désertées ; les inhumations sont interdites à l'intérieur et même autour des églises. Des cimetières où tous grands et petits doivent descendre, sont établis en dehors des villes (loi de prairial an XII).

L'esprit public, en France tout d'abord, puis dans toute l'Europe, subit une transformation profonde. Les aristocraties s'abaissent, les castes s'effacent ; la France nouvelle inscrit dans sa devise, entre les mots de liberté et de fraternité, celui d'égalité ; c'est le règne de la démocratie qui commence. La foi affaiblie ne garde puis sur les âmes un empire incontesté. Combien, au cours de leur vie, n'ont franchi que rarement et sans ferveur, le seuil de l'église ; aussi sont-ils peu jaloux d'y reposer après leur mort. La réforme radicale imposée aux sépultures est aisément acceptée. L'hygiène publique dont le moyen âge chrétien prenait peu souci, devient la préoccupation dominante.

La mort dans ses monuments présente un aspect tout nouveau. Au commencement du siècle règne ce qu'on a appelé le style empire, style lourd, prétentieux et qui affecte, mensongère prétention, de reprendre les traditions et d'imiter les formes antiques. Ce style le plus déplaisant qui fut jamais, immobilise dans la peinture les Romains et les Grecs de David, artiste éminent cependant, il compte aussi dans la sculpture deux artistes de grande renommée : le Danois Thorwaldsen et l'Italien Canova. C'est au premier qu'est dû dans la basilique de Saint-Pierre, le tombeau du pape Pie VII ; au second le tombeau de Clément XIII dont nous avons déjà parlé et la pyramide funéraire qui consacre, dans la même basilique, la mémoire des derniers Stuarts. Deux petits génies qu'on y voit sculptés, ont reçu de

courtes tuniques de fer blanc qui atténuent discrètement leur nudité. Ce monument date de 1819.

Canova qui avait illustré tant de hauts personnages
ne voulut pas s'oublier dans son panthéon de marbre.
Lui-même prépara les dessins de son tombeau que ses
élèves exécutèrent après sa mort. Ce tombeau est à
Venise dans l'église des *Frari*, il avoisine celui d'un
autre artiste Vénitien aussi fameux et plus grand, le
peintre Titien. Ici encore c'est une pyramide adossée à
la muraille ; on n'en voit qu'une face. Une porte est
béante, le médaillon de Canova la surmonte et deux
anges le soutiennent. Vers cette porte toute pleine de
ténèbres et qui dans la pensée de l'artiste mène au
gouffre du grand inconnu, un cortège funèbre s'avance.
Une femme voilée ouvre la marche ; elle porte dans ses
mains l'urne que l'on suppose contenir les cendres du
défunt ; puis vient un génie qui porte un flambeau,
puis viennent deux femmes qui portent des guirlandes,
puis encore deux génies qui portent des flambeaux.
Que de flambeaux, que de génies ! aussi nombreux que
les officiers légendaires à l'enterrement de Marlborough.
Ce n'est pas tout cependant. Cette procession se déploie
sur la droite ; sur la gauche est couché le lion ailé de
Venise, il pleure. Auprès de lui s'asseoit un génie plus
grand que les autres. Il est nu, et porte lui aussi l'inévitable flambeau. Il incline la tête, fleur nonchalante ;
on dirait le bel Endymion attendant pour s'éveiller le
baiser mystérieux de Diane. C'est bien là un de ces
éphèbes de sexe incertain et de fadeur certaine dont le
ciseau de Canova se plaisait à caresser les membres
svelte mais sans vigueur, les formes molles et la che-

velure coquettement bouclée. Sans doute l'exécution est remarquable ; les draperies, dont s'enveloppent les femmes, sont fines et souples encore qu'un peu banales, sans doute une certaine grâce aimable tempère cette afféterie, il y a de l'élégance, mais c'est cette élégance monotone, traînante, sans éclair, sans élévation, toute de commande, dirait-on, qui s'étale le plus souvent dans la sculpture comme dans la littérature de cette époque. Ce tombeau de Canova est aussi ennuyeux qu'une harangue de Fontanes. Rien de plus froid que le désespoir de tous ces marbres éplorés.

Plus simple, mais beaucoup plus remarquable est le monument que vers le même temps un artiste allemand, Rauch, élève de Thorwaldsen, sculptait à Rome. Nous voulons parler du monument de la reine Louise de Prusse, celle même qui, après Iéna, osa affronter le redoutable tête-à-tête du vainqueur et mourut, dit-on, de la douleur des désastres subis.

Le tombeau eut ses traverses et ses disgrâces comme la princesse qu'il devait contenir. Embarqué dans un port italien sur un navire portant pavillon anglais, il est saisi par un corsaire américain ; l'Angleterre et l'Amérique étaient alors en lutte. Le tombeau fait route pour les États-Unis, dont peut-être il ne serait jamais revenu. Mais un second navire anglais est rencontré ; le corsaire doit lâcher sa proie, et le tombeau, d'abord conduit en Angleterre, est enfin restitué à la Prusse.

Ce tombeau, érigé en 1815, est à Charlottenbourg, près de Berlin. Sur un lit de repos, que des aigles décorent, la reine est étendue, les mains croisées et sommeillant. Chastement le corps revêt d'amples draperies ; et le visage de cette reine, qui fut bonne autant que belle, s'éclaire d'une douce sérénité.

Ces tombeaux signalés par nous sont placés dans des chapelles royales, des églises ou des basiliques. Nous avons dit cependant que, d'après les lois nouvelles, les sépultures devaient être rigoureusement exclues de l'enceinte des villes. Mais la règle a souvent fléchi, alors surtout qu'il s'agissait des grands de la terre. Les archevêques de Paris sont inhumés dans leur basilique. Les princes d'Orléans ont fait élever près de Dreux, au milieu des ruines d'un château qu'un parc riant égaie de ses ombrages, une chapelle où tous sont appelés à descendre. C'est un édifice d'un style incertain ; le gothique y fleurit, mais un gothique aimable, coquet, un gothique de romance et le dôme qui s'élève au centre, conception très peu gothique, semble avoir après coup, ceint son diadème de fleurons et de pinacles. Les vitraux sont renommés ; Ingres, Devéria, Larivière, d'autres encore en ont fourni les cartons ; la manufacture de Sèvres les a exécutés. Quelques-uns, faits d'une seule glace, véritables chefs-d'œuvre d'audace, déploient de vastes compositions où toute une population de figurines s'agite. Les tombeaux ne sont rien que des sarcophages de pierre dispersés dans les chapelles et derrière le chœur. Pour placer la duchesse d'Orléans auprès de son mari, il a fallu percer la muraille et construire un petit réduit où elle repose séparée seulement du prince par les trèfles d'une clôture gothique. En effet, la princesse protestante n'a pu pénétrer librement dans un temple catholique.

Quelques sarcophages portent des statues couchées ;

celui du duc d'Orléans, celui aussi de la princesse
Adélaïde, sœur du roi Louis-Philippe.

On peut citer encore comme chapelle funéraire royale
la chapelle du Saint-Suaire, à Turin, attenant tout à la
fois au palais et à la cathédrale. C'est une construction
du dix-septième siècle, d'un goût bizarre. Le marbre
noir forme les murs et se découpe dans la coupole en
arceaux très compliqués. Le roi Charles-Albert a dressé
là des monuments à quelques-uns des plus illustres
entre ses aïeux. Les statues blanches s'enlèvent sur leur
sombre encadrement, comme des fantômes dans les
ténèbres.

On connaît le fastueux tombeau de Napoléon aux
Invalides, et la crypte circulaire béante sous le dôme,
et le grand sarcophage de porphyre finlandais qui renferme le corps. Sur le sol, une étoile de mosaïque
rayonne, et chaque rayon porte un nom de victoire.
Les drapeaux déchirés qui rappellent les assauts furieux
et les mêlées sanglantes, se dressent en faisceaux. Puis
les renommées géantes que Pradier a sculptées dans le
marbre, limitent l'enceinte sacrée. Cariatides austères,
elles attendent, semble-t-il, le réveil du héros pour
sonner encore ses triomphes et sa gloire. Derrière le
baldaquin se dérobe l'entrée de la crypte ; et deux
colosses de bronze sont là debout, la force civile et la
force militaire. Deux tombeaux uniformes portent les
noms de Bertrand et de Duroc ; les deux soldats fidèles
dorment auprès de leur empereur, le chien dort ainsi
près de son maître.

Un tombeau plus récemment achevé renferme dans
la cathédrale de Nantes le corps du général de La Mori-

Tombeau du général de La Moricière à Nantes.

cière : la même enceinte réunira ainsi le dernier prince
qui fut duc de Bretagne et le dernier général qui com-
manda une armée pontificale. Ce tombeau, œuvre commune d'un architecte, M. Boite, et d'un sculpteur,
M. Paul Dubois, répète avec une heureuse élégance les
formes chères à la Renaissance. Les quatre figures qui
occupent les angles, la Foi, la Charité, la Méditation,
vertu étrangement choisie et qu'on s'attend peu à trouver au monument d'un homme qui fut colonel de
zouaves, le Courage enfin, sont justement populaires ;
cette dernière figure surtout, bien qu'elle accuse une
parenté trop prochaine avec le penseur de Michel-
Ange.

Après ces monuments que l'on peut dire hors du droit
commun, puisqu'ils occupent dans les églises une place
aujourd'hui légalement interdite, nous dirons quelques
mots des cimetières. Il n'en est pas qui soit plus fameux
que le cimetière du Père-Lachaise, créé aux premières
années de ce siècle, et déjà encombré de tombes illustres par le nom qu'elles portent ou le luxe qu'elles
étalent.

Là, si ce n'est dans les monuments que vendent tout
faits par douzaines les marbriers, plus de types consacrés, plus de style commun. L'éclectisme règne ;
l'éclectisme, c'est-à-dire un mélange de tous les styles,
de toutes les traditions, de toutes les fantaisies. L'ab-
sence de caractère personnel est le caractère essentiel
de notre architecture le plus souvent. Et ces types imités
des créations d'une autre civilisation et d'un autre âge,
font parfois violent contraste avec le rôle qu'a joué
l'homme enfermé dans la tombe. La raison accepte un

obélisque dressé sur la tombe de Champollion qui
pénétra les mystères de l'histoire des Pharaons ; un
obélisque est encore bien placé sur les restes de l'in-
génieur Lebas qui dressa sur notre place de la Concorde un monolithe égyptien ; mais pourquoi le duc de
Morny, personnage très moderne, s'enferme-t-il dans
une chapelle gothique ? Pourquoi, sur le très classique
sarcophage où nous lisions à Rome le nom de Scipion,
lisons-nous ici le nom du très romantique Delacroix ?

Beaucoup de ces monuments cependant sont très
remarquables. Nous ne saurions en citer que quelques-
uns. Celui du général Foy ; sous un édicule dorique, le
général, demi nu, héroïquement idéalisé par David
d'Angers, commence un grand geste oratoire ; celui de
Garnier-Pagès, une tribune vide : celui du général Gou-
vion Saint-Cyr, un exèdre dont une statue marque le
centre ; celui de Casimir Périer, qui trône au milieu
d'un carrefour ; celui du sculpteur Duret ; celui très
original, très beau, œuvre de l'architecte Coquart, qui
sous une haute stèle de granit, confond les deux généraux Lecomte et Clément Thomas. Et que de noms nous
pourrions énumérer qui sont la suprême splendeur d'une
tombe : Dupuytren, Thiers, Scribe, Auber, Alfred de
Musset, Visconti, le père Enfantin, Cherubini, Chopin,
Barye, Pradier, Kellermann, Arago, Rachel...., acteurs,
médecins, artistes, hommes de guerre, hommes de
plume, hommes de foi, panthéon où tant de héros confondus n'ont de commun que la gloire.

Les tombes les plus belles ne sont pas toujours les
plus visitées. La foule oublie les tombeaux de Molière
et de La Fontaine, transportés là du cimetière Saint-Joseph

au lendemain de la Révolution, mais elle visite obstinément le très laid et très prétentieux monument où l'on
voit, dans un groupe de marbre, un guerillero espagnol
frapper d'un coup de tromblon le très peu illustre
général Gobert; mais elle afflue au très peu authentique
tombeau d'Héloïse et d'Abélard, au tombeau de Raspail,
prison de pierre qu'un fantôme de marbre enveloppe
lugubrement de ses lourdes draperies ; mais elle connaît, au cimetière Montparnasse, la tombe des sergents
de La Rochelle.

Le cimetière du Père-Lachaise n'enferme pas seulement de magnifiques monuments, mais aussi des sites
pittoresques, des tableaux d'une sereine et douce poésie.
L'abandon ajoute à la tristesse, mais aussi au charme
austère des tombeaux. Au fond de quelques massifs, le
cimetière prend l'aspect d'une antique nécropole. La
mousse ronge les dalles, les orties les couvrent à demi,
un sentier fuit rocailleux et raviné par les pluies, les
cyprès jaillissent noirs et leurs racines soulevées font
incliner les stèles, chanceler les croix. Quelques bouquets fanés pendent encore aux grilles que la rouille
dévore, et les couronnes traînent dans les feuilles
mortes. Cependant on lit sur les marbres renversés :
concession à perpétuité ; et parfois, dans une échappée
subite, apparaît au loin l'immense Paris vivant.

Le cimetière Montmartre et le cimetière Montparnasse
ont aussi leurs très remarquables monuments, celui-là
la couche funèbre qui fait la tombe d'Horace Vernet,
les monuments de Théophile Gauthier, de Gozlan, de
Clapisson, de Troyon, celui où Godefroy Cavaignac,
le frère du général, cadavre de bronze que Rude mo-

dela, dort étendu dans son suaire, celui où Baudin montre sa tête trouée d'une balle, celui où un autre fusillé, le journaliste Chaudey, apparaît dans un médaillon de bronze, celui du ténor Nourrit, celui, au faîte du cimetière israélite, où se dresse Halévy.

Le cimetière Montparnasse, moins varié d'aspect (car il est établi, au contraire des deux autres, sur un terrain plat), moins riche en hôtes fameux, réunit cependant le général Petit que le dernier baiser de Napoléon à Fontainebleau immortalise mieux que ses campagnes, le médecin Lisfranc que détestait Dupuytren, les deux historiens Augustin et Amédée Thierry, l'archéologue Quatremère de Quincy, le peintre Gérard, le sculpteur Rude, le grand navigateur Dumont d'Urville qui trouva sur le chemin de fer de Versailles le terme de ses voyages et de sa vie, l'architecte Duban. Une stèle élégante, et qui témoigne du goût parfait de l'architecte, M. Duc, surmonte la tombe de Duban et porte son médaillon.

La dernière guerre a fait élever, en divers lieux des campagnes de France et notamment autour de Paris, des monuments qui, s'ils ne renferment pas tous des dépouilles humaines, consacrent tous de funèbres souvenirs. A Coulmiers, un haut tumulus qu'une croix surmonte, rappelle l'un des très rares combats où la fortune nous ait été favorable. Au plateau de Châtillon, à Buzenval, au Bourget, à Bagneux, à Champigny, des stèles, des obélisques, marquent comme les étapes sanglantes de l'armée de Paris.

Il faut citer encore à l'École des beaux-arts le très élégant monument de MM. Coquart et Pascal, où la Jeunesse, marbre du sculpteur M. Chapu, présente au

buste de Régnault le rameau d'or que méritèrent si bien
sa vaillance et son dévouement.

Nous avons dit, et sans plainte, qu'en certaines parties nos cimetières parisiens présentaient le spectacle
de l'abandon. Les herbes folles, les feuilles tombées,
deuil de l'année qui n'est plus, accompagnent heureusement la majesté de la tombe et le silence de la mort;
mais c'est chose pénible de voir cet abandon s'étendre
jusqu'aux tombes qu'un nom fameux ou respecté consacre. Sans doute l'entretien d'une sépulture est un devoir de famille ; mais la famille s'éteint, se disperse ;
dans notre âge de démocratie les familles ne restent
pas constituées au delà de quelques très peu nombreuses générations. La Cité, l'État ne devraient-ils pas
se substituer à la famille disparue ou négligente ? La
Cité, l'État ne sont-ils pas les obligés des hommes qui
se sont signalés par leurs services publics, leurs ta-
lents, leur génie ? La dépense serait faible ; la mort n'a
que de très modestes exigences, et nous ne demandons
pour elle que l'aumône d'un souvenir, le tribut de
quelques fleurs. Si ceux-là qui n'ont été dans la vie que
des hommes, non sans vertus peut-être, mais du moins
sans renommée, trouvent dans la tombe l'oubli lorsque
ne sont plus ni parents ni amis, c'est une fatalité contre
laquelle on ne saurait s'élever. Mais que le poète, le
capitaine, l'artiste, l'homme d'État subisse dans sa tombe
l'injure de la poussière effaçant son nom et des broussailles librement victorieuses, alors que l'écho n'est
pas encore las de répéter sa gloire, ce n'est ni juste,
ni digne, et la patrie qui n'oublie pas l'homme ne devrait pas oublier la tombe.

Les catacombes de Paris ont une réputation assez
peu méritée. Ce ne sont rien que des carrières abandonnées. On en a fait un vaste ossuaire, où depuis le
commencement du siècle vont s'accumuler les débris
humains repris tous les cinq ans aux fosses communes
des cimetières. Dans ce dédale de galeries étroites et
uniformes rien ne présente un intérêt bien particulier.

Nos cimetières modernes, et c'est là leur défaut commun, manquent d'ensemble et d'harmonie. A peine
pourrait-on citer en France un cimetière, celui de Mont-
fort-l'Amaury aux environs de Paris, qui présente un
effet architectural, une conception d'ensemble. Encore
ce cimetière a-t-il emprunté un encadrement plus ancien. Il occupe le préau d'un cloître ; et les galeries
voûtées où la fantaisie lugubre de l'artiste a sculpté des
crânes grimaçants, déploient des perspectives d'une
austère majesté. Partout ailleurs l'édilité, créant un
cimetière, a clos de hautes murailles un terrain quel-
conque, ménagé quelques carrefours, tracé quelques
allées, et cela fait, a abandonné le terrain au libre envahissement des sépultures. Aussi voit-on, et le contraste
n'est pas toujours heureux, auprès de quelque monument où s'affirment le goût et le talent d'un architecte
éminent, se dresser quelque chapelle banale, quelque
stèle achetée toute faite à l'étalage d'un marbrier.

L'Italie, au moins dans quelques-unes de ses cités
les plus fameuses, n'a pas voulu qu'il en fût ainsi. A
Turin, à Milan, à Gênes, à Brescia, à Bologne, à Naples,
les cimetières ont été construits sur un plan laborieusement préparé, splendidement exécuté. Le *campo santo*
de Gênes, l'un des plus remarquables et tout récem-

ment terminé, présente une colonnade alignée au frontispice, un majestueux développement de portiques et de terrasses qui s'étagent ; les grandes montagnes qu'escaladent les oliviers lui composent un cadre magnifique. A Bologne le *campo santo* est en plaine ; ses portiques fastueux n'acceptent que des tombes décorées avec éclat. La gloire, la richesse, la vanité y ont seules droit de cité ; un pré est réservé aux plus humbles sépultures. Sans doute c'est là un partage peu démocratique ; mais du moins le cimetière devient ainsi un monument qui a de l'unité dans sa splendeur.

Le nouveau *campo sancto* de Naples mérite aussi un souvenir. Une belle route que des platanes ombragent, y conduit, laissant sur la gauche la montagne où perche le palais de Capo di monte. Cette route décrit de longs lacets, jalouse, semble-t-il, de ménager au passant la joie de contempler longuement le brillant tableau étalé devant lui. Chaque pas en avant agrandit l'horizon. On découvre la ville énorme avec ses palais rouges et ses terrasses blanches, le golfe rayonnant, les campagnes, les collines vertes, et plus près les figuiers trapus, les oliviers poudreux et les agavés renversant aux talus de la route leurs longues feuilles bleuâtres. Si les morts pouvaient les voir, combien ces magnificences radieuses leur feraient regretter la vie !

Nous franchissons le seuil. Devant nous se dresse un groupe de marbre : la Foi, colossale figure que quatre anges accompagnent. Des portiques se déploient tou alentour, et derrière leurs colonnes aux austères chapiteaux doriques, s'alignent symétriquement les portes

des sanctuaires que se réservent les principales familles
de Naples.

En arrière de cette enceinte un large perron descend
aux parties basses du cimetière. Sur ses marches on
s'arrête : car la vue est merveilleuse. Tout à l'heure le
regard restait emprisonné en des limites étroites ;
maintenant il se promène librement sur un espace
immense. C'est un coup de théâtre inattendu. A droite,
à gauche s'alignent en une grandiose avenue de somptueux tombeaux. Les bustes apparaissent sur leurs
socles de marbre, les statues se dressent, majestueuse
assemblée. Plus loin les rosiers en buisson jettent au
vent leurs pétales et leur parfum. Puis les tombeaux se
pressent, obélisques, colonnes, temples, chapelles, plus
nombreux que les maisons d'une ville. Celui de Fioren-
tino occupe un espace libre. Plus loin le ciel brille, la
mer sourit, et le Vésuve étale sa croupe puissante ; un
peu de fumée blanche flotte à sa cime comme un panache au casque d'un chevalier.

Les cimetières espagnols modernes offrent le plus
souvent une particularité remarquable. Ils présentent
des portiques fermés de hautes murailles. Ces murailles
étagent des cases où les cercueils sont placés. On les
enfourne, peut-on dire ; puis une petite plaque de pierre
ou de marbre est scellée, cachant l'ouverture. On y
grave l'inscription. Les morts ne sont pas enterrés, mais
murés.

Nous avons dit que la loi prescrivant l'établissement
des cimetières en dehors des villes était un retour aux
usages constants de l'antiquité païenne. Aujourd'hui on
parle vaguement de rétablir un usage non moins païen ;

la crémation a ses partisans. Déjà dans quelques villes d'Allemagne et d'Italie on a construit des édifices où les cadavres, au moyen de fours, sont réduits en cendres. C'est surtout à Milan que la crémation semble réunir les partisans les plus nombreux et les plus actifs. On achève en ce moment même un monument crématoire conçu d'après les plans les plus ingénieux, et la clientèle, espère-t-on, ne lui manquera pas. Les corps, introduits dans le four au moyen d'un petit chariot, seront rapidement consumés par la seule action du gaz enflammé. On pourra ainsi recueillir des cendres exclusivement humaines ; et l'on évitera l'inconvénient auquel l'antiquité ne sut pas remédier, de confondre dans une lamentable promiscuité les cendres d'un héros et celles d'un fagot. Nous ne croyons pas cependant que cette réforme se généralise. Elle serait un grave obstacle à la recherche des crimes possibles ; de plus les idées catholiques y sont nettement hostiles. Nous ferons toutefois observer à ce sujet qu'au sein du catholicisme, sous son patronage, dans l'enceinte même d'un couvent de capucins, près de Palerme, on pratique un usage qui est un compromis entre l'inhumation et la crémation. Les cadavres ne sont pas consumés par le feu, mais desséchés, momifiés.

Les bâtiments grossiers que groupe, à quelques pas de la route de Monreale, le couvent des capucins de Palerme, n'ont aucun intérêt. L'étrange cimetière qui les accompagne en a seul fait la célébrité. Là, depuis deux siècles environ, les familles riches de Palerme ont envoyé leurs morts. Des galeries se développent, voûtées et se croisant comme les rues d'une ville. Les morts font la haie, sinistre compagnie, cohue hideuse. Jamais l'imagination malade ne s'épouvanta d'un semblable cauchemar; Holbein aurait trouvé là de dignes danseurs pour sa danse macabre. Des niches se superposent sur deux rangs; les cadavres sont leurs statues. Pauvres cadavres qui font pitié! On les a cuits, on les a dressés, on les a habillés, les uns seulement d'un linceul, les autres des vêtements dont vivants peut-être ils s'enorgueillissaient. La mort se met en mascarade. Mais ces corps seraient tombés, car ils trébuchent, ils penchent; on les a ficelés, sanglés, cloués, attachés à la muraille. Il faut bien qu'ils amusent le passant de leurs laides grimaces. Quelques-uns cependant ont rompu leurs entraves, déchiré, celui-là sa robe poudreuse, cet autre son suaire; et les têtes échevelées fléchissent, et les bras décharnés se tendent lamentables dans le vide. On dirait que ces ruines humaines aspirent au suprême refuge de la terre qu'on leur refuse et qui devrait les cacher. Combien leur pèse cette honteuse parodie qu'on les condamne à jouer, et cette ombre de vie qu'elles ne peuvent dépouiller! Voici quelque magistrat qui garde sur sa poitrine vide un jabot de dentelle; voilà un enfant jauni et racorni, et plus loin une jeune fille étendue dans ses habits de fiancée. La tête noire et sèche porte une blanche couronne, lugubre ironie; un bouquet de fleurs d'oranger repose sur le sein affreusement aplati, et de tout petits souliers de satin sont trop grands encore pour contenir ce qui reste des pieds. Quelques coffres richement décorés s'alignent au long de la muraille; des cadavres y sont enfermés, ceux-ci plus heureux: car on leur épar-

gne l'injure d'une sacrilège curiosité. Le jour pénètre
librement par de larges soupiraux dans ces retraites funèbres ; on rencontre cependant des passages où l'ombre
les enveloppe à demi. Le mystère s'accroît, et s'accroît
aussi l'épouvante. Des chats, des rats hantent ces tristes
lieux et, faisant rouler les cranes tombés, agitant les
guenilles traînantes, ils précipitent leurs courses folles
à travers les galeries.

Nous avons dit qu'à la Révolution Française est due la
réforme qui éloigna les sépultures hors de l'enceinte
des villes, et nous ne contesterons pas la sagesse de
cette mesure. Mais au moins en France, la Révolution,
en rompant violemment avec les traditions antérieures,
n'a-t-elle pas quelquefois dépassé le but ? S'il était ur-
gent d'établir des nécropoles nouvelles, fallait-il partout détruire les nécropoles anciennes ? Quand certaine nécessité publique n'en faisait pas une loi, pourquoi avoir dispersé les cendres des générations passées?
Pourquoi tant de tombes profanées ? Et n'est-ce pas
une chose triste à avouer que, parmi les monuments
funéraires de la France antérieurs à la Révolution,
presque tous sont vides des restes qu'ils contenaient ?

Les nations qui nous entourent, l'Italie, l'Angleterre
surtout, n'ont pas montré cet esprit de colère et de
proscription. Sans doute, à notre exemple, elles ont
exilé leurs cimetières à quelque distance des lieux
habités; mais pieusement, elles ont conservé les sanctuaires où leurs grands hommes reposent. Bien plus, faisant fléchir la loi en faveur de quelques personnalités
spécialement révérées, elles ajoutent quelquefois des
tombes aux tombes, des souvenirs aux souvenirs que

les siècles ont amoncelés. Ainsi le *campo santo* à Pise, ainsi Santa Crocce à Florence, ainsi S. Giovanni el Paolo à Venise, ainsi Westminster à Londres, continuent la tradition nationale, et leurs portes s'ouvrent dociles et respectueuses aux morts dont la patrie conduit le deuil.

Westminster! Quel admirable monument! Beau des mémoires qu'il consacre plus encore que des magnificences architecturales qu'il réunit. Que de renommées encombrent cette enceinte! Le marbre et le bronze y racontent l'histoire d'Angleterre.

Combien c'est chose saisissante, vénérable qu'un édifice que la nation fait sien, qu'elle honore, qu'elle chérit à travers les siècles, qu'elle embellit sans cesse, à qui elle confie toutes ses gloires, toutes ses pensées! Les pierres vivent, semble-t-il, car l'âme de la patrie les a pénétrées. La France n'a rien de semblable. Son Panthéon porte sur le fronton une menteuse inscription : « Aux grands hommes la patrie reconnaissante. » La patrie n'a jamais su y assurer le repos à ses grands hommes. Notre Panthéon n'est qu'une hôtellerie. Mirabeau y a passé, il n'y est plus ; Voltaire, Rousseau y sont venus : la réaction de 1815, haineuse aux idées philosophiques, les en a, dit-on, bannis ; Marat, ô honte ! y a fait séjour quelque temps. On citerait vingt décrets de la Convention décernant les honneurs du Panthéon, et pas un seul de ces décrets n'a été suivi d'exécution. Le Panthéon est comme un livre magnifiquement relié, mais qui ne contient que des pages blanches.

Saint-Denis n'est plus rien qu'un cénotaphe. La Révo-

lution a brisé les marbres, dispersé les débris des
rois; on a pu réparer les monuments, mais non pas
recueillir les souvenirs perdus, l'âme de la vieille
France s'en est pour jamais envolée. Notre histoire est
ainsi, dans les monuments, pleine de lacunes; nos
annales ont été violemment déchirées.

Saint-Denis était en France la sépulture des rois;
Westminster est aussi en Angleterre la sépulture des
rois. Mais la royauté anglaise, et ce trait marque quel
esprit libéral l'animait ou du moins l'influençait, fit
place auprès d'elle à tout ce que l'Angleterre avait
enfanté de grand. Poètes, ministres, généraux, marins,
tous les vaillants serviteurs de la patrie, ont obtenu
l'hospitalité de Westminster. Palmerston, Livingstone
naguère encore y venaient glorieusement; car l'aris-
tocratique Angleterre consacre avec les mêmes honneurs la mémoire de quiconque et en quelque lieu que
ce soit, a bien mérité d'elle. Notre royauté française,
tout au contraire, s'appliqua à s'isoler de la nation:
elle se fit de Saint-Denis un sanctuaire privilégié. A
peine y accepta-t-elle les dépouilles de deux hommes
qui n'étaient pas de sang royal: Du Guesclin et Turenne. Aux jours des colères et des folies de la Révolution, si le peuple eût trouvé dans la vieille basilique
Sully auprès de Henri IV, Molière, Corneille, Racine
auprès de Louis XIV, Voltaire auprès de Louis XV,
peut-être aurait-il hésité à profaner, non pas seulement
les rois dans leur passé, mais la patrie elle-même et
toutes ses grandeurs. Les rois s'étaient crus assez dé-
fendus par leur seule majesté; mais le jour où cette majesté fut méconnue, il ne restait rien qui pût les sauver.

Puisse la France accepter à l'avenir son histoire, et ne plus imposer au passé des vengeances posthumes et vaines ! Si ce que le passé nous montre ou nous transmet est le bien, il faut l'honorer; si c'est le mal, il faut s'instruire et pardonner.

Tombeau des généraux Lecomte et Clément Thomas
au cimetière du Père-Lachaise.

TABLE DES GRAVURES

TABLE DES MATIÈRES

24246. — Typographie A. Lahure, rue de Fleurus, 9, à Paris.